战争审判研究丛书

日本遗孤的认同研究

中日两国三代人的生命叙事

张 岚 著

上海交通大学出版社
SHANGHAI JIAO TONG UNIVERSITY PRESS

内容简介

本书系作者耗时二十年,跨越中日两国,对包括日本遗孤、遗孤二代、留华遗孤、中国养父母在内的中日两国三代,共 150 人进行的生命叙事深度访谈一手资料解析,探讨了在中日两国夹缝中生存的三代日本遗孤的生活现状及困境、自我认同、民族归属与代际差异等问题,揭示了日本法西斯发动罪恶的侵华战争给中日两国人民造成的巨大灾难和深重痛苦,颂扬了中华民族伟大的博爱精神和中国人民以德报怨的仁爱之心。

图书在版编目(CIP)数据

日本遗孤的认同研究:中日两国三代人的生命叙事/
张岚著. --上海:上海交通大学出版社,2025,1
ISBN 978 - 7 - 313 - 31688 - 2

Ⅰ. D829.313;K264.07

中国国家版本馆 CIP 数据核字第 20241MW435 号

日本遗孤的认同研究——中日两国三代人的生命叙事
RIBEN YIGU DE RENTONG YANJIU——ZHONGRI LIANGGUO SANDAIREN DE SHENGMING XUSHI

著　　者:张 岚			
出版发行:上海交通大学出版社		地　　址:上海市番禺路 951 号
邮政编码:200030		电　　话:021 - 64071208
印　　制:苏州市越洋印刷有限公司		经　　销:全国新华书店
开　　本:710 mm×1000 mm　1/16		印　　张:22
字　　数:293 千字		
版　　次:2025 年 1 月第 1 版		印　　次:2025 年 1 月第 1 次印刷
书　　号:ISBN 978 - 7 - 313 - 31688 - 2		
定　　价:78.00 元		

序　一

九十年代中，NHK（日本广播协会）与央视合拍了由日本著名作家山崎丰子的小说改编的《大地之子》，这部连续剧述说了日本遗孤在中国的成长经历，播出后在日本社会引起巨大反响。在片中饰演中国养父的老演员朱旭曾受邀访问日本，在做客当时日本最有影响力的朝日电视台晚十点的新闻评论节目（ニュースステーション）时，主持人久米宏对朱旭赞不绝口，说："从来没有看过饰演父亲能演得这么好。"朱旭功力深厚，演得确实好，但中日不少老演员，如同在《大地之子》中出演生父的仲代达矢，演技同样精湛。所以当时我想，和《大地之子》在中日播放时冷热不同的反响一样，久米宏的惊讶，固然有主人翁连接着日本纽带的因素，也是因为"大地之子"（日本遗孤）所历经的苦难，与经济高速增长期以后的日本，反差实在太大。看到张岚发来的大作《日本遗孤的认同研究》，不由联想到这一幕，是因为"日本遗孤"成为问题，这是重要的背景。

很早便知道张岚在日本求学时一直在做"遗孤"研究，她的《关于日本侵华战争遗孤的社会学》十余年前也已在日本出版，经过那么多年，张岚对遗孤问题仍"一往情深"，我想应该和她年轻时走访遗孤的经历有关。作为一个出生在正常社会的八零后，遗孤所受的苦难，用她自己的话说，使她"深深震撼"。张岚把稿件交给交大社时，希望我写个序。我未暇思索便答应了下来。虽然在院系介绍中我的专业是"中日历史遗留问题"，"日本遗孤"正是典型的"中日历史遗留问题"，但我对这一问题毫无研究。

毫无研究而一诺无辞,不能辜负张岚的好意是一个原因,主要还是东京审判研究中心成立时我们对张岚曾多有烦劳。

中心是在中央领导的关心下成立的,从一开始学校就给予了很大支持;另一方面当时白手起家,几乎是一无所有。尽管在筹划中心时我们已有了将各地档案馆,特别是日本国立公文书馆等馆、美国国家档案馆、台湾"国史馆"等已公开的相关档案全部复回的计划,但对中心的资料室建设来说缓不济急。当时的历史系主任担任中心副主任,建议我将自己的相关书籍"卖"给学校,并说只是换个地方,不影响我使用。自藏的书现在仍在用,不可能"卖"是不用说的。我说资料室建设可寻他法。于是谈了到"文华堂"等旧书店集中购置的想法。文华堂是东京神田町书店街专售"日清战争"(甲午战争)以来战史的专业书店,虽然审判的书籍只占一小部分,而且不少是通俗书,但大多还是相近领域的书籍。如把文华堂在售的书集中打包买来,就是个有特色的小型资料室。系主任说现在正值中心基础建设时期,经费不用担心,学校肯定会支持。于是便委托当时还未回国的张岚去接洽此事,还说了最好能打折。张岚和文华堂店主洽谈后,不久便发来了书单和价格。那时烦劳张岚,还不止此事。现在想来,这样的匪夷所思的想法多少有点强张岚所难,但张岚在答应时让你感到她完全没有为难。这不是所谓"情商",而是她发乎本心的与人为善在待人接物时的自然反应,这与她面对遗孤的苦难产生的同情心,可以说是一脉相通的。

本书是一部社会学著作,相关的概念、理论、方法等问题以及学术贡献,我在行外,没有资格置一辞。这里只想就遗孤的成因从不同角度做一点补充,希望不是全无意义的蛇足。

从源头上说,"日本遗孤"(日本多称"残留孤儿",广义也包括"残留妇人")的产生当然是日本侵华的产物。没有日本侵华,就不会有把那么多平民卷入战争的"开拓团",所以这个账首先要算到日本军国主义头上是毋庸置疑的。同时，"日本遗孤"的产生和成为久拖至半个世纪以上的问题，也有错综复杂的原因，否则"日本遗孤"不会仅集中出现在中国东北。

第二次世界大战东亚战场战争结束之际，日本军民散落在本土以外的亚太地区约有660万人，其中陆军约308万、海军约45万，日侨大约300万出头。从国别地区看，日本军民在中国境内最多，"满洲"、关内、台湾的日本陆海军总计有200余万，平民也有200余万。如此庞大的集团，无论是站在所在国立场的"送回"还是站在日本立场的"撤回"，都是人类史上前所未有的巨大工程。所以，虽然军队有《波茨坦公告》第九条允其返乡的规定，加上军队的组织系统，完成撤回理应不难，但实际能否顺利进行仍然难以预估；而分散于各处的日本侨民如何撤回，日本政府更是心中无数。

日本政府决定接受《波茨坦公告》时，太平洋战场的日军兵败如山倒，或已"玉碎"，或已接近崩解，但在大陆的日本陆军，尤其在中国大陆的日本陆军，基本力量还在，对盟国投降要求的抵抗态度还十分强硬。所以陆军中枢对各地陆军能否顺利放下武器，还完全没有把握。1945年8月14日日本接受《波兹坦公告》前夜，陆军大臣阿南惟几联名参谋总长梅津美治郎，致电各地日军，强调"承诏必谨"，就是为次日宣布投降做心理上的铺垫（阿南次日凌晨以战败责任剖腹自杀）。由于《波茨坦公告》并无战后日本侨民的处置规定，日本政府最初也并未考虑将日侨撤回日本。8月14日日本外务省向各驻外机构发出"关于接受三国宣言的训示"，训示要求"让侨民尽可能留在现在的居留地"。

回过头来看，终战时日军解除武装，稍后撤军撤侨，总体说不仅顺利，而且顺利的程度超过了预想。中国境内的400余万军民，除了关东军主体及部分随军家属被苏军掳往西伯利亚等地服劳役、少量军人和技术人员为国共两方所用自愿留下，其余约340万人（包括属于中国军管区的16°线以北法属印度支那的日军日侨）中99％以上的部分，在新中国建立前夕都得以撤回日本。在这一过程中，中国官民两方的协助起了关键作用。中国领导人在抗战胜利之际表示"以德报怨""不念旧恶",以往被泛指为对诸如战后审判、战后赔偿等产生了消极影响,经过这些年的深入研究,证明至少"以德报怨"对战后审判没有影响。回顾战后的历史进程,其实不仅没有留难,而且及时、安全地把战犯嫌疑人之外的日本军民送回日本,才是真正最符合"以德报怨"的事例。所以,日本政府在评价战后撤回时也说:

> 中国方面没有流露出报复情绪,采取了宽大措施,加上支那派遣军总司令部以下各机关的适当处置,超过百万的大部队出乎意料地顺利回归了本土。关于各部队返回前复员准备的总司令部指导,也得到了彻底贯彻落实,在各地区中实现了最完全的复员。(厚生省援護局编集『引き揚げと援護三十年の歩み』、ぎょうせい株式会社、昭和53年、第58页)

这里说的是日军,其实日侨也是如此。

那么,为什么关内实现了"最完全"的撤离,关外东北地区却成了日侨死亡最多、留下"遗孤"最多、滞留时间最长的地区呢?东北战局的变化不能说全无影响,但最主要的原因还是苏军占领东北后,完全无视盟军总部有关协助遣返日本军民的要求。不仅没有协助,而且放任苏军在东北地区大规模掠夺。待到1946年4月苏军撤出中国,东北地区的日侨因种种原因已有相当数量的死亡(他杀、自杀等),家庭破碎,妇孺流离,也不在少数,像关内那样循序回国的机会和路径因此而错过。以后盟军总部和对日理事会的苏联代表、美苏两国之间又曾就日军战俘和日侨的撤回签订协议,但一如之前,这些协议都因苏联未能立即执行而形同具文。当然这已与东北"遗孤"无关。

所以,苏军撤离后,虽然美军与东北保安司令部在同年5月、与东北中共军队在同年8月,分别签订了有关日侨的遣返协议,日方也在沈阳设立了"日侨善后联络总会"("日本人民会"),使以后的遣返工作走上了与关内同样的正轨；单从当年 5 月到 10 月底，送回的日侨就超过了百万——其时东北战端已起，国共两军对日侨撤离却都给予了很大配合，真是堪称佳话。然而，因苏军占领时错已铸成，"日本遗孤"这一亚太地区独有的人群因此而产生。

以后"日本遗孤"悲欢离合的全面情况和学术解读，张岚已有充分的论述。总之，本书与一般出自书斋的著作不同，单单"田野调查"——遗孤访谈——便既繁也烦。各种访谈都会有不同的难易，但遗孤问题不仅涉及中日两方，而且今昔相连，受访人要完全袒露心扉，直言无隐，会有更大的顾虑。因此，遗孤讲什么？不讲什么？真实性如何？有多大普遍性？诸如此类，非经细加推敲，都会难明其意。张岚二十余年"专治一经"，想必这样从"取材"到"释义"的困难，也是原因之一。从这一点说，张岚长期坚持这一工作本身，就值得赞赏。至于对本书的评价，如前所说，我没有研究，硬充内行未免对作者不敬，所以还是留给读者判断。

再说一句，本文开头提到的"背景"，这里不再接着展开，读者自可意会。

上海交通大学教授　程兆奇

序 二

2011年，张岚老师的《日本遗孤的社会学——生活在日本和中国的三代人的生命故事》（「中国残留孤児の社会学　日本と中国を生きる三世代のライフストーリー」）一书在日本由青弓社出版。该书一经出版备受关注，长期以来被奉为日本遗孤研究的"圣经"，成为在日日本遗孤研究不可或缺的代表著作之一。在此书的基础上，张岚老师的中文版新书《日本遗孤的认同研究——中日两国三代人的生命叙事》增加了大量调研资料，经过大幅的更新和完善后，于2024年在中国出版，可谓恰逢其时。该书的出版，不仅标志着因日本侵华战争而产生的日本遗孤研究进入了一个新阶段，也为研究近年来的世界局部地区冲突产生的战争孤儿及未来可能出现的新的战争孤儿的世界性研究奠定了宝贵基础。

中日战争前期，中国东北的伪满洲国居住着155万日本人（含军人家属则为210万）。随着日本在第二次世界大战中战败，伪满洲国瓦解，大部分居住在那里的日本人被驱逐回日本。然而，有1万多名日本人作为中国人的养子或妻子留在了中国。在日本，前者被称为中国残留孤儿（即中国所称的日本遗孤），后者则被称为中国残留妇人。张岚老师的这本书正是关于前者的重要研究。

中国残留孤儿和中国残留妇人一生经历了两次"越境"，即从日本社会到中国社会，又从中国社会到日本社会，可谓是东亚地区最特殊的"越境"人群。因此，自中日邦交正常化后的20世纪70年代中期开始，他们就开始受到报纸、电视等大众传媒的关注,继而出现在小说、电影和社会科学研究中。

尽管他们被悲剧性地描述为"战争孤儿""生离死别的家人",日本的日本遗孤研究却较少关注他们在中国的前半生,更多关注的是他们回国的经历、回国后的适应过程以及与日本社会的关系。中国的研究则主要集中从历史学的视角关注日本遗孤的前半生,尤其是他们被遗留在中国及被中国养父母和中国当地社会收留的过程。中日两国的学者都倾向于把研究重点放在基于本国时代背景的遗孤研究上,虽然合情合理,结果也导致了双方的研究都缺乏对对方的审视,甚至容易陷入民族主义的窠臼。

张岚老师的研究巧妙地克服了上述难题。在日本留学期间,她一直坚持采用生命叙事法,对日本遗孤以及他们的子女和中国人养父母这三代人进行扎实细致的深度访谈,不仅关注他们回国后的生活,而且追溯他们每个个体的生命史,包括他们是如何留在中国的,以及他们是如何在中国生活的整个过程。

张岚老师卓越的日语能力,令其在处理民族主义问题和吸收中日两国先行研究成果之间游刃有余。她认真地研读了中日两国的先行研究成果,熟练运用中日两国语言进行深度访谈,努力克服了前人研究中存在的问题。更重要的是,她深得其硕士导师——生命叙事法研究的先锋人物樱井厚老师的指导和真传。

众所周知,生命叙事法是以叙述者的生命故事为对象,通过与叙述者的"对话",积极倾听叙述者的生命故事,从而接近叙述者生命世界的一种研究方法。张岚老师的研究非常有效地利用了这一研究方法。首先,她用中文采访了文化根基源自中国的日本遗孤及其家人,并实现了对三代人的采访——生活在日本和中国的日本遗孤、生活在日本的第二代日本遗孤以及生活在中国的日本遗孤养父母。同时,她还用日语对日本志愿者组织和政府相关行政部门进行了一系列访谈。以访谈为中心的田野调查均衡地涵盖了经历了两次"越境"的日本遗孤的生活世界,克服了以往研究中潜在的民族主义色彩和仅关注遗孤的部分生活世界的缺陷。

张岚老师最大的贡献在于,她通过对三代与日本遗孤有关的人的生命叙事访谈,描绘了与日本遗孤息息相关的多样的经历和情感。其中,描写两代人不同的跨境经历以及由此产生的不同身份认同的章节最引人关注,这两代人分别是:① 回到日本挣扎的日本遗孤、② 选择在中国生活的日本遗孤、③ 少数的无法回到日本的日本遗孤,以及 ④ 日本遗孤二代。

90%的日本遗孤已返回日本,①是日本遗孤的主要类型。传统的研究将①视为全部的遗孤,并将他们构建为在中日的夹缝间,苦于身份认同危机的人。对此,张岚老师提出了"矛盾的自我""灵活的自我"和"固化的自我"三种类型进行了均衡的表述,呈现了日本遗孤自我认同的多样性和复杂性。即,"矛盾的自我"是指拥有日本人的自我认同,但由于被日本社会排斥而被迫构建中国人的自我认同;"灵活的自我"指在与他人的互动中灵活而积极地表达自己既是日本人又是中国人的身份;"固化的自我"则体现为坚定的中国人的自我认同。此外,④关于遗孤二代的自我认同,张岚老师清晰地刻画出了"既是日本人,又是中国人"的积极身份认同,而非"既不是日本人,也不是中国人"的摇摆不定的消极身份认同。

本书中,张岚老师的研究淋漓尽致地发挥了生命叙事法的优势,描绘了日本遗孤积极向上的自我认同,揭示了日本遗孤的多样而积极的生活方式,与传统的主流叙事强调的日本遗孤在中日两个故乡之间"撕裂"的人生悲剧和"在两国的夹缝间摇摆不定"的自我认同形成了鲜明对比。这些都归功于张岚老师对日本遗孤的细致深入的访谈、坚持不懈的田野调查。

当然,在日本出版书籍时张岚老师才 20 多岁,采访的深度总体上略显稚嫩。如今,她再次审视和打磨这部作品,让本书以更为深刻和丰富的面貌呈现在读者面前,确实是一件令人欣喜的事。

目前在日本,中国残留妇人和中国残留孤儿的后代正逐步从第三代过渡到第四代。这些在日本出生、以日语为母语的遗孤三代、四代,大多已经完全融入日本社会,甚至无需再以"残留妇人/残留孤儿三世、四世"自称。当然,仍有一些人面临经济困难,但也有一些人利用其中国背景及在中国的留学经历,逐步成为跨越中日两国(甚至在新加坡等地)的全球精英。与此同时,还有一些直面"残留"这一历史,主动以"残留妇人三世、四世"自称的人开始出现。这些人的出现意义重大,而对他们进行研究的起点,正是张岚老师的旧作《日本遗孤的社会学——生活在日本和中国的三代人的生命故事》。我相信,张岚老师的这本新书在未来新一代的研究中将会变得更加重要。

最后,衷心祝愿张岚老师的研究取得更大的进步和成就,祝日本遗孤、残留妇人及其家人幸福,愿中日两国友谊长存。

日本上智大学名誉教授　蘭信三

序　三

2005 年,张岚从湖南大学毕业后,进入千叶大学大学院社会文化科学研究科社会学专业攻读硕士和博士学位。2010 获得博士学位后,她担任了日本学术振兴会外国人特别研究员、千叶大学人文社会科学研究科特别研究项目研究助理、东京纯心女子大学和千叶大学语言教育中心兼职讲师,并兼任日本厚生劳动省中国归国者支援交流中心编辑委员会委员。作为张岚在日本千叶大学学习期间的博士生导师,我很荣幸为她的这本新书撰写序言。

本书是张岚在其博士论文《"中国残留孤儿"的社会学——日本与中国的三代人生活史》的基础上打磨的中文版。她的博士论文已于 2011 年由青弓社在日本出版,该论文通过社会和社区层面到个人层面的多层次解读,展现了三代日本遗孤问题的全貌。

中日邦交正常化以来,截至 2009 年 1 月,回到日本的日本遗孤总数已超过 2 万人。寻亲"孤儿"的访日事例逐渐减少且在 2007 年因国家赔偿诉讼导致问题更加复杂化。在这种背景下,张岚的这本新书的出版具有学术和社会的双重意义。不同于以往日本遗孤研究单一的"社会问题"视角,张岚通过遗孤一代、二代和仍在中国的养父母等三代人的生命史,揭示了日本遗孤从生命故事到国家身份的生活世界全貌。正如书中所说,她在采访过程中根据被采访对象灵活使用日语和中文,能更准确地理解被采访对象细腻的情感表达,于"被讲述的"内容外获取更多"未被讲述的"的内容,并通过与媒体中的典型故事进行比较,全面讨论了日本遗孤的生活世界,这是一项前所未有的尝试。

　　总之,张岚是一个出色的学者。我坚信,她这本对日本遗孤问题多角度研究的中文专著,不仅会促进该领域的研究,还将在中日两国的国际比较研究领域以及中日文化交流方面做出重大贡献。

日本千叶大学名誉教授　片桐雅隆

序　四

听闻张岚的《日本遗孤的认同研究——中日两国三代人的生命叙事》在中国成功出版，能为此写几句我感到很高兴。这部著作的前身《日本遗孤的社会学——生活在日本和中国的三代人的生命故事》2011 年便在日本问世，在中国的出版可谓期待已久。首先，我要对这部著作的出版表示祝贺。张岚在中国的暨南大学担任副教授已有 10 余年，在科研和教学领域取得了良好的进展，作为她曾经就读的日本千叶大学的硕士导师，我感到由衷的高兴。

在此，我想根据自己的记忆，简要讲讲作者在日本的研究历程。2003年，我在日本千叶大学文学院社会学专业担任教授时，有一天突然有一位年轻的中国留学生找到我。曾经我也接触过几位已经大学毕业并参加工作的中国留学生，第一次遇到还在上学的年轻学生。她卓越的日语能力让我惊讶不已，印象深刻。我现在依然清晰地记得当时她言语中透出的礼貌和谦逊。她告诉我，毕业后她想继续来千叶大学研究生院学习。其实由于我不清楚她是否具备社会学背景，只是随口回应了她。这位年轻的留学生就是张岚。

一年后，她如期抵达日本，并以优异的成绩获得了日本文部科学省的国费留学生名额，成为千叶大学文学院的一名预科生，并在半年后顺利考入了硕士课程（主攻社会学）。重逢的喜悦过后，张岚迟迟确定不了研究课题，我们开始共同探讨。起初，她对环境问题怀有浓厚兴趣，希望在这一领域开展研究。她观察到在中国经济快速发展的同时,环境问题不可避免。在这方面,她认为日本在应对环境问题上有着丰富的经验值得借鉴,但我对张岚提出的这一研究课题持保留意见。

当时,我正专注于使用生命叙事法进行社会研究和田野调查。生命叙事法强调通过倾听人们基于自身经历的叙述来了解其所处的生活世界及所面临的社会问题。对研究对象进行反复细致的访谈必不可少。如果研究中国的环境问题,需要在中国找到研究场所并频繁地进行实地研究。而在日本学习社会学也是至关重要的,这样一来在日本的学习时间会被压缩。有没有什么主题可以作为中日两国之间的桥梁呢?这时张岚提出了一个新的选题,即在第二次世界大战结束后,在中国长大并陆续回到日本的日本遗孤问题。自上世纪80年代初"残留孤儿访日调查团"首次访日以来,调查团举办了30余次,到了此时正值大量日本遗孤归国面临经济贫困和社会孤立等社会问题的时期。他们在中国如何被养父母抚养长大?过着怎样的生活?如何回到日本?以及目前面临着哪些问题?张岚精通中日两国的语言,了解两国的文化,面对这些回到日本,但是日语能力不足的遗孤,去倾听他们的人生经历,进行生命叙事访谈,无疑是最佳人选。在确定这一研究主题后,张岚便积极投入对遗孤生命叙事的研究中。

在张岚攻读硕士学位期间,我从千叶大学调到了东京立教大学社会学系,虽然不再直接指导她,但她几乎从未缺席过我负责的生命叙事研究会,因此依然保持着深入的学术交流。在此期间,她顺利完成硕士学位,并继续在日本千叶大学攻读博士学位。张岚的研究领域广泛而深入,她详细调查了日本和中国的历史背景、深入分析了大众媒体的文章和报道,同时采访了大量日本遗孤及其第二代亲属,以及留在中国的日本遗孤和他们的养父母。她不仅在日本、美国和中国的学术会议上积极报告自己的研究成果,还将研究成果撰写成论文,最终在短短三年内便完成了博士论文。她的博士论文还获得了当年的千叶大学优秀论文校长奖,在毕业典礼上作为优秀学生代表两次登台领奖。当我得知这一消息时，与其说是高兴，更多的是对她的卓越工作的钦佩。之后张岚以日本学术振兴会(JSPS)外国人研究员博士后的身份加入了我所在的立教大学，并在此工作2年。在此期间，她成功出版了本书的日文版。此后，她便回国成为暨南大学的副教授。

言归正传，关于作为本书中提及的核心研究方法，我想谈三点我个人的看法。

首先，生命叙事法所需的沟通能力。在生命叙事访谈中，讲述者并非简单地回答问题，而是通过与研究者的对话，自由地讲述漫长的生命故事的过程。对研究者而言，这不仅是接收讲述者生命故事的过程，更是回应讲述者生活的喜怒哀乐的过程。张岚中日两国语言俱佳，对于讲述者而言无疑更能共情和进行更加深入的情感交流。张岚自带的亲和力，流露出的亲切和礼貌，以及她对讲述者的尊重态度，也对鼓励讲述者们呈现自己的生命故事起到关键作用。正如众多讲述者后来说道："我也不知道为什么，我只对你如此开诚布公地讲过自己的故事，我自己也觉得很神奇。"作者超越访谈法的出色沟通技巧能力是生命叙事法所要求的厚重叙事描述的基础。

其次，倾听者精通中日两种语言，使讲述者更加易于表达自我。对日本遗孤而言，当讲到对现实的不满、中国故土的怀念、中国养父母的感激之情，这些无疑用中文表达更加顺畅。与此同时，张岚作为中国留学生的身份也一定程度影响了讲述者的叙述。有些日本遗孤甚至直言"我是中国人"，可以说是因为面对了来自中国的"同乡"的她才能说出来的话语。另一方面，有些日本遗孤似乎不愿在张岚面前谈论他对中国养父母的不满。使用的语言、研究者的国籍等种种因素都会对叙述产生影响，这也是生命叙事法分析的一个重要因素，作者在意识到这些因素的局限性的同时，仍能从多角度审视这些因素，这是非常值得称道的。这个重要研究论点，可以与多语言和多文化研究联系起来，正如本书中所呈现的中日文叙述转换,我期待未来她依然能对这一多元视角进行深入的研究。

再次,本书作者深怀成为中日两国相互理解桥梁的愿景著成此书。如前所述,张岚始终秉持着如何为中国做更多贡献的心态坚持着她的研究。本书试图通过对遗孤生活世界的研究,重新审视战后中日两国的历史,并揭示两国在国家层面之外的个体故事。一位养母的话触动人心,当被问及"日本人在战争期间犯下了滔天罪行,你们为什么还要收养日本人的孩子"时,她回答道:"我没想过这个问题,这是国家和国家之间的事,与我们老百姓无关。日本人也不是天生就爱欺负人的……我始终相信自己的良心。"这位养母的话雄辩地证明,个人的叙述与国家层面的大叙事不同,"家庭关系""爱""社区的团结"及"对家园的渴望"等,都有可能超越国界将人们联系在一起。通过生命叙事了解生活世界,正是用每个人的生活和经历来照亮或反观地方社区、各种群体,乃至国家及整个社会。张岚所提及的"桥梁作用"可以理解为这样的载体,对此我也深表赞同。

最后,张岚在本书的研究过程中,切实地实践和发展了生命叙事法。毋庸讳言,生命叙事法还不是一个完整的研究方法,需要在进一步的访谈和实地考察的基础上加以完善。作为在日本推广生命叙事的研究者之一,我想强调的是,本书不仅提供了一个通过日本遗孤的生活和生命体验反思中日关系史的机会,也为以了解人们的生活世界为目的的生命叙事法的进步做出了贡献。希望张岚能以此书为契机,在国内外继续推进基于田野的生命叙事研究。

原日本立教大学教授　樱井厚

前　言

今天，距第二次世界大战结束已近80年。在这70余年里，经历过日本侵华战争的人们都已逐渐老去，似乎那段惨痛的历史也随着几代人的更迭而逐渐从人们的记忆里淡出。在和平的时光里，与战争有关的历史总是色彩暗淡乃至被遗忘。然而，有这么一个群体，不为人熟知，却用活生生的血泪史告诉我们："历史不能忘记，历史的车轮更不能倒转"。这个群体顽强地昭告天下一个共同的名字——日本侵华遗孤（后文简称"日本遗孤"）。

尽管抗日战争已经过去了70余年，日本遗孤这个战争的后遗症却并未痊愈。日本遗孤到底是一群怎样的人？他们背负了怎样的历史？他们是如何在中国和日本的夹缝中生存的？这是我的疑惑，也是我开始日本遗孤研究的初衷与动因。2022年是中日邦交正常化50周年，2023年是《中日和平友好条约》[1]缔结45周年，2025年是中国人民抗日战争暨世界反法西斯战争胜利80周年，在此重要时间节点，重新审视日本遗孤这一日本侵华战争遗留问题的"活化石"，正确认识战争历史与战争责任，具有重要的历史和现实意义。

日本遗孤溯源，须从日本侵华战争说起。1931年九一八事变后，日本侵占了我国东北三省。1932年3月9日，日本军队扶植末代皇帝爱新

1　即《中华人民共和国和日本国和平友好条约》。

觉罗·溥仪在长春成立了傀儡政权——伪满洲国。直至 1945 年,日本战败投降,结束了对我国东三省长达 14 年的殖民统治。

伪满洲国成立后,向"满洲"移民成为日本的"七大基本国策"之一。在"开拓万里波涛、布国威于四方"的侵略野心驱使下,大量日本平民加入了"开拓团"[1],移居中国东北。截至 1945 年底,日本在东北的移民人数达 155 万人之多。1945 年 8 月 15 日,日本天皇宣布投降,而"开拓团"移民们却对这个重大消息一无所知。等他们得知真相时,早已深陷泥潭。失去日本军队保护的他们,被迫紧急撤退。在撤退和遣返的混乱中,大量日本婴儿和儿童被亲人遗弃,转而被当地善良的中国老百姓收养,并被中国百姓含辛茹苦地抚养长大。这些被收养的日本婴儿和儿童,即被中国人称为"日本遗孤",而这群日本遗孤在日本则被称为"中国残留孤儿"[2]。

1978 年 8 月 12 日,《中华人民共和国和日本国和平友好条约》在北京签字,这是继 1972 年 9 月中日联合声明发表、中日两国邦交正常化以来两国关系史上又一新的里程碑。在中日两国政府及民间组织的共同努力下,日本遗孤得以陆续返回日本。据日本厚生劳动省统计,至 2023 年 1 月 31 日为止,有 2 557 个遗孤家庭回到日本,共计 9 381 人[3]。然而,算

1　"开拓团"是指在九一八事变之后,日本向中国派来的农业移民团。为了进一步控制伪满洲国,提振日本国内日益萧条的经济,缓解国内矛盾,1936 年广田弘毅内阁制定了国策《向满洲移住农业移民百万户的计划》,规定以 20 年间移民 100 万户、500 万人为目标。计划从 1937 年起,每 5 年为一期,递增移民户数,第一期为 10 万户,第二期为 20 万户,第三期为 30 万户,第四期为 40 万户。大量的日本贫困农户的次子、季子被送往中国。据不完全统计,日本在侵占中国东北期间,共派遣"开拓团"860 多个。"开拓团"强占或以极低廉的价格强迫收购中国人的土地,然后再租给中国农民耕种,从而使 500 万中国农民失去土地,四处流离。详见第二章。

2　关于"中国残留孤儿"一词,日本学界有诸多争议。井出孙六指出,日语中"残留"一词有"有意识、自主"之意,但实际上遗孤是被迫遗留在中国,"弃民"一词更为恰当(井出孙六、1986)。大坊郁夫、仲川泰彬则指出,虽然很多遗孤没有找到日本生身父母,但是他们有抚养他们成人的中国养父母,不能被称作孤儿(大坊郁夫、仲川泰彬、1993)。近年,由于日本遗孤的老龄化,也有学者呼吁把"中国残留孤儿"与"中国残留妇人"合称作"中国归国者"或者"中国归国邦人"。考虑到"中国残留孤儿"一词已经约定俗成,本文中将继续采用该称呼。

3　根据日本厚生劳动省的统计,至 2023 年 1 月 31 日为止,除了日本遗孤以外,遗留在中国的"中国残留妇人"有 4 167 个家庭,共计 11 530 人回到了日本。日本统称这个群体为"中国归国者",共计 6 724 个家庭,20 911 人。

上与他们一同来日的家人，这个群体接近 10 万人[1]。

20 世纪 80 年代初，日本的电视上每天循环播放着日本遗孤寻亲的消息，许多日本遗孤与亲人重聚的镜头也令众多日本民众深受触动。日本 NHK 电视台同期播出的大型日本遗孤题材电视连续剧《大地之子》[2]，给日本人留下了深刻的印象。直到现在，"大地之子"一词仍作为日本遗孤的代名词而被熟知和使用。然而，短暂的感动过后，日本遗孤逐渐从人们的记忆和生活中淡出，甚至渐渐被遗忘。

令日本人意外的是，20 多年后这个群体却以另外一种方式再次备受瞩目。2002 年，归国永住的日本遗孤们，以日本政府疏于对他们尽早回日的支援及归日后的生活援助为由，集体向日本政府提出了"国家赔偿请求诉讼"[3]。消息一出，舆论一片哗然。虽然有一部分日本民众支持他们的诉求，但是更多的日本民众对他们状告"祖国"这一行为表示费解。机缘巧合之下，我有幸在这个重要的时间节点结识了其中许多日本遗孤。

2002 至 2012 这 10 年，是我在日本攻读硕士、博士，进行博士后研究，以及任教于大学的岁月。在日本生活期间，我深深地体会到，日本与中国虽然是一衣带水的邻邦，但文化差异较大。2005 年，为了让更多日本人了解中国文化，在中国驻日本大使馆、千叶市联合国教科文组织和千

1　蘭信三，2000 年。

2　《大地之子》(日语：大地の子)是由日本放送协会(NHK)与中国中央电视台共同制作的一部电视连续剧。《大地之子》系根据日本女作家山崎丰子的同名小说改编而成，由上川隆也、蒋雯丽、朱旭、仲代达矢等出演。电视剧主要讲述了中国抗日战争结束后，遗留在中国东北的日本战争孤儿陆一心在中国成长的经历。1995 年 11 月 11 日，作为二战结束 50 周年和 NHK 成立 70 周年的纪念作品，首次在日本 NHK 电视台综合频道播出，大受好评，其后屡次重播。

3　2003 年 9 月 24 日，600 名日本遗孤向东京、名古屋、京都和广岛 4 个地方法院提出诉讼，状告日本政府没有早日采取措施帮助残留孤儿回国及没有为他们归国后融入日本社会提供充分的帮助和支援。他们要求政府向每个遗孤赔偿 3 300 万日元，总额达到了约 200 亿日元。该诉讼一直持续到 2007 年，最终参加人数逾 2 200 人。起诉的目的是要求日本政府对曾经的不作为谢罪，恢复日本遗孤本来应该作为"日本人"所拥有的权利。在战后 60 多年的时间里，日本政府对归国遗孤实施的援助政策以出现问题解决问题的对策为主，缺乏政策性。归国遗孤对政府的拖延乃至不作为感到忍无可忍，以被日本国家政策戏弄、归国后生活不安定的义愤心情，请求日本政府将援护金支付制度法制化，保障他们的晚年生活。

叶大学的共同支持下，我召集留日的中国同学、朋友们举办了一场"中国文化节"。正在我们苦寻中国传统乐器演奏者无果之时，竟在校园里听到了熟悉的二胡演奏声。演奏者是四位花甲耆老，说着一口纯正的中国东北话，让异国校园里的我们倍感亲切。尽管他们并非专业乐手，但独特的二胡旋律还是吸引了很多日本学生围观。真可谓"踏破铁鞋无觅处，得来全不费工夫"，我们当即决定邀请他们参加"中国文化节"。闲谈间，我才知道他们是日本遗孤，他们在日本校园里演奏的背后是他们迫切的诉求，此时正值他们向日本政府提起诉讼的初期，他们想要更多的日本人了解他们，需要更多的人帮助他们在请愿书上签字。这次偶遇深深震撼了当年二十出头的我，也因此与他们结下了珍贵的情缘。

在查阅了有关日本遗孤的报道和论文后，我走访了几位日本遗孤。在走访中，我发现大多数日本遗孤都生活清贫，住在政府廉租房内，与普通日本民众的生活水准相去甚远。大部分归国永住的日本遗孤在归国初期都没有机会接受足够的日语教育和就职培训，超过六成的人依靠政府最低生活补助为生。他们中的大部分人参与了那场始于 2002 年并持续了近五年的"中国残留孤儿国家赔偿请求诉讼"。

在我拜访位于东京新桥的日本遗孤团体"虹之会"时，一位阿姨紧紧拉住我的手说："日本人根本不了解我们的苦处，请你一定要多写文章，把我们的事情告诉日本人！"。从她的痛诉中我深深地体会到，日本遗孤一方面迫切想融入日本社会，一方面又为自己的处境不为日本人所知而无奈的矛盾心境。她的这番话，更加坚定了我研究日本遗孤的信念。

随着研究的深入，我发现日本遗孤问题所关涉的层面远不止第一代日本遗孤，其后代以及中国养父母也都是无法回避的重要研究对象。在20 世纪 80 年代的日本遗孤归国大潮中，随同第一代日本遗孤归日的还有其配偶和后代。这些遗孤二代回到日本时大多只有十几岁，心智尚未完全成熟，却又不得不尽力适应生存境遇的突变。较之父母，他们掌握日语的能力更强，貌似很快适应了日本的生活，但事实上他们也有作为日本遗孤后代的诸多烦恼、困惑和焦虑。与此同时，还有一群人是不容忘记的，那就是含辛茹苦抚养日本遗孤成人的伟大的中国养父母。由于经济条件不允许，疲于应付生计的日本遗孤大都把中国养父母留在了中国。中国自古以来讲求"养儿防老"，然而年迈的养父母依旧毅然决然地把视如己出的日本遗孤送回了日本，对他们而言无疑经历了巨大的悲痛。除此之外，在 20 世纪 80 年代的那场日本遗孤归国大潮中也有一部分日本遗孤逆流而行，继续留在中国和养父母一起生活。即便留下的日本遗孤不多，他们同样也是研究日本遗孤这个群体不容忽视的重要部分。

这是本书将焦点对准上述中日两国日本遗孤三代人的原因。我们希望通过记录和剖析生活在中日两国夹缝间的日本遗孤三代人的生活历史、战争体验、代际差异、民族归属以及自我认同等要素，能够更加真实、客观地呈现日本遗孤的群体性向，让更多的人了解这群特殊的中日移民，并希望能为中日两国乃至世界各国共建和平提供某种积极的导向。

为客观、全面反映受访者的真实面貌和观点，文中采访事例保留原义，不代表著者观点。

目 录

第一篇 遗孤由来与中日关注

第二篇　归日遗孤与身心窘境

第三篇　留华日本遗孤与浩荡养恩

绪论　重访日本遗孤的生命价值

第一节　研究的背景与意义

2019 年,在新中国成立 70 周年之际,日本遗孤感恩访华团一行 34 人于 10 月 17 日开启了第 4 次组团访华之旅。2017 年 6 月 24 日,36 名

图 0 - 1　日本遗孤在拜祭中国养父母公墓(来源:新华网)

图 0-2　日本遗孤石坂万寿美在祭拜时落泪(来源:新华网)

日本遗孤来到了哈尔滨市方正县中日友好园林内的"中国养父母公墓"开展祭扫活动(见图0-1、0-2)。这是日本近年来最大规模的遗孤访华团。

中国养父母与日本遗孤的故事不会,也不应该被人们遗忘。2018年1月29日至2月2日,主题为"中国母亲的博大情怀——中国养父母与日本遗孤"的展览在长野县伊那市政府大厅举行,众多民众慕名而来。年过古稀的竹入女士仔仔细细看完每一块展板,激动地对记者说:"看完展览,我对中国人民更加敬佩。谢谢拥有博大胸怀的中国人,希望每个日本人都能了解这段历史。只有了解日本侵略中国的那段历史,才能避免悲剧重演。"[1]

所谓日本遗孤,是指1945年日本战败投降后,日本侵略者在撤退和遣返期间,遗弃在中国并被中国人抚养长大的日本孤儿。1972年中日邦交正常化之后,在中日两国政府、民间的共同努力下,这些遗留在华的日本遗孤得以陆续返回日本。据日本厚生劳动省的统计,至2023年1月31日,共有6 724个"中国归国者"[2]家庭回到了日本,共计20 911人,其中包括2 557个日本遗孤家庭,共9 381人。[3]

日本遗孤是日本侵华战争的亲历者,一生经历了日本帝国、伪满洲国、中华人民共和国、现代日本国等不同社会类型,社会生活的变迁、生存

1　刘军国:《日本民众参观"中国养父母与日本遗孤"展览:"谢谢拥有博大胸怀的中国人"》,《人民日报》2018年2月2日,第3版。

2　"中国归国者"是日本对回到日本的残留孤儿(即日本遗孤)、残留妇人、残留邦人及他们的同行家属的总称。以1945年8月9日为分界点,未满13岁的被称为残留孤儿,13岁以上的女性被称为残留妇人,13岁以上的男性被称为残留邦人。

3　2 551个日本遗孤家庭中,有4个家庭是夫妻双方均为遗孤,所以归国日本遗孤的总数为2 555人,"中国归国者"的总数为6 706人。

环境的巨变让个体备受煎熬。他们是日本侵华战争的无辜受害者，也是记录日本侵华战争的"活化石"；他们被战争受害者收养，在本应"仇视"他们的被侵略国顺利成长，证明了中国人民的伟大胸怀和博爱精神，也必将成为推动中日世代友好的最好代言人。随着日本遗孤的衰老甚至离世，历史活教材的存量也相应降低，并必然缓慢消亡。在其彻底消亡前，最大限度地将这些珍贵的活教材文字化和数字化，已成为日本遗孤口述历史研究迫在眉睫的重大使命。

虽然给中日两国人民带来深重灾难的日本侵华战争已经结束近80年，然而有关侵华战争的历史及其认知至今仍然深深影响中日关系的发展。日本遗孤是日本侵华战争的遗留问题之一，本研究记录战争受害者与幸存者关于日本侵华战争的历史记忆和情感态度，旨在还历史以真实面目，真正做到"以史为鉴、面向未来"。生长于和平年代的人们，容易忘却战争的悲惨与残酷。我们期望通过本书的研究，使中日两国未经历战争的年轻一代理解和平的珍贵，认真思考国家与民族、战争与人类的关系，深刻审视日本遗孤背后超越血脉、国界和民族仇恨的大爱之心，从而为推动构建和谐的中日关系和国际关系提供可贵的尝试和助力，这也是本研究所期望实现的社会政治意义。

本书对中日两国150名，包括日本遗孤、遗孤二代、留华遗孤、中国养父母在内的中日两国三代人进行了生命叙事深度访谈，探究遗孤群体的战争记忆及其传承，挖掘、抢救、征集口述史料，并在详实的第一手资料与史实考证的基础上开展研究。本书记录和剖析了在中日两国夹缝中生存的三代日本遗孤的生活现状及困境、自我认同、民族归属、国家认同与代际差异等问题，深入思考了由此展现出来的两国对战争的记忆、反思，对战争责任的思考。本书是一项以日本遗孤为主线，对有关自我认同、战争体验、记忆与传承、生命叙事的社会学研究。本研究跨越中日两国三代人，突破了历来日本遗孤研究的地域和语言局限，有利于更真实、客观地呈现日本遗孤的群体和个体的生存价值和生命轨迹，在日本遗孤口述历史研究领域具有一定的学术开拓意义。

此外,在当前中日关系严峻的局面下,重新审视日本遗孤这个特殊的社会群体,具有重要的历史和现实意义。

首先,日本遗孤是日本军国主义所推行的移民侵略政策的产物,他们同样是日本发动侵略战争的受害者。历史不能忘却,历史车轮更不能倒转。日本只有切实正视和深刻反省侵略历史,真正做到以史为鉴,才有可能同中国发展面向未来的关系。日本作为侵略者,其民众也是战争的受害者,而现在的众多日本年轻人并不了解这些,比起对外的侵略和施害,他们更加强调的是"我们日本人是唯一在战争中承受原子弹爆炸恐怖的民族"[1]的这种受害者立场,可以说日本对二战历史的教育是缺失的。如何记录并传承历史,关系到日本能否正确认识和对待日本军国主义的侵略历史,能否以正确的历史观教育年轻一代。对日本遗孤的研究,将使日本在教育中规避的二战历史得到真实还原,让更多被蒙蔽的日本人认清历史的真相和战争的苦难,并将这种历史认知和观念传承给下一代,让年轻一代感受战争对人类生命和尊严的摧残,体会到和平的可贵。

其次,收养日本遗孤,体现了中华民族的博大胸怀和中国人民的厚德载物的品质。在战争尚未结束的状态下,深受侵略国奴役和践踏的被侵略国人民出于崇高的人道主义精神收养了众多由侵略国遗弃的战争遗孤,这在古今中外战争史上是绝无仅有的。战争和侵略使日本遗孤们成为漂泊异乡的孤儿,而人道主义和大爱之心却使他们拥有了一位位超越国仇家恨的中国父母。

2014年1月23日,日本遗孤"感谢中国养父母石碑"在日本鹿儿岛县揭幕。建碑提议由身为归国孤儿的日本人遗孤鹿儿岛会代表、时年73岁的鬼冢建一郎发起,最终在鹿儿岛县日中友好协会的帮助下得以实现。

1　引自2013年8月安倍晋三在广岛、长崎原子弹爆炸死难者慰灵和平祈念仪式上的讲话。

石碑高 2.45 米，碑身刻着"对伸出救援之手的中国养父母的慈爱精神致以诚挚的感谢，同时祈盼日中永世友好"等碑文。鬼塚建一郎发表讲话说："如果没有向敌国儿童伸出援手的养父母的慈心，我就不会在这里。在众多人的协助下建起了石碑，对此表示感谢。"中国驻福冈总领事馆总领事李天然也应邀出席揭幕式。他在贺词中说道，"中国养父母以德报怨的博大胸怀和仁爱之心，谱写了人类战争史上的仁义之歌。"

再次，妥善解决日本遗孤问题，是中日两国政府合作处理战后遗留问题的良好尝试。长达 14 年的日本侵华战争给中国人民造成了巨大的伤害，尽管这场战争已经结束近 80 年，但中日两国间还有诸多历史遗留问题尚未解决，例如慰安妇问题、强制劳工问题、细菌战问题、化学武器贻害问题等。这些问题是中日关系中的深切隐患，解决好这些问题，无疑会对中日关系的发展产生积极作用；若解决不好，则会阻碍中日关系的和谐发展。中日邦交正常化后，两国政府为解决日本遗孤问题，做了很多艰苦细致的工作。现在，往返于中日两国的日本遗孤以及他们的后代，在中日两国人民间架起了友好之桥。日本遗孤问题是日本侵华战争遗留问题的一个缩影，也是一个相对被忽视，而又相对中性的问题，这就使得日本遗孤生命叙事研究兼具了必要性和可行性。中日两国政府在日本遗孤问题上的合作及其取得的成效，给中日其他历史遗留问题的解决提供了有益借鉴。

最后，日本遗孤是中日之间特殊的移民，他们在中国完成了首次社会化，接受中国社会文化的熏陶，其思维方式、生活习惯、语言文化、交往模式与中国人几无差别，但他们本质上却不是完完全全的中国人。他们带着回归日本社会、做日本人的理想回到日本，这种回归的原动力是他们对"根"的认同。人到中年回到母国，必然面临再社会化的严峻考验，这是一个艰难而痛苦的过程。与世界上所有移民一样，他们面临着诸如语言难关、就业困难、文化差异、认同混乱等众多问题。随着中国对外开放的不断深化，来华外国人逐年增加，跨文化交流日益频繁的同时伴生的文化融合及冲突问题成为亟须思考的课题。日本遗孤研究的成果对我国日益增多的移民以及随之而来的社会问题的解决，亦有着相应的借鉴意义和参考价值。

第二节　概念界定

一、日本遗孤

中国作家刘国强在其文学著作《日本遗孤》中关于日本遗孤有以下描述："他们既不是中国人，也不是日本人；他们既是中国人，也是日本人。他们处在历史的夹缝中，他们成为一段被人们遗弃的历史。战争和侵略令他们成为漂泊异乡的孤儿。"

关于日本遗孤的定义，学者众说纷纭。《方正县向日本移民问题的社会学研究》[1] 中，将日本遗孤定义为"日本战败后，日本军队从中国大陆撤退和遣返期间，遗弃在中国大陆的日本人"；《战争灾难受害者中的特殊群体——日本遗孤》[2] 将日本遗孤定义为"1945 年日本军队从中国大陆撤退和遣返期间，遗弃在中国大陆的日本人。"《战后日本遗孤称谓考》[3] 中提到，"中国把日本因战败遗弃在中国东北的孤儿称为日本残留孤儿，或者称为日本遗孤，而在日本却称其为中国残留孤儿"。

日本方面，1981 年日本政府首次正式把这些被遗弃在中国东北的日本人称为"在中国残留的日本人"。日本厚生劳动省将那些日本军队从中国大陆撤退和遣返期间被中国人收养的未满十三岁的日本人定义为遗孤，但将那些十三岁以上为了生存或自愿进入东北家庭的日本女性，视为

1　赵宁：《方正县向日本移民问题的社会研究》，硕士学位论文，东北财经大学，2012。
2　王玲菱：《战争灾难受害者中的特殊群体：日本遗孤》，《黑龙江史志》2013 年第 9 期。
3　潘德昌：《战后日本遗孤称谓考》，《社会学辑刊》2006 年第 4 期。

自愿留在东北的残留妇女并取消其日本国籍,不列入援助回国对象。直到 1993 年,才将遗孤和残留妇女一同视为归国援助对象,统称为"残留日本人"。

本书的研究主要沿用日本厚生劳动省的官方定义,把 1945 年日本军队从中国撤退和遣返期间,滞留在中国并被中国人收养的未满十三岁的日本人定义为日本遗孤。

二、遗孤二代

本书中的遗孤二代指的是日本遗孤的第一代子女,更为准确的称法应为日本遗孤第二代,但为了表述简洁而统一简称。一方面来看,遗孤二代也是移民二代,被认为是连接移民社会和主流社会的桥梁,具有"他们的移民父母那一代被忽视了的挑战、超越境线的潜在力;[1] 另一方面,遗孤二代的父母作为日本移民侵略和弃民政策的直接产物,与普通移民存在着许多差异,这对遗孤二代子女的生活方式、知识文化和自我认同等多方面产生了不可磨灭的影响。

三、日本遗孤养父母

日本遗孤养父母即日本遗孤在华生活时的中国人养父母,在日本遗孤返回日本之后,其养父母们大都继续留在中国生活。自日本战败后,善良的中国人以各种形式收留了日本遗孤,由此建立了日本遗孤与其在华养父母的特殊关系。1972 年中日邦交正常化后,在日本政府和民间组织的推动下,掀起了日本遗孤回国寻亲的热潮。日本遗孤一方

1　Alba Richard, "Bright vs. Blurred Boundaries: Second-generation Assimilation and Exclusion in France, Germany, and the United States," *Ethnic and Racial Studies* 28, no. 1 (Jan. 2005): 20-49.

面面临着与养父母的情感分离,另一方面面临着日本与中国的家庭文化差异。关注日本遗孤在华养父母的价值,既能表达对中华民族善良品质和博大胸怀的崇高敬意,也能为中日关系友好发展发挥重要的桥梁作用。

第三节 理 论 概 述

一、自我与认同

(一) 自我

关于自我的问题,在哲学和心理学都有深刻的见解,虽然定义不尽相同,但定义间相互联系,且共同指向人作为个体对自身的认识问题。弗洛伊德将人格结构分成三部分:本我、自我和超我。本我是原始的自己,以快乐为原则行事,包括生存所需要的欲望和冲动;超我是遵守道德规范的"我",它按照道德规范和价值观念来约束、监督和惩罚本我;自我是社会现实里所体现的"我",它在本我和超我之间调和,满足本我的要求(使自己快乐),同时遵守超我所要求的规范(使自己没有负罪感)。[1] 弗洛伊德认为"任何部分的残缺都会导致精神上的焦虑和不安"。荣格认为,自我是我们意识到的一切东西,包括思维、情感、记忆和知觉。它的职责是务必使日常生活机能正常运转。它也负责使我们对同一性和延续性的感知相协调。荣格的自我概念与弗洛伊德的自我概念十分相似,自我是展现在社会现实当中的我,需要对本我和超我进行协调,以满足日常生活中的一切生活机能。哲学家威廉·詹姆斯将自我分为三种类型,包括物质自

---

1 陈阳:《大众传播学研究方法导论》,中国人民大学出版社,2015,第242页。

我、社会自我和精神自我，[1] 这是自我形成的三个阶段。[2] 查尔斯·库利的"镜中我"理论认为自我与他者的互动赋予自我以自我意识，他人的评价、态度等为个体提供了认识与把握自我的一面镜子，镜像的过程也是认同产生的过程。库利所提出的"镜中我"，其目的在于实现个人与社会间有机和稳定的联系。个人只有通过社会互动，才能对自己和他人的关系具有明确的认知，进而对自己的角色、形象等具有一定的判断，产生认同。此外，库利认为人在感情上的本能遗传要通过后天的社会化，在与他人的交往中才能发展出来。拉康的镜像阶段理论认为婴儿通过照镜子来认识自我，自我最初就是以他者的形式出现的，镜像的过程也是认同产生的过程。乔治·H. 米德在《心灵、自我与社会》中认为自我有客我与主我两个方面。主我是人作为有自觉性的主体对自我的意识，是自我主体性的体现；客我则是从他人的角度对作为客体的"我"做出认定，即他人眼中的我，代表自我被动性与社会性的一面。[3] 在米德看来，自我与他人的互动是社会的本质，自我只能在社会过程中出现。乔纳森·布朗区分了自我的两个方面：主我（主动地体验世界的自我）和宾我（属于我们注意对象的那部分自我）。[4]

这些关于自我的概念都强调自我与社会的互动及自我对他者的依赖，关注的是个人如何存在于集体中并产生意义。在此意义上，本研究关于日本遗孤在中国和日本不同生活环境中自我认知的形成和危机与在不同环境下的认同相重合，为本文以自我认同为理论基础提供研究学理上

1　杨鑫辉：《西方心理学名著提要》，江西人民出版社，1998，第78页。
2　首先第一阶段是通过活动、接触，通过大脑神经活动的分化抑制过程才逐渐形成发展起来的，是对躯体的自我意识，也就是詹姆斯所说的"物质自我"；第二个阶段是"社会自我"，在幼儿时期是通过游戏，扮演角色形成的，也依靠对父母行为的模仿，进入小学后是依靠学校教育，意识到与同学的伙伴关系，明确当学生的义务责任，完成作业，以符合学校的要求，逐渐建立起社会的自我意识，生长环境在这一阶段显得尤为重要；"精神自我"是最后一个阶段，从青春期开始，个体确立起自我意识，过去一切随成人尤其是随家长的观点和做法，如今表现出青年人的独立感、自我理想，个人所追求目标，在看法和行为上带有浓厚的自主的个人色彩，形成并发展着"精神的自我"。
3　乔治·H. 米德：《心灵、自我与社会》，赵月瑟译，上海译文出版社，1992，第123页。
4　乔纳森·布朗：《自我》，陈浩莺等译，人民邮电出版社，2004，第34页。

的支撑。

（二）认同

认同理论被广泛应用于心理学、社会学等学科研究并取得了丰硕的成果。"认同"一词译自英语"identity"，据菲利普·格里森研究，"identity"一词来自拉丁文"idem"，原意为"相同"或"同一"。在社会学领域，认同主要描述一种特殊的集体现象，包含群体特性和群体意识两个层面。[1] 在心理学领域，弗洛伊德将认同视作个人或群体在感情上、心理上趋同的过程。[2] 心理学者埃里克森把认同引入社会心理学，指出"认同不仅是个体对群体的认同，也包括群体对群体的认同，通过人与群体的交往、群体与群体的交往，从两者间找出其中的相同点和不同点，并逐渐形成的一种心理上的归属感"。此外他提出了自我认同、认同危机等概念并用以解析关于"我是谁？"等一系列来自自身的困惑。泰勒提出的社会认同理论和霍尔提出的文化认同理论进一步促进了认同理论持续发展并逐步系统化。综上，本文将认同定义为：个体或群体在与他者交往过程中对某一群体产生情感联系与依赖，导致主体间趋向一致的意识。

认同问题与自我问题具有一致性，人们通常用之回答"我从哪里来？""我是谁？""我到哪里去？"等问题。认同是在社会互动过程中通过自我的认知逐步形成的，在概念上与自我形成对照。人作为集群性动物，其自我与认同的关系必然会在集体现象中被发掘，因此有必要将两者放在群体中进行研究。

（三）自我认同

认同本质上是对自我根源的不断追寻，对自我身份的不断追问，是对

1　钱雪梅：《从认同的基本特性看族群认同与国家认同的关系》，《民族研究》2006 年第 6 期。
2　车文博：《弗洛伊德主义原理选辑》，辽宁人民出版社，1988，第 375 页。

人类自然家园和精神家园的双重探究,是对生命意义的终极关怀。[1] 从类型上看,认同包括种族认同、民族认同、社会(群体)认同、自我认同、文化认同等多种类型。[2] 自我认同的中心是自我,对自我的研究。社会心理学认为,"自我是大多数复杂的相互作用过程的起点,我们对社会行为的理解要从自我开始"。[3]

自我认同是本文探究的主要问题之一。吉登斯认为"自我认同是个体根据自己的亲身经历所反思性地理解到的自我"[4],"自我认同并不仅仅是作为个体行动系统的连续性的结果而被给定的某种东西,而是在个体的反思性活动中必须被惯例性地创造和维持的某种东西"[5]。即自我认同在经验上是客观的,但是作为主体的"我"在反思实践的同时建构了具有主观性的认知,且这种主观性的建构是稳定的,维持了自我的安全感和归属感。车文博从精神角度出发,认为自我认同是指个人在一定社会背景下,可以维持自身的独特、认同所追求的目标,并且能够与自身的价值观念相适应。[6] 张日昇认为自我认同除了包含主观的方面,也包含社会性的方面。综上,自我认同与社会认同是辩证统一的,是各种社会认同要素在个体身上的综合呈现。

二、族群认同与国家认同

(一)族群认同的内涵

英文"ethnic"一词来自希腊文"ethnos",原意指部落与种族,但在现

1　崔新建:《文化认同及其根源》,《北京师范大学学报(社会科学版)》2004 年第 4 期。
2　崔新建:《文化认同及其根源》,《北京师范大学学报(社会科学版)》2004 年第 4 期。
3　K. 杜加克斯,L. S. 赖茨曼:《八十年代社会心理学》,三联书店,1988,第 65 页。
4　安东尼·吉登斯:《现代与自我认同》,赵旭东、方文译,生活·读书·新知三联书店,1998,第 275 页。
5　安东尼·吉登斯:《现代与自我认同》,赵旭东、方文译,生活·读书·新知三联书店,1998,第 61 页。
6　车文博:《人本主义心理学》,浙江教育出版社,2004,第 118-126 页。

代族群中的含义却与法则和风俗有更密切的关系。族群（ethnic group）一词最早出现于20世纪20年代，马克斯·韦伯定义为"某种群体由于体质类型、文化的相似，或者由于迁移中的共同记忆，而对他们共同的世系抱有一种主观的信念，这种信念对于非亲属社区关系的延续相当重要，这个群体就被称为族群。"[1]第二次世界大战以后，族群一词被用来取代英美国家长期使用的"部族"（tribe）和"种"（race），强调非体质特征的基于历史、文化、语言等要素的共同体。[2] 直至20世纪70年代末，我国大陆民族研究学界引进这一词语，起初翻译为"民族群体"，后来逐步采用香港、台湾学界的译法，即"族群"。[3] 总而言之，族群是某一群体成员在与其他群体的接触下，在自识和他识的过程中形成的，是一种边界式的主观心理归属感。此种主观心理归属感的边界，可以不是共同语言、共同地域、共同经济生活而主要表现于共同文化上的共同心理素质，这种"自我认定的归属和被别人认定的归属，是区分族群最重要的特征。[4] 因此，族群认同强调的是群体内的文化属性。

族群认同强调族群性和文化性，意指个体在族际互动过程中获得自我身份的确认，并形成对本族群的责任感和归属感。[5] 族群认同是在族群互动的基础上发展起来的，认同产生的基本条件是要有差异、对比，有了差异、对比才会产生将自己归类和划界的自我认同。如果一个族群中的个体从未接触过异质文化，那么就无从产生认同。任何族群认同总要通过一系列的文化要素表现出来，族群认同以文化认同为基础，共同的历史记忆和遭遇也是族群认同的基础要素。[6]

1　马克斯·韦伯：《经济、诸社会领域及权力》，李强译，生活·读书·新知三联书店，1998。
2　Thomas Barfield (ed.), *The Dictionary of Anthropology* (MA: Blackwell, 1997).
3　罗彩娟、梁莹：《族群认同理论研究述评》，《广西师范学院学报》2014年第4期。
4　弗雷德里克·巴斯：《族群与边界：文化差异下的社会组织》，商务印书馆，2014。
5　塞缪尔·亨廷顿：《我们是谁？——美国国家认同面临的挑战》，程克雄译，新华出版社，2005，第12页。
6　江宜桦：《自由主义、民族主义与国家认同》，扬智文化事业股份有限公司，1998，第12页。

(二) 国家认同

国家作为一种政治实体,有特定的领土和主权,相关的法律制度、经济、政治和文化生活。国家认同与社会秩序的生成密切相连,体现了民众对所属政治共同体归属的辨识、确认和选择,及对国家的政治、社会、文化、族群等要素的期待、评价和情感。国家认同的水平直接影响着国家安全和社会稳定。国家认同是"个人一种主观的或内在化的、属于某个国家(民族)的感受"。[1] 实质上就是一个民族自觉归属于国家,形成捍卫国家主权和民族利益的主体意识。[2]

从国外研究来看,国家认同中最为核心的三个概念是:国家认同(national/state identity)、民族主义(nationalism)和爱国主义(patriotism)。[3] 国家认同是"个人主观的或内在化的、属于某个国家(民族)的感受"。[4] 琼斯(Frank Jones)和史密斯(Philip Smith)将国家认同划分为文化性国家认同和政治性国家认同两个维度。亨廷顿(Samuel Huntington)认为,国家认同的构成包括民族属性、人种属性、文化属性和政治属性四个因素。[5]

从国内研究来看,江宜桦认为,国家认同是"'一个人确认自己属于那个国家,以及这个国家究竟是怎样一个国家'的心灵性活动"。[6] 从归属性视角来看,国家认同等同于国民认同,指的是一个国家的公民对自己祖国的历史文化传统、道德价值观、理想信念、国家主权等的认同,并视其为

1　Huddy L., Khatib N. "American Patriotism, National Identity, and Political Involvement," *American Journal of Political Science* 51, no.1(2007): 65.

2　袁娥:《民族认同与国家认同研究述评》,《民族研究》2011年第5期。

3　马得勇:《国家认同、爱国主义与民族主义——国外近期实证研究综述》,《世界民族》2012年第3期。

4　Huddy L., Khatib N, "American Patriotism, National Identity, and Political Involvement," *American Journal of Political Science* 51, no.1(2007): 65.

5　[美]塞缪尔·亨廷顿:《我们是谁?——美国国家认同面临的挑战》,程克雄译,新华出版社,2005,第12页。

6　江宜桦:《自由主义、民族主义与国家认同》,扬智文化事业股份有限公司,1998,第12页。

一种重要的国民意识，是维系一国存在和发展的重要纽带。[1] 从差异性的视角出发，国家认同体现为自我与他者的明确区分。差异性是指将自我与他者明确区分开来的界限，含有排斥他者的意味。差异性视角下的国家认同一方面强调认同主体对其所属国家的认同，即强调爱国主义；另一方面强调对其他国家的拒斥和排他。[2]

日本遗孤及其后代的国家认同问题主要指他们在中国和日本两个国家间政治上的归属意识。潘德昌在《理解·和谐·共生——中国归国者问题研究》一书中指出日本遗孤这一群体面临身份上的暧昧、自身归属的茫然及普遍的不适感。潘德昌从国籍和血缘角度出发探讨了日本遗孤面临的不适性。杜颖在《日本遗孤的跨文化适应性研究》中，也认为他们对自身身份的认知呈现出内心的矛盾。蒙永金在《"日本遗孤"的身份认同困境》中认为，日本遗孤的身份认同问题主要是对国家的认同问题。严歌苓和叶广芩笔下的遗孤不被中国和日本的社会和文化所接纳，遗孤归国后受到日本社会及民众的歧视，在构建日本国家身份认同上受到阻碍。张龙龙、王维在《遗孤子女在日本的社会融入与身份认同——基于生命历程理论视角的分析》中认为，在新的社会语境和家庭环境下，遗孤子女逐渐适应日本社会，他们对自己到底是哪国人的内心纠葛也逐渐弱化。

（三）跨国族群认同

有学者认为，族群认同是文化适应的一个方面，它强调对于一个群体或文化的归属的主观感受。[3] 有研究认为，族群认同及其相关研究是在国际事务中族群冲突屡现的背景下产生的，"族群认同"（Ethnic Identity）

1　贺金瑞，燕继荣：《论从民族认同到国家认同》，《中央民族大学学报（哲学社会科学版）》2008年第3期。
2　李艳霞、曹娅：《国家认同的内涵、测量与来源：一个文献综述》，《教学与研究》2016年第12期。
3　Phinney J. S., "Ethnic identity in adolescents and adults: Review of research," *Psychological bulletin* 108, no. 3(1990): 499-514.

指的是"族群身份的确认",是与他群交往的过程中对内"求同"和对外"求异"的过程。[1] 周大鸣认为,族群认同总是通过一系列的文化要素表现出来,族群认同是以文化认同为基础的。因此,语言、宗教、地域习俗等文化特征以及共同的历史记忆、遭遇是族群认同的基础要素。[2] 北京大学张剑峰在《族群认同探析》一文中提到"在社会群体认同研究语境下,认同不仅仅是指先赋的、客观存在的身份认同和纯粹主观意义上的心理认同,还包括人们的行为和文化实践认同"。[3]

　　目前涉及跨国族群认同的文献多聚焦于跨国族群概念的界定以及描述文化与族群认同的关系,如《世界民族关系概论》(金涛、孙运,1996)、《论多样性文化互动下的民族认同——以中国西南跨国民族地区为例》(周建新,2004)、《跨国民族理论问题综论》(马曼丽,2005)等相关著述。在中国知网分别以"跨国族群"和"跨国族群认同"为关键词进行检索,得到相关文献仅 57 篇,其中关于"跨国族群认同"的研究文献探讨多以某一民族为例探讨族源、族群认同、国家认同等概念,如陈纪、南日的《文化取向与职业类型:在韩中国朝鲜族跨国族群认同的分化》,金子暄《跨国互动中朝鲜族身份认同的变化——以在韩中国朝鲜族劳工为例》,冈纳(Gunnar)、哈兰(Haaland)、徐大慰《跨国人口流动与族群认同——以东南亚的尼泊尔移民为例》等等。在跨国族群研究中,卡恩(Khan)和阿尔马兹(Almaz)运用巴特族群边界理论,对蒙古族群和中国蒙古族的认同意识进行研究。他们认为蒙古人的族群认同可以分为蒙古的布里亚特蒙古人认同和中国的蒙古族认同两类,双方都将对方看成是另一个民族,这对理解跨国族群的认同问题具有重要的借鉴意义。国外族群认同的实证性研究开始于 20 世纪 70 年代对少数民族族群的研究,其研究领域主要包括族群自我认同及跨文化族群认同研究。"跨国族群认同"在移民研究

1　金子暄:《跨国互动中朝鲜族身份认同的变化》,南京大学,2013。
2　周大鸣:《论族群与族群关系》,《广西民族学院学报(哲学社会科学版)》2001 年第 2 期。
3　张剑峰:《族群认同探析》,《学术探索》2007 年第 1 期。

中也更强调移民的文化适应问题。

在关于日本遗孤的认同研究中，更多的是关注遗孤及其后代的文化适应问题。因此本文采用"跨国族群认同"这一概念论述日本遗孤及其后代的族群认同。《日本归国残留孤儿眷属之社会适应性论析》提到，由于97％的日本人同属于一个民族，他们不仅拥有相同的国籍与语言，还依靠共同的文化、历史、习俗等紧密联系在一起，导致社会具有潜在的排他性，尽管回到日本的遗孤获得了日本国籍，但其身份仍不被完全认可。王欢在《文化休克与边际人格的生成》中提及遗孤在日本社会适应过程中出现文化冲撞，导致其民族认同感的迷茫。

三、文化认同与社会认同

（一）文化认同

任何族群离开文化都不能存在，族群认同总是以文化认同为基础，通过一系列的文化要素表现出来，因此这些文化要素基本上等同于族群构成中的客观因素。[1] 每个民族都有自己独特的文化，个体从出生起便在特定的文化环境中成长，离开文化就不能保持其身份的完整性。所谓文化认同，无非是基于文化间性的一种反思性价值辩护和文化资格求证。用文化认同来蕴涵诸多认同形态，可以理解为"拥有共同的文化，是族群认同、社会认同的基础。其中个人对社会的认同，主要体现在个人对社会所创造和拥有的文化的学习与接受；社会对个人的认同，则体现在社会的基本文化规范在个人中的普及、推广和传播"。[2] 文化认同表现为个体对所属群体的文化认同感和归属感，具体为宗教信仰、生活习惯、社会礼仪、价值规范、语言等，具有长期稳定性，不受地域、语言、环境等因素影响。

---

1 贺金瑞、燕继荣：《论从民族认同到国家认同》，《中央民族大学学报（哲学社会科学版）》2008年第3期。
2 崔新建：《文化认同及其根源》，《北京师范大学学报（社会科学版）》2004年第4期。

文化认同在面对不同的文化环境时，具有适应性与多维性。

文化认同是人的社会属性的表现形式。文化认同一方面与族群相关，也与国家政治生活相关，同时又与全球化所形成的新的世界主义相关。文化认同构成族群认同与国家认同的中介形式。作为中介认同形式，文化认同就必须一方面与族群认同有交叠的部分，另一方面与国家认同有交叠的部分，同时与全球认同有交叠的内容。[1]

随着现代社会生活变迁，文化认同问题开始出现。在全球化推进下，跨国、跨文化交往愈加频繁，人们在认同自身文化的基础上，也吸纳了一定的其他文化，导致个体和群体面临着文化认同危机。在这个过程中，人们不自觉产生了文化认同焦虑，开始重新思考自己的文化归属感并重新做出选择。日本遗孤正是面临文化认同问题的一类典型群体。

杜颖在《日本遗孤的跨文化适应性研究》一文中探讨了日本遗孤归国后的认同问题，指出日本遗孤在中华文化的滋养下成长，年龄较大的遗孤难以对日本文化产生认同，年龄较小的则比较好融入社会。王欢在《文化休克与边际人格的生成——残留孤儿日本社会适应过程中的文化冲撞》中，从社会学角度揭示了日本遗孤无论在语言、思维方式还是行为方式上不能迅速适应环境，表现出一种文化错位现象，对文化认同产生了混乱。杨建琴在《残留孤儿无根困境的文化解读》中指出日本遗孤正是受"认祖归宗"的中国文化影响而抛弃中国的一切，去往陌生的日本生活，同时来到新的社会文化环境中，出现文化认同混乱。张龙龙、王维在《遗孤子女在日本的社会融入与身份认同——基于生命历程理论视角的分析》中认为21世纪的日本遗孤子女不再纠结身份属性，表现出积极认同中日两国文化的一面。

1　韩震：《论国家认同、民族认同及文化认同：一种基于历史哲学的分析与思考》，《北京师范大学学报》2010年第1期。

(二) 社会认同

亨利·泰弗尔(Henri Tajfel)在 1969 年提出了"社会身份认同"概念,即个体认识到他属于特定的社会群体,同时也认识到作为群体成员带给他的情感和价值意义。[1] 多年后,泰弗尔和特纳(Turner)将"社会认同"概念修订为"一个社会类别全体成员的一种自我描述"。社会认同包含内外两个方面,具有主体性与群体性的特征,社会认同虽体现出个体的主观心理,但这一主观心理是经由群体影响和塑造而来,由此可见社会认同是无数个体社会自我的一种组织化。该理论作为群体关系研究中极具影响力的理论之一,揭示了群体行为的内在心理机制,是研究群际冲突和歧视、移民融入等问题的重要理论。

总之,族群(民族)认同、国家认同、社会认同以及文化认同都是个体对自我身份的确认,也是个体自我认同在社会、政治、文化等不同维度的具体化和纵深化,共同丰富自我认同。因此本文的认同研究落脚点着重于日本遗孤的自我认同,同时在分析中细化具体的认同维度。

四、移民理论

(一) 国际移民理论

移民研究是一个跨学科课题,在不同的学科有不同的理论。国际移民理论主要包括:推拉理论、新古典主义经济理论、新经济移民理论、劳动力市场分割理论、世界体系理论、移民系统理论、跨国主义等。

1. 推拉理论

1885 年,英国皇家地理学会研究员拉文施泰因(E. G. Ravenstein)最早提出推拉理论,他在撰写的《移民的规律》中大胆制定了七个人口迁

1　Henri Tajfel（ed.）, *Differentiation Between Social Groups: Studies in the Social Psychology of Intergroup Relations*（New York: Academic Press, 1978）.

移法则。[1] 20 世纪 60 年代美国学者李(E. S. Lee)在拉文施泰因的基础上提出了系统的人口迁移理论——推拉理论,他认为决定人口迁移行为的因素是原住地的推力和迁入地的拉力,移出地的推力一般是消极因素,移入地的拉力一般是积极因素,这些因素吸引怀着改善生活愿望的移民迁入新的居住地。

2. 新古典经济学理论

新古典主义经济理论由拉里·萨斯塔(Larry Sjaastad)在 1962 年提出,着重从经济学的角度分析移民行为产生的动因,被称为可能是迄今最有影响力的移民理论。经迈克尔·P. 托达罗(Michael P. Todaro)进一步建构形成"多德罗模型",[2] 该模型定量分析了移出国与移入国之间的工资差距,认为移民的根源在于国家间的工资差距;[3] 移民行动是有理智的主体选择的结果,取决于当事人权衡后的种种选择,于是迁徙到一个新地方从而获得更高的劳动报酬。

3. 新经济移民理论

新经济移民理论是在批评"托达罗模型"基础上形成,其代表首推奥迪·斯塔克(Oded Stark)。斯塔克认为引发移民的动因不是两地绝对收入的差距,而是同参照群体比较后可能产生的"相对失落感/剥夺感"。新经济移民理论思路趋于多元化,其认为除国家间工资差距外,获得资金以及减少经济与社会危机也是导致移民的重要因素。

4. 劳动力市场分割理论

该理论也称为二元劳动力市场理论,迈克尔·皮奥雷(Michael Piore)通过分析发达国家的市场结构探讨国际移民的起源问题,他认为

1　分别指① 迁移人口与迁移距离呈逆相关;② 人口迁移呈分层递进特征;③ 迁移流与反迁移流同时并存,每个迁移流都会产生一个补偿逆流;④ 城乡间迁移倾向有差异,城镇居民比农村居民较少实行迁移;⑤ 短距离迁移以女性居多;⑥ 技术的发展促使人口迁移量增加;⑦ 人口迁移以经济动机为主。
2　华金·阿朗戈、黄为葳:《移民研究的评析》,《国际社会科学杂志》2019 年第 3 期。
3　位秀平、杨磊:《国际移民理论综述》,《黑河学刊》2014 年第 1 期。

先进工业社会造成劳动市场层次化，上层市场提供高收益、舒适的工作，下层市场的工作则报酬低且不稳定，但对外国劳动力具有需求，这种需求吸引了许多外国人填补空缺，最终导致了移民现象的产生。

5. 累计因果关系理论

冈纳·缪尔达尔最早提出"移民是一种能靠自身生生不已的现象"的观点，之后道格拉斯·梅西（Douglas Massey）对该理论作了补充。累积因果理论认为，移民出发地的移民网络可以自我演进、累积，移民网络形成后，移民相关信息会更加精准，伴随移民行为自身的延续性，移民行为会逐渐融入出发地，得到该群体的认可并得以延续，每一次迁移均会影响迁出国和迁入国双方的社会经济结构，从而不断地增强后续的迁移，[1] 以此达到循环累计的效果。

6. 世界体系理论

伊曼纽尔·沃勒斯坦（Immanuel Wailerstein）1974 年提出"现代世界体系"学说，认为在 16 世纪，这个让欧洲称雄的世界体系由核心国家、半边缘国家、边缘国家三个同心圆组成，在此基础上形成了世界体系移民理论。他认为跨国移民的实质是资本主义生产方式由核心国家向边缘国家扩展、渗透，边缘国家的社会、经济、政治结构因此发生巨变并融入核心国家主导的全球经济中。[2] 世界体系理论认为世界政治、经济的不平衡发展对国际移民具有推动作用。

7. 移民系统理论

移民系统理论是在阿金·马博贡耶（Akin Mabogunje）对非洲城乡移民的研究基础上，由克里茨（M. Kritz）、利姆（L. Lin）、兹洛特尼克（H. Zlotnik）等学者提出的。他们认为由于殖民、政治、经济、文化等原因，移入国与移出国之间形成了紧密而稳定的纽带，导致了后续的大规

1　梁玉成：《在广州的非洲裔移民行为的因果机制：累积因果视野下的移民行为研究》，《社会学研究》2013 年第 1 期。

2　沃勒斯坦，伊曼纽尔：《转型中的世界体系：沃勒斯坦评论集》，社会科学文献出版社，2006。

模移民。移民系统存在宏观与微观双重结构,宏观结构指的是世界政治经济状况、国际关系,以及政府的移民政策与法律制度,微观结构主要指的是移民链,移民的产生就是宏观与微观结构相互影响和作用的结果。

　　除经典的国际移民理论外,一些移民国家甚至被移民理论名称所代指。长期以来,美国社会被称为"大熔炉",即不同种族、不同国家、不同文化背景的人在此交融,[1] 由此产生了一种新的文化——美利坚文化。历史学家认为,这种"大熔炉"思想起源于一位移居宾夕法尼亚州的法国农民,其 1872 所著《美国农人书简》一书中写道:"来自各个种族的人,在此熔成一个新的民族。"这种思想过去一直被认可,在近几十年,该思想逐渐被"沙拉碗"的说法所替代,即不同民族和文化的人保存了各自的文化特色,这些文化共同组成了丰富的多元文化,即多元文化理念。[2] 这一概念是在 1976 年由穆瑞提出,主要是指美国多元文化背景的移民群体联合在一起,像一个大的沙拉碗,不同的文化不需要融入同一文化,美国社会文化也不需要同质化。"大熔炉"理念是 20 世纪美国针对国内不同族裔文化而宣扬的引导性理念,[3] 已不适用当前的移民状况。随着美国多元文化差异的体现,1976 年穆瑞(Murray)提出的"沙拉碗"比喻越来越被大众接受并进入了公共表述领域。

(二) 移民类型

　　移民类型多种多样,可以大致分为自愿移民与非自愿移民两类。[4]

1　罗艳丽:《是大熔炉还是沙拉碗:〈喜福会〉的跨文化交际学再解读》,《湖北第二师范学院学报》2008 年第 6 期。

2　罗雯、罗予翎:《美国族裔文化引导理念带给跨文化传播学研究的启示》,《理论月刊》2014 年第 6 期。

3　罗雯、罗予翎:《美国族裔文化引导理念带给跨文化传播学研究的启示》,《理论月刊》2014 年第 6 期。

4　徐华炳和奚从清提出了多种移民方式,包括自发移民、强制移民、计划移民、工程移民、下山移民、生态移民、技术移民、投资移民和留学移民等。(徐华炳、奚从清:《理论构建与移民服务并进:中国移民研究 30 年述评》,《江海学刊》2010 年第 5 期。)

自愿移民，一般由政府统一进行组织和管理，以个人自愿为前提，有计划地迁移到新的地区居住。当下社会的自愿移民，往往与经济的提升，机会的获取相关，是基于自身实力有能力有目标有计划的迁移。非自愿移民，大多是由于较大规模的工程建设（如水库、交通、城市基础建设等）及居民的生存条件被侵占或受到自然灾害的影响，不得不迁移的人口，被称为非自愿的移民，其中最典型的是工程移民。而中国独有的"民工潮"是一种介于自愿移民与非自愿移民之间的移民类型。

1. 自愿移民

主要可以分为知识移民、技术移民、经济移民和婚姻移民。

知识移民指接受过高等教育、掌握相应的知识技能在不同地域之间进行流动以在新的流入地为定居目标并定居一年以上的迁移人口。[1] 技术移民对我国来说是一个外来的新鲜概念。[2] 王世洲教授认为，技术移民指的是一种依靠自身的特殊专业技能迁移至自己国籍以外的国家进行工作与生活的现象。[3] 刘冬伟认为技术移民是指以自身技术或职业能力为前提，通过向目标国或移入国申请，在完成相应的审查程序之后，合法的在移入国永久或临时地工作居留。[4] 经济移民指为了寻求更大的经济福利而移民到另一个国家的人，他们在移民国家可以获得比本国更好的就业和机会。或指政府对开发落后但具有发展潜力的地区实行对应的经济政策，在该地提供改善物质生活条件的机会，对异乡民众在提升经济状况上具有诱惑力，导致经济移民。最后一类婚姻移民，简言之就是靠申请人的伴侣是本国国籍而获得的移民资格，这里也指跨国婚姻移民，其通过缔结跨国婚姻实现跨国迁移。现实中除合法居留的婚姻移民外，还出

1　陈常花、朱力：《知识型移民的社会适应优势》，《南方人口》2008 年第 4 期。
2　现代汉语新词语词典（2016 年版）收录了"技术移民"，其释义是"凭文化程度、技术专长、语言能力等自身条件申请移民，或凭以上条件移居外地或外国的人。"
3　王世洲：《我国技术移民法核心制度的建立与完善》，《中外法学》2016 年第 6 期。
4　刘冬伟：《我国技术移民法律制度问题研究硕士学位论文》，中国人民公安大学，2020。

现许多以婚姻之名非法留境生活的外籍人员,如不合法婚姻的非法移民。[1] 在婚姻移民中,尤其出现了许多外籍新娘。沈海梅的《在跨国移民理论框架下认识中国的"外籍新娘"》中,中国经济实力的增强,中国从传统的移民输出国逐渐转变为移民接收国,成为许多亚洲女性移民的目的地国家,越来越多的外籍新娘嫁入中国,包括朝鲜、俄罗斯、越南、老挝、缅甸等地区,这些外籍新娘共同构成全球化女性跨国移民的重要部分。[2] 万蕙、朱竑和唐雪琼的《女性跨国婚姻移民研究述评——以台湾外籍新娘为例》[3]揖及中国台湾省男子娶外籍新娘的趋势逐渐升高,女性移民也希望依靠远嫁台湾的婚姻来改善家庭和个人生活,早期外籍配偶大多来自泰国和菲律宾,后来越南、印尼的比例也随之上升。这些女性如所有移徙到世界任何国家的移民一样,也是跨国移民的一部分。

2. 非自愿移民

程广帅与陶丽娜在《中国非自愿移民的研究进展》中指非自愿移民是由于各种外力因素,包括国家建设、战争、灾害、生活来源的丧失、生态环境的恶化等因素导致人口被迫向其他地方迁徙的现象。施国庆在《非自愿移民:冲突与和谐》中也指出"非自愿移民是因兴建工程项目、自然灾害、生态环境恶化、各种社会冲突胁迫导致的受影响人群无法选择是否迁移或者被强制进行的人口迁移与经济社会系统重建活动。"[4]

具体而言,非自愿移民主要包括生态移民、战争移民和工程移民。

生态移民多指原居住在自然保护区、生态环境严重破坏地区、生态脆弱区以及自然环境条件恶劣、基本不具备人类生存条件的地区的人口,搬

1　杨长波:《社会秩序视角下我国跨国婚姻移民管理研究》,《福建警察学院学报》2022年第5期。
2　沈海梅:《在跨国移民理论框架下认识中国的"外籍新娘"》,《昆明理工大学学报(社会科学版)》2012年第5期。
3　万蕙、朱竑、唐雪琼:《女性跨国婚姻移民研究述评:以台湾外籍新娘为例》,《妇女研究论丛》2013年第3期。
4　施国庆:《非自愿移民:冲突与和谐》,《江苏社会科学》2005年第5期。

离原来的居住地，在另外的地方定居并重建家园的人口迁移。[1] 战争移民则是指战争导致的人口逃亡。[2] 工程移民的范畴则相对较窄，局限于工程占地范围。工程建设一般都会有工程占地，如修建高速公路、铁路、城市建设等，这就导致原住民为了工程的需要不得不迁移到其他地区居住。[3]

（三）日本移民认同研究

日本遗孤是由于特殊历史原因所产生的日本移民群体。历史上，由于各种原因，日本也曾出现过移民高峰，包括以"日系人"为代表的移居北美、南美的日本人移民，也出现了以在日韩国人/朝鲜人、在日华侨为代表的来日外国人移民群体。

为了探明日本遗孤的世代变化，我们把这三类和日本相关的最为典型移民——日系美国人、在日韩国人/朝鲜人、在日华侨的在移民研究视角中的世代变化进行简单地总结，在对比日本其他移民的基础之上，分析日本遗孤一代与二代的世代差异。

首先，北美（包括夏威夷）日系移民共同体世代变化研究，最具代表性的当属美奈子·K. 梅科维奇（Minako K. Maykovich）[4] 的研究成果。他从社会学视角，分析了三代日系北美移民的特色：第一代移民持有

1　改革开放以来，中国西部由于生态环境较为脆弱，区位条件不利，出现了严重的生态退化和经济发展滞后问题，1983 年开始，依托退牧还草等工程，30 多年已累计搬迁移民几千万人。

2　2022 年乌克兰战争的爆发，使得超过 1 200 万人因战争离开家乡。纵观历史，大规模的人口迁徙原因大多都与战争有关。羊书圣的《伪满时期我国东北地区朝鲜移民的人口特征和生活状况分析》指出，伪满时期日本帝国主义开启侵华战争，为加强殖民统治，伪满洲国、关东军、满铁、朝鲜总督府直接或间接地鼓励移民政策，使得大量的朝鲜移民迁入我国东北地区。李丽霞、王建军的《抗战时期入陕移民群体的人口学分析》表明，抗日战争时期，众多百姓为了躲避战乱，大量民众纷纷搬迁。由于陕西相对安定，受战争影响小、经济发达、交通便利，300 余万民众迁移到这里。

3　马尚云的《三峡工程库区百万移民的现状与未来》提及，中国高速的发展需要大量的电力，为避免洪灾和干旱、及为之后的南水北调打基础，在长江上游兴建起三峡工程，使得住在这个蓄水线以下的居民被迫搬迁，引发了三峡百万移民的大动迁。

4　Minako K. Maykovich, *Japanese American Identity Dilemma* (Tokyo: Waseda University Press, 1972).

强烈的作为日本人的民族自豪感，被比作"竹"；第二代移民为"老实安静的美国人"；第三代则活跃在政界，为日系移民争取更多的政治权利。鹤木真[1]则提出了另一种观点：第一代日系美国人是意见领袖的传达枢纽，但是在阶级变迁中却屡屡碰壁；第二代则是"香蕉人"，表现出强烈对白人价值观的同化倾向和较弱的政治意识；第三代则是"鸡蛋人"，表现出黄色人种的觉醒和对黄色人种权利的要求。

另一方面，关于在日韩国人/朝鲜人的代际传递及与之相伴的观念转变，福冈安则[2]等的研究较具代表性。福冈在进行了大量的访谈调查的基础上，依据现实适应性把年轻一代的在日韩国人/朝鲜人自我认同问题进行了分类。[3] 他指出年轻一代的在日韩国人/朝鲜人的自我认同的主要类型有：困惑回避类、迷惘类、共生志向类、同胞志向类、祖国志向类、个人志向类、同化志向类。

最后，关于在日华侨的研究，过放[4]根据时代、年龄及世代把华侨、华人自我认同的变化分为三种类型。她认为高龄华侨（一代至二代）持有在日中国人的民族认同；[5]中老年华侨（二代至三代）则持有重视国家与国籍的国家认同；[6]而年轻华侨（三代至五代）的自我认同则呈现多样化的趋势。[7]

1　鹤木眞、『日系アメリカ人』、講談社、1976 年。
2　福岡安則、『在日韓国・朝鲜人　若い世代のアイデンティティ』、中央公論社、1998 年。福岡安則、黑坂愛衣、「『中国帰国者』の私は中国人—ある女子学生の聞き取りから—」、埼玉大学紀要、38(2)、2002 年。
3　迄今的研究中，多把在日韩国人，朝鲜人的自我认同分为极端的两类，即拥有强烈的民族意识的一类和强调向日本社会同化的一类。对此，福冈指出："年轻世代的自我认同的呈现出更多样化的面貌。"
4　過放、『在日華僑のアイデンティティの変容—華僑の多元的共生』、東信堂、1999 年。
5　过指出战后在日华侨的自我认同用"为成为一个自豪的在日中国人而努力"一文来形容最为恰当。他们的生活依存于华侨社会，相互之间拥有强大的连带感。他们对后代寄予了极大的期望，非常热心民族教育，参见過放『在日華僑のアイデソテイテイの変容——華僑の多元的共生』、東信堂、1999 年、第 170 页。
6　对中老年华侨而言，中国是他们祖辈的故乡、自己的祖国。但是另一方面，他们在日本出生和成长，完全适应了日本社会文化。他们在升学、就职、结婚的重大选择时常常会碰到国籍的问题。这些经历让他们拥有双重自我认同，是应该强调作为中国人的意识还是应该成为一名日本人？他们往往在两者之间摇摆不定，不断进行再确认。
7　特别需要注意的是超越国界的自我认同的倾向。过把这种自我认同命名为"跨国界自我认同"，参见過放『在日華僑のアイデソテイテイの変容——華僑の多元的共生』、東信堂、1999 年、第 172 页。

本书横跨社会学、历史学、传播学三大学科,采用以质性方法为主,量性为辅的研究方法,主要包括:① 生命叙事深度访谈法;② 内容分析法与文本分析法;③ 比较分析法。其中,生命叙事深度访谈法是本研究应用的重点研究方法。

一、生命叙事深度访谈法

研究方法的选择是学术研究的起点,研究方法不同,观看研究对象的视角和态度也会有所不同。以往对于边缘人群的研究,包括日本遗孤的研究大多在国家政治和社会历史的框架中建构,把他们看作是集体的符号,从而忽视了个体真正的独特生命体验和感受。不同于以往国家话语层面的宏大叙事,本次研究从有着不同经验的个体出发,也即从日本遗孤生命个体出发,以他们个人的生命故事为研究内容,采用生命叙事的研究方法,关照个体在不同情境下的自我认同和真情实感。

(一) 生命叙事是什么?

生命叙事,也被翻译为生活叙事,不同学者在不同的研究中或采用生命叙事,或采用生活叙事。在中文研究中生命叙事一般运用在探究研究对象较长的人生阶段以及人生转变,生活叙事一般强调日常生活的重要性。根据本研究中研究对象的特点,即经历了移民、战争、归国等较多人生变化和较长人生阶段的日本遗孤及其后代,且重在探寻日本遗孤不同阶段、不同代际的身份认同问题,本研究采用生命叙事的概念来界定所运用的研究方法。

德国社会学家舒茨率先使用"life story"和"biographical interviewing"的概念，试图以此来理解个人的根据生活经验所得的生活意义。生命叙事的方法首先被归结为现象学的研究方法，关注人们对生活经验的理解和生活经验的重要性。[1] 近年来，生命叙事研究主要运用在社会心理学、人格心理学、教育学、历史学、文学、艺术等人文学科。国外以及我国台湾地区的生命叙事研究成果较为丰富。《自由与结：一位躁郁症之子的生命叙说》以小金为主要参与者，叙说其成长历程中，患有躁郁症的父亲带给他的一连串身心感受，并通过小金的成长故事探讨躁郁症父亲带给子女生命成长的影响。[2] 《"非裔美国人长者样本中的灵性与宗教性：生命叙事的方法"》(*Spirituality and Religiosity in a Sample of African American Elders: A Life Story Approach*)，研究少数族裔老年人的储备能力，并确定即使在面临逆境的生活中也能促进更优化结果的保护因素。对 10 位非洲裔美国人(58—88 岁)进行了生命叙事访谈，正如受访者所描述的那样，灵性和宗教信仰被用来作为他们在压力时刻能够汲取的储备资源，从而使他们因艰辛而成长。[3] 《从亲人的逝去开展自我的生命意义》全文分成四个部分：前两个部分说明叙说故事的原因，以及故事所拥有的力量。第三个部分则是由阿公的生与死，来思考家族关系；透过阿嬷的死与生，来思考自我的问题，其间自然涉及丧礼与葬礼的问题与功能。第四个部分为总结自己对生死的理解、回忆与自我的关系，进而说明叙说生命故事对自我的意义，可以让逝去的亲人以另一种形式存在于作者的生命之中，也让作者重新理解自我的生命意义。[4] 刘慧是我国大陆地区对生命叙事研究较为集中的学者，她在《生命叙事与道德资源的开

1　Julia Chaitin, "My story, my life, my identity," *International Journal of Qualitative Methods* 3, part 4(2004): 1-15.

2　莒玮、熊同鑫：《自由与结：一位躁郁症之子的生命叙说》，《应用心理研究》2008 年第 39 期。

3　K. A. Wallace and C. S. Bergeman, "Spirituality and Religiosity in a Sample of African American Elders: A Life Story Approach," *Journal of Adult Development*, 9, part 2 (2002): 141-154.

4　庄幸谚、周玉秀：《从亲人的逝去开展自我的生命意义》，《生死学研究》2012 年第 14 期。

发》中提出生命叙事是指叙述主体在成长中所形成的对生命的和生活的经验、感受、体验和追求，提出生命叙事不同于一般叙事的特殊性：自主性、日常生活性、生成性。[1]

生命叙事要与生命史、自传、传记等传记方法区分开来。19 世纪人类学家用生命史（life history）这一术语指称用第一人称或其他人称编造好的传记。社会学家也用这一术语指不仅包括讲述者自身讲述的故事，也包括从其他来源得到的数据，如法院、警察记录、医疗报告等。生命叙事不仅是生活史的一部分，而且是用述说告诉别人。它被描述为一种通过互动产生的"口述、自传性叙述"，因此，生命叙事的方法通常涉及一个人（主体/叙述者/讲故事者）向另一个人（研究者）讲述其生活及生命历程。似乎区分生命史和生命叙事的一个基本假设是，用生活史的方法，试图代表一种关于所涉人生的历史真相。另一方面，生命叙事方法试图表现生活中的经验真相。也就是说，要表达他们自己的故事，正如他们所说的，他们的生活经验故事。[2] 由高雄医学大学人文社会科学院主办、人文社会科学院跨文化研究中心协办的 2017 年"生命叙事"国际研讨会在征稿启事中表明：生命叙事既是一种文类的评论方式，也是一种学术研究领域的评论方式；生命叙事常与历史、文学和纪录文献有关，其次文类更包括回忆录、日记、自述、书信、口述历史、见证记事与电影。生命叙事近年来已是人文学中最受瞩目的研究主题之一，此叙事研究涉及个人或集体的身份认同、文化调适、迁徙经验、离散与伤痛记忆和叙事者与自身的对话。生命叙事反映自我与社会的关联和文化层面的影响，书信和日记更可能透露个人与集体过去的轨迹。[3]

采用"生命叙事"的叙事视角，是因为叙事不只是对历史和生活经验的简单记录，叙事在人类思维模式中也占据重要位置。杰罗姆·布鲁纳

1　刘慧、朱小蔓：《生命叙事与道德资源的开发》，《上海教育科研》2003 年第 8 期。
2　Sarah J. Mann, "Telling a Life Story: Issues for Research," *Management Education and Development* 23, Part 3(1992): 271-280.
3　2017 年"生命叙事"国际研讨会征稿启事。

（Jerome Bruner）在其影响深远的《实存的心智，可能的世界》（*Actual Minds，Possible Worlds*）一书中，主张人类有两种认知模式，一种是典范式认知（paradigmatic cognition），即命题/逻辑推演式的认知；另外一种则是故事性/叙事性认知（narrative cognition），关注的是人类的意图及行动，历程中的悲欢沉浮与结果。对致力于探究叙事/叙说这种认识（narrative knowing）模式的波尔金霍恩（Polkinghorne）来说，"叙事是人们用来了解人类世界的方式"[1]，这种认知让我们获得关于一个人之行为动机及行动处境的知识，并据此"使得他人及我们自身的行动可以被理解"[2]。而对于人类处境性的这种细致了解是命题式的认知方式所无法达致的，诚如 Carter 所言，叙事性的认知，"以一种特殊的方式捕捉了人类事务意义之丰富性与细致性"，并且"这种丰富性与细致性是抽象命题、事实的陈述，或者定义，所无法表达的"[3]。必须进一步强调的是，叙事性的思考不仅是据以理解他人与自身行动，认识这个世界的依凭而已，亦是我们进行道德评判与选择的基础。[4] 个体的生活经验和情感通过叙说成为独特的生命故事，个体在叙说中梳理自我生命历程，展现出自我身份的认同。周志建认为，叙说探究是透过生命故事来分析人类行动的质性研究设计，借由故事串联生命中的事件，运用语言和文字的转化，呈现事件内在意义与丰富的内涵。[5] 波尔金霍恩将叙说视为是一种言谈（discourse）的形式，而在质性研究中，叙说一词分别指称了散文（prosaic）和故事（story）。他认为散文性的叙说研究资料包括三种基本形式：简短的回答、数字和描述。另外，有些研究里，叙说并非仅仅是简单的散文式

1　Donald E. Polkinghorne, *Narrative Knowing and the Human Sciences* (Albany: State University of New York Press, 1988).

2　Donald E. Polkinghorne, "Narrative Configuration in Qualitative Analysis," *International Journal of Qualitative Studies in Education* 8, no. 1(1995): 11.

3　Donald E. Polkinghorne, "Narrative Configuration in Qualitative Analysis," *International Journal of Qualitative Studies in Education* 8, no. 1(1995): 11.

4　张慈宜：《在无名的生活中突围：一位台湾水电工为尊严进行斗争的故事》，《生命叙说与心理传记学》2014 年第 2 辑。

5　吕佳盈、杨宗文：《视觉障碍柔道选手的生命叙说》，《休闲与社会研究》2017 年第 15 期。

言谈,而是代表了另一种特别的言谈类型——故事。故事化的叙说形式保存了人类行动在其时间序列内相互关系的复杂性、动机、偶然机遇、变动性以及脉络性;当这些事件被聚集与整合成为一个具有时间性的组织化整体过程,即是"叙事"[1],而叙事探究则搜集了这些事件作为资料,透过叙说分析的程序而产生诠释性的诸多故事。因此,叙事探究跟一般研究访谈的差别,在于叙事探究不只是在呈现资料,叙事探究的作品是要讲一个故事,即时间序列里的一系列事件,而这些故事构成或彰显了某种文化赖以存在的那些意义。这个故事,依照布鲁纳的观点:故事所包含的就是一序列的事件,故事总是包含有个行事者(agent),他之所以行动(act),是在某种可以认知的境遇(setting)下,采用了某种手段(means),以达成某个目的(goal)。[2] 克兰迪宁(Clandinin)和康纳利(Connelly)将叙事探究视为研究经验的一种方法。与技术理性典范的形式主义研究相较,他们认为形式主义是在理论里进行探究,叙事探究则倾向是与生活经验和被诉说的故事相周旋,[3]而此种叙事思考和周旋包含着三个向度:① 互动——个人与社会,内在与外在的交互作用;② 时间——过去、现在与未来的连续性;③ 情境——在地情境的地域性。[4] 根据叙事的三个向度,本研究中所考察的日本遗孤的个体记忆以及自我认同是在与社会的互动中,既包含过去、现在,又在未来的时间维度上体察他们的自我身份认同。同时,叙说情景和听者的特殊性将有助于叙说者的自我流露,也即我们作为熟练运用汉语和日语的中国的留日学生,在与日本遗孤的沟通中可以让叙述者选择叙说的语言,给他们自然表达的途径和场域。

1　Donald E. Polkinghorne, "Narrative Configuration in Qualitative Analysis," *International Journal of Qualitative Studies in Education* 8, no. 1(1995): 7.

2　布鲁纳:《布鲁纳教育文化观》,宋文里译,首都师范大学出版社,2012。

3　克兰迪宁、康纳利:《叙事探究:质的研究中的经验和故事》,张园译,北京大学出版社,2008。

4　范信贤:《叙事探究的社会学想像:个体经验与社会脉络的交织》,《课程与教学季刊》2013年第 1 期。

（二）生命叙事在本研究中的运用

本研究先后对日本遗孤、遗孤二代、在华遗孤、遗孤养父母共计150人进行了生命叙事深度访谈，访谈时间从2005年持续至2024年。调研范围横跨中日两国，主要包括中国黑龙江省、吉林省、辽宁省、北京市等地和日本东京都、千叶县、埼玉县、神奈川县、茨城县、长野县、山梨县、静冈县、大阪府、爱知县、宫城县、福冈县、长崎县等地。访谈提问内容包括被访者从出生至今的全部生命历史，访谈时不拘泥于问题的顺序，顺应对话走向，并深度挖掘访谈过程中发现的闪光点。依照被访者要求，采访使用中文或者日语进行。

由于每个受访者的表达能力、倾诉欲望、记忆完整度、对事物的认知与敏感度皆有不同，及篇幅受限，笔者选择了其中的一部分进行着重呈现。笔者重视叙述的文脉和情境，选择了生命历史叙述较为完整全面，具有一定代表性、典型性的访谈内容进行重点分析并适时在分析的过程中融入了其他受访者的叙述。访谈对象相关信息将在对应章节里具体呈现。

在本研究中，日本遗孤作为叙说者，笔者作为倾听者，在互动中感知他们的生命故事和自我情感。笔者把访谈内容逐字逐句文字化，力图呈现原生态的叙述和对自我的诠释，并在此基础上进一步剖析他们的身份认同。笔者着重从"对话构建主义"的视角，对访谈的互动与构建过程进行诠释性分析。不仅关注日本遗孤的访谈内容，更注重对访谈的"立场""讲述方式"及"话语的连贯性"进行诠释。

作为访谈者的笔者与日本遗孤经历相似，即长期在中国生活而后来到日本。这种相似的生活经历和异文化适应过程，使得笔者能在访谈中灵活运用中文和日语，更加容易捕捉他们隐藏在字里行间，还未能作为语言完全表达出来的复杂微妙的心理变化。相较于以往日本研究者的调查，笔者更容易剖析具有独创性的日本遗孤的心路历程。

生命叙事的研究方法属于质性研究,具有较强的人文关怀,从微观的层面展示个体与社会、历史的勾连,但同时它也不可避免具有研究上的短板。叙说者是研究中的个体,由于记忆的私人性,在叙述个体生命故事时,不免选择性叙说,以致研究材料的收集具有较大的偶然性和主观性。同时,对于研究材料的解读受研究者的知识和经历影响,不同的研究者对于同一研究材料会有不同的解读,以致研究视角和结果也会凸显研究者个体的主观性。鉴此,本书在以生命叙事为主要研究方法的同时,辅以宏观角度探究媒体报道中展现的日本遗孤群像,一定程度上弥补了本研究的不足,为读者呈现出更加全面、客观的日本遗孤群像。

二、内容分析法与文本分析法

美国传播学家伯纳德·贝雷尔森(Bernard Berelson)把内容分析法定义为一种客观地、系统地、定量地描述交流的明显内容的研究方法。[1]此后,内容分析法作为定量分析的重要方法之一,被广泛运用于各个社会学科。由于内容分析法本身无法处理具有意义、价值、观念和意识形态等内在概念缺陷,通常结合文本分析法一同使用。所谓文本分析法,是通过对文本的精度、理解与阐释来传达作者的意图,从而发掘文本内容更深层次的内涵与意义。本书第三章即采用了内容分析为主,文本分析为辅的研究方法。

我们首先对《朝日新闻》关于日本遗孤的报道进行研究,通过使用朝日新闻的电子数据库"闻藏Ⅱ",对1972年1月1日至2022年12月31日间的早/晚报中标题或关键词中包含"中国残留孤儿"(日本战争遗孤)的所有文章进行检索。同时,以"日本遗孤""日本孤儿""侵华遗孤"做为关键词,收集了人民日报图文数据库中1972年1月1日至2022年12月31日《人民日报》日本遗孤的相关报道,并对相关内容进行了筛选。通过对这些

1　Bernard Berelson, "Content Analysis in Communication Research," *The Library Quarterly* 22, no. 4 (1952): 356.

报道进行内容分析与文本分析,得出相关的统计数值,随后做出描述性和预测性的宏观研究,归纳与比较出中日媒体描述中不同的日本遗孤形象。

三、比较分析法

微观层面,对归国日本遗孤与留华日本遗孤,日本遗孤与日本其他移民进行横向比较;对第一代日本遗孤与第二代日本遗孤进行纵向比较。宏观层面,对中日两国媒体所描绘的日本遗孤形象进行对比,探究日本遗孤这个群体的独有特征。

第五节　文　献　综　述

一、日本移民历史研究

日本人口跨境迁移现象自古便有。纵观其历史,有计划、有组织、大规模的移民浪潮主要出现在两个重要阶段。一是从明治维新初期至20世纪60年代以前,日本政府为解决其人口过剩问题而实行海外移民政策,使得大量劳动人口流向美洲,聚居在夏威夷和美国本土、加拿大,以及南美洲的巴西、秘鲁和阿根廷等国家和地区。二是二战期间,日本政府为配合其军事扩张推行的海外殖民政策,有计划地向东亚、东南亚等地进行武装移民,在这一时期迁移至中国东北的日本"开拓团"便是其典型代表。

吴占军在《日本学术界近代移民政策研究综述》[1]中所述,20世纪80年代日本移民研究兴起,以日本国立图书馆为首开展了外务省资料、各都道府县地方志、移民史等"日系移民关系资料"的收集与整理,日本学者通

1　吴占军:《日本学术界近代移民政策研究综述》,《日本研究》2016年第2期。

过移民与多个学科综合研究,在移民过程中的具体问题上,如移民教育、移民生活、移民与城市的关系等研究方面多有建树。美国学者与中国学者,分别将研究重点集中在日本战前海外移民潮与二战时期日本的侵略移民潮上。下文是对国内外学者关于日本移民历史相关研究的综述。

(一) 战前"海外移民潮"研究

《日本移民史研究序说》[1]自出版后被认为是日本移民研究的典范,其中援引了大量详实的史料。儿玉正昭教授主要从移民输出的视角进行研究,对明治时期移民史进行了系统的论述,并对日本移民现状进行了批评,具有强烈的问题意识。《邦人海外发展史》[2]论述了明治维新开国后70年间日本向势力圈内殖民地的人口移动和非势力圈的移民全貌,书籍篇幅较长,分为上下两卷,分别对夏威夷移民、北美移民和巴西移民的情况、移民后的生活状况、美洲的排日运动及其影响做了介绍和评述。日本学者对于这一时期特定移民接收国的历史研究,如日本夏威夷移民史、北美移民史、巴西移民史等,成果丰硕。其代表性研究成果还包括《日本人的海外发展》[3]、《日本移民概史》[4]等。另外,以各府县为单位的海外移民史,如广岛县移民史、静冈县海外移民史等同样具有巨大的研究价值。在学术研究上,一桥大和(音)的著作《日本人在美国:对驱赶日本移民及其子女的一项研究》[5],通过对夏威夷和美国本土的日本移民进行身份、职业等特征分析,丰富了日本移民在社会学领域的研究成果。随着日美关系的紧张,以美国排日运动为典型的移民问题重新成为学者研究重点,其中,优秀成果如《太平洋、亚洲圈的国际经济纷争史:1922—1945》[6]、《日

---

1 儿玉正昭、『日本移民史研究说』、溪水社、1992 年。
2 入江寅次、『邦人海外发展史』、原书房、1981 年。
3 大日本文明协会编、『日本人の海外発展』、大日本文明协会事务所、1930 年。
4 浜野秀雄、『日本移民概史』、海外兴业、1937 年。
5 Yamato Ichihashi, *Japanese in the United States: A Critical Study of the Propels of the Japanese Immigrants and Their Children* (Calif. : Stanford University Press, 1932).
6 细谷千博编、『太平洋・アジア圈の国际经济纷争史:1922—1945』、东京大学出版会、1983 年。

美危机的起源和排日移民法》[1]等，将研究目光由美国排日与竞争，至整个亚太地区的国际关系，突出了移民在外交活动中的重要地位。

美国学者对于日本移民者的研究比日本本国研究要早得多。早在19世纪70年代，随着日本移民的进入，美国政界、学界、媒体便对随之而来的社会问题进行了密切关注，甚至个别派别和人士将其作为煽动种族主义和实现政治目的的言论工具。如弗雷德里克·斯泰纳（Frederick Steiner）所著的《日本人入侵》[2]一书，认为日本人迁移在经济和种族上对美国造成了一定的威胁。作为反击，川上清志（音）的著作《真正的日本人问题》[3]抨击了那些夸大日本移民负面影响的言论，并为当时移民产生的社会问题指出了相应对策。

我国对这一时期的日本移民研究相对滞后，关于日本移民美洲的记载与论述仅零星出现在美国移民史著作中，如邓蜀生对移民群体的研究著作《美国与移民——历史·现实·未来》中有一章提及日本移民者。论文方面，苏州科技大学祝曙光带领其研究生做了一系列近代日本移民至特定接收国的相关研究，如《近代在美日移民与美国排日运动》[4]、《阿根廷日本移民研究（1886—1966）》[5]、《夏威夷日本移民研究（1885—1945）》[6]、《巴西日本移民研究（1908—1945）》[7]、《近代墨西哥的日本移民（1898—1941年）》[8]等。其次，关于美国排日运动的论文，如《19世纪末至20世纪20年代的移民问题与日美关系》[9]、《国际关系视角下的近代日本海外移民——以近代日本的美国移民与日美关系为中心》[10]、《加利

1　三轮公忠，『日米危机の起源と排日移民法』，论创社，1997年。
2　Jesse Frederick Steiner, *The Japanese Invasion* (Chicago: A. C. Mc Clurg, 1917).
3　Kiyoshi Kari Kawakami, *The Real Japanese Question* (New York: Macmillan Co, 1921).
4　张建伟：《近代在美日本移民与美国排日运动》，硕士学位论文，苏州科技学院，2009。
5　张崧：《阿根廷日本移民研究(1886—1966)》，硕士学位论文，苏州科技学院，2011。
6　杨栋：《夏威夷日本移民研究(1885—1945)》，硕士学位论文，苏州科技学院，2011。
7　张宜伟：《巴西日本移民研究1908—1945》，硕士学位论文，苏州科技学院，2014。
8　马藤：《近代墨西哥日本移民研究(1897—1941)》，硕士学位论文，苏州科技学院，2017。
9　祝曙光、张建伟：《19世纪末至20世纪20年代的移民问题与日美关系》，《世界历史》2011年第6期。
10　吴占军：《国际关系视角下的近代日本海外移民》，《日本研究》2014年第4期。

福尼亚排日运动与美国对日移民政策的转变(1888—1924)》[1]、《近代以来美国本土日本移民的分期及特点(1868—1941)》[2]等。

(二) 战时"侵略移民潮"研究

明治之后,日本政府扩张的野心日益膨胀,逐步开始了向中国东北地区的移民侵略,企图依靠移民政策占领整个中国。对中国的移民活动始于1906年,止于1945年,40年间约155万日本移民被送往中国。这不仅给中国东北人民带来深重的灾难,也给日本遗孤造成了难以抚平的创伤。可以说没有日本的移民侵略,就不会有日本遗孤问题。二战即将结束时苏联红军出兵中国东北扫除日本关东军势力,日本人在逃窜过程中把妇女、儿童逾4 000人遗留在了中国。[3] 据王承礼主编的《中国东北沦陷十四年史纲要》[4]记载,20世纪30年代开始,日本陆军省、拓务省和关东军提出了一系列侵略移民方案,掀起了向中国东北侵略移民潮的序幕。1932年10月,第一批日本武装移民团侵入东北,并于次年在黑龙江省桦川县永丰镇建立了第一个"开拓团"。截至战争结束,日本向东北移民10万户,共计32万人。

关于战时"侵略移民潮"的研究,一些日本学者用较为客观的角度将其叙述成史,《日本人的海外发展》[5]作为一本概述性专著,主要介绍了截至1916年的日本人移民海外的大致情况,重点介绍了日本人向美洲尤其是南美洲移民的情况。该书的出版时间恰值一战期间,日本在与列强争夺势力范围的同时,鼓舞其国民向海外移民,具有浓厚的海外膨胀政治色

1　郭玉梅:《加利福尼亚排日运动与美国对日移民政策的转变(1888—1924)》,硕士学位论文,浙江师范大学,2014。
2　吴占军:《近代以来美国本土日本移民的分期及特点(1868—1941)》,《日本研究》2018年第3期。
3　关亚新、张志坤:《日本遗孤调查研究》,社会科学文献出版社,2005,第1页。
4　王承礼:《中国东北沦陷十四年史纲要》,中国大百科全书出版社,1991。
5　大日本文明协会编,『日本人の海外発展』,大日本文明协会事务所、1930年。

彩。再如《满洲农业移民与抗日运动》[1]、《近代民众的记录——满洲移民》[2]、《满洲武装移民》[3]、《日本帝国主义对中国东北的侵略》[4]等。上述著作结合中国人民的悲惨遭遇与反抗，较真实地还原了日本侵略移民中国东北的景象，尤其是对"开拓团"的研究，具有重要的史学价值。

对中国学者而言，日本侵略移民的历史教训是深刻而惨痛的。著作《日本"满洲移民"研究》[5]对日本侵略移民政策进行了重点研究；著作《伪满时期中国东北地区移民研究——兼论日本帝国主义实施的移民侵略》[6]以日本侵略移民政策为视角，对该政策的形成、实施及移民问题与管理进行研究，描述了日本侵略移民给中国人民带来的深重苦难，揭露了日本军国主义的侵略本质。著作《日本"开拓团"入殖始末》[7]，以日本"开拓团"为研究主体，介绍了日本"开拓团"在中国的分布状况、侵略活动、战败后的遣返与滞留等基本情况；论文《论日本对中国东北移民的侵略本质》[8]探讨了日本"开拓团"的本质与特征；论文《近代日本对中国东北武装移民研究》[9]以"瑞穗村"（移民村）为例，研究日本政府以"开拓"名义掩盖移民侵略的行径，包括日本第三次武装移民的实施。另外，一些学者以"满蒙开拓青少年义勇军"为研究对象，如《日本"满蒙开拓青少年义勇军"移民政策的确立和实施》[10]、《试论日本"满蒙开拓青少年义勇军"移民侵

1　山田豪一、『満州における反満抗日運動と農業移民』、歴史科学協議会、1962 年。

2　山田昭次、『近代民衆の記録』、新人物往来社、1978 年。

3　桑島节郎、『満州武装移民』、教育社、1979 年。

4　铃木隆史：《日本帝国主义对中国东北的侵略》，吉林教育出版社，1996。

5　高乐才：《日本"满洲移民"研究》，人民出版社，2000。

6　王胜今：《伪满时期中国东北地区移民研究兼论日本帝国主义实施的移民侵略》，中国社会科学出版社，2005。

7　孟月明：《日本"开拓团"入殖始末：日本向中国东北移民问题研究》，辽宁大学出版社，2012。

8　沈海涛、衣保中、王胜今：《论日本对中国东北移民的侵略本质》，《吉林大学社会科学学报》2014 年第 3 期。

9　王祖儿：《近代日本对中国东北武装移民研究——以"瑞穗村"为例》，硕士学位论文，哈尔滨师范大学，2021。

10　王友兴：《日本"满蒙开拓青少年义勇军"移民政策的确立和实施》，《黑龙江教育学院学报》2002 年第 2 期。

略》[1]、《满蒙青少年义勇军》[2]，角度新颖，这一青少年群体随战争迁移，不仅侵占了我国东北的土地，还对日本青年造成了无可弥补的身心创伤。

另外，当日本于 1945 年 8 月 15 日宣布无条件投降并迅速撤离中国后，大量日俘、日本"开拓团"移民、随军慰安妇、随军家属等成分复杂的滞留人员继续在中国东北地区生活。《抗战胜利后中国遣返日本侨俘研究》[3]、《战后滞留中国的日本人遣返研究》[4]、《东北地区日本侨俘遣返问题研究》[5]都是这方面的相关研究。

（三）日本移民思想与政策研究

明治二十年以来，日本的移民思想从过去的国内移居论转变为海外移居论，转变的原因主要是人口过剩，其作为一种积极的海外发展思想在国内被鼓吹着，同时涌现出一大批殖民论者。明治时期的日本大臣模本武扬就是代表。日本移民思想大多与海外扩张、殖民活动相联系，政府在其中起到重要作用，移民公司契约移民是主要的移民形式。在井上雅二的著作《移住和开拓》[6]中可以看出他在不同时期对海外殖民、移民的认识，其中大部分体现了其海外殖民的移民思想。

在日本移民政策上，明治时期日本移民海外的人数是 21 万余人，1913 年至 1941 年移民数是 56 万余人，1868 年至 1912 年，明治政府出于国内与国际环境的考虑，对海外移民持保守态度。但第一次世界大战后日本国力大增，政府迅速调整移民政策，积极鼓励日本移民，移民人数大幅增加。在我们所熟知的九一八事变后，日本政府逐步提出向中国东北移民的政策，企图占领东北。我国学者段兴丽在《1905—1930 年间日本

1　曾祥书：《试论日本"满蒙开拓青少年义勇军"移民侵略》，硕士学位论文，黑龙江省社会科学院，2012。
2　武平：《满蒙青少年义勇军》，硕士学位论文，内蒙古大学，2017。
3　徐志民：《抗战胜利后中国遣返日本侨俘研究》，《暨南学报（哲学社会科学版）》2015 年第 5 期。
4　储晶：《战后滞留中国的日本人遣返研究》，硕士学位论文，辽宁师范大学，2017。
5　范晓晨：《东北地区日本侨俘遣返问题研究》，硕士学位论文，渤海大学，2020。
6　井上雅二，『移住と開拓』，日本植民通信社、1930 年。

对我国东北的移民侵略研究》[1]中揭露了日本移民侵略行为对我国东北造成的严重影响,日军为了掠夺中国东北制定了日本移民侵略计划,并建立殖民统治机构"关东厅"与"南满洲铁道株式会社",严重侵害中国主权。同时,日本政府采用军事手段帮助日本国民快速涌入"关东州"及"满铁附属地"。20世纪初至1945年,日本共向中国东北地区移民14批,分为三个时期,即1912年移民试点时期、1932年至1935年武装移民时期和1936年国策移民时期,相关研究包括《日本向中国东北地区"试点"移民及其失败》[2]、《"九·一八事变"后关东军"满洲移民实边政策"研究》[3]、《日本在中国东北的试点移民——爱川村移民》[4]、《伪满时期日本第一次武装移民"弥荣村"实态研究》[5]等。战败后,日本政府为掩盖侵略东北的真相,将"移民政策"改名为"开拓政策"掩盖其罪行,并采取弃民政策,将开拓团中剩余的老弱妇孺残忍抛弃,遗留在了中国。日本的这些移民侵略政策及战败后弃民政策导致了日本遗孤的出现,是研究日本移民问题不可忽视的内容。

二、日本遗孤问题研究

(一)中国对日本遗孤的研究

20世纪90年代末中国学者开始关注日本遗孤问题,这个时期涌现出大量文学纪实类作品,以曹保明的《第二次世界大战收养日本遗孤纪实》[6]和梁建增的《记录被忽略的历史——二战以后日本在华遗孤和他们

---

1 段兴丽:《1905—1930年间日本对我国东北的移民侵略研究》,吉林大学,2020。
2 高乐才:《日本向中国东北地区"试点"移民及其失败》,《东北师大学报:哲学社会科学版》1997年第7期。
3 代琼芳:《"九一八事变"后关东军"满洲移民实边政策"研究》,硕士学位论文,黑龙江大学,2009。
4 关国磊:《日本在中国东北的试点移民——爱川村移民》,《兰台世界:上旬》2015年第9期。
5 秦玉霞:《伪满时期日本第一次武装移民"弥荣村"实态研究》,硕士学位论文,哈尔滨师范大学,2021。
6 曹保明:《第二次世界大战收养日本遗孤纪实》,北方妇女儿童出版社,1999。

養父养母的真实命运》[1]为代表。学者们通过访谈和记录日本遗孤及其养父母的真实故事,深刻阐述战争所带来的巨大创伤,展示出中国普通百姓的无私和博爱,并对日本遗孤问题产生的历史背景、过程和演变进行详尽梳理,持续关注日本遗孤的生存现状。赵湘华在《活跃在中国的日本残留孤儿》[2]一书中以 5 位在中国取得成功的日本遗孤为题材,展示了日本遗孤在中国生存发展的过程,为他们塑造了崭新的形象。

　　历史学层面,学者们关注到日本遗孤称谓变化及其问题的历史形成原因。在《日本遗孤称谓考察》[3]中,潘德昌从群体产生的历史渊源和文化背景分析日本遗孤冠名的差异,梳理日本各界关于残留孤儿问题的争论,通过分析其称谓演变,总结出称谓争议的三个核心问题:这些还活着的已经到人生尽头的人能否称为"孤儿"?"残留"一词的本义何在?残留孤儿问题产生的背景以及日本政府的国家责任。潘德昌指出虽然"残留孤儿"目前已经成为日本政府和学术界的规范称呼,但"战后日本遗孤"才能给出最准确的定位。除称谓外,潘德昌还在《日本遗孤问题探析》[4]一文中详尽梳理了日本遗孤问题产生的历史背景。他指出日本遗孤产生的根本原因在于日本对中国的移民侵略。"满洲移民始于 1912 年的试点移民,经历了 1932 年至 1935 年的武装移民期。1936 年,'满洲移民'事业最终作为国策被确定下来。"[5]战败后,军队溃退中"被日本政府和关东军所遗弃,丝毫不知战况,退路又被断绝,尤其是在全民动员下留下来的大量的老少妇女和儿童组成了'逃亡开拓团'"。[6] 在苏联军队的攻势下,"开拓团"移民逃亡至铁路沿线城市等待遣返。由于战败后日本政府制定了弃民政策,遣返日本和逃亡过程中产生的大量残留孤儿和残留妇女,在

1　梁建增:《记录被忽略的历史:二战以后日本在华遗孤和他们养父母的真实命运》,高等教育出版社,2002。
2　赵湘华:《活跃在日本的残留孤儿》,日本侨报社,2005。
3　潘德昌:《战后日本遗孤称谓考》,《社会科学辑刊》2006 年第 4 期。
4　潘德昌:《日本遗孤问题探析》,《日本研究》2007 年第 4 期。
5　潘德昌:《日本遗孤问题探析》,《日本研究》2007 年第 4 期。
6　潘德昌:《日本遗孤问题探析》,《日本研究》2007 年第 4 期。

大规模的集体遣送结束后,仍滞留在东北地区。1952 年至 1958 年,在中国政府和中日双方民间团体的努力下遣返活动断断续续的展开,部分日侨实现了回国梦。但日本政府于 1959 年公布了《关于未归还者的特别措施法》,"将那些居留在中国的不管有没有生存资料的未归还者,一律宣告为战时死亡,取消其户籍。根据这部特别措施法,大约有 12 000 余人被宣告为战时死亡,被消除了户籍,抹杀了存在,再次被日本政府遗弃,最终形成了遗孤群体。"[1] 孟明月 [2] 从日本"开拓团"入手,依据史学资料探讨其受教育情况、生活状况及悲惨命运。逃难失败的日本"开拓团"之子日本遗孤被中国人民收养。

20 世纪 50 至 70 年代,因中日外交政策变化,官方日侨遣返活动受限,民间外交成为日本遗孤遣返的主要方式。在《日侨遣返交涉的民间外交》[3] 一文中,潘德昌以日侨遣返交涉为背景,线性梳理了中日双方民间外交问题。他指出"民间外交不仅开辟了中日两国战后发展友好关系的道路而且在两国关系受到破坏、出现倒退时还起到了不可替代的克服障碍、打破僵局的作用。"《黑龙江省与日本民间交流四十年回顾——以日本遗孤友好交流为中心》[4] 中,杜颖对中日邦交正常化后的日本遗孤寻亲状况进行了描述。1972 年后,黑龙江与日本进行了以养父母为中心的民间外交、文化交流、影视界交流、学术交流、经济交流、农业技术交流等,黑龙江省也同日本友好团体建立了亲密联系并举办大量活动。作者指出,尽管日本遗孤的寻亲给中日双方带来了积极的往来和交流,但"日本政府在对待遗孤问题上的态度和做法,影响了遗孤问题的顺利解决,并对中国养父母的生活产生了间接影响。"

在异国文化适应和自我认同层面,学者们从跨文化社会心理学角度

1　潘德昌:《日本遗孤问题探析》,《日本研究》2007 年第 4 期。
2　孟月明:《日本"开拓团"特殊群体之"日本遗孤"》,《兰台世界》2013 年第 13 期。
3　潘德昌:《日侨遣返交涉的民间外交》,《日本问题研究》2010 年第 1 期。
4　杜颖:《黑龙江省与日本民间交流四十年回顾:以日本遗孤友好交流为中心》,《日本研究》2012 年第 3 期。

分析了日本遗孤的艰难异文化适应过程,《归根——日本残留孤儿的边际人生》[1]一书从中日两国在价值观念、行为模式上的差异、归日遗孤受到异文化的冲击以及日本遗孤的社会适应过程及特点等方面进行了详细的阐述和分析,并进一步指出日本遗孤在适应日本社会的过程中出现的文化休克现象与边际人格的生成。王欢用"无根情结""血缘边际人""文化错位"等工具概念构筑了日本遗孤的生命特征和性格特点,揭示出这个群体人格上的不完整性和精神家园缺损的状态。此外,潘德昌在《理解·和谐·共生——中国归国者问题研究》[2]中指出日本遗孤茫然的归属意识导致了"无根情节"的产生,既是无根的"中国人",又是局外的"日本人"。杨建琴[3]认为日本遗孤的归国行为实际上是受到中国"认祖归宗"思想的影响。"表面上是血缘关系,真正在起作用的则是中国早期社会化过程中习得的、强调血缘家族本位、注重叶落归根认祖归宗的中国文化。"杜颖[4]关注到日本遗孤的适应策略:融合、同化、分离和边缘化,及其在长期的社会生活的几种应对策略:走向政治、走向宗教、走向其他。

部分研究者聚焦日本遗孤回到日本社会后的社会融入、社会保障、赔付以及诉讼等问题。《日本遗孤国家赔偿诉讼问题初探》[5]一文中,潘德昌和潘磊以1999年8月15日约600名回日本定居的残留孤儿对日本政府提起国家赔偿的诉讼为例,从法律角度分析日本遗孤问题,介绍遗孤国家赔偿诉讼现状以及日本遗孤国籍争论,指出"日本政府的行为侵害了《世界人权宣言》赋予遗孤的基本人权,日本政府应该对遗孤问题负责,应该停止侵害行为,赔偿相应的损失,保证遗孤各项基本权利的实现。"[6]在

1　王欢:《归根:日本残留孤儿的边际人生》,世界知识出版社,2004。

2　潘德昌:《理解·和谐·共生:中国归国者问题研究》,辽宁大学出版社,2010。

3　杨建琴:《残留孤儿无根困境的文化解读》,《日本学研究》2008年第0期。

4　杜颖:《日本遗孤的跨文化适应性研究》,《边疆经济与文化》2018年第6期。

5　潘德昌、潘磊:《日本遗孤国家赔偿诉讼问题初探》,《世纪桥》2007年第12期。

6　潘德昌、潘磊:《日本遗孤国家赔偿诉讼问题初探》,《世纪桥》2007年第12期。

社会层面,张龙龙[1]根据遣返政策和遣返时期,将日本遗孤分为四个时期的归国者,并一一考察了各个群体的社会融合过程。"第一期归国者"在国外接受制度尚未建立的情况下开始了日本的新生活。他们返回日本时年龄较小,但普遍从事低收入劳动。1980年代后半期到1990年代初,日本处于经济泡沫的背景下,"第二期归国者"由于语言障碍,只能从事体力劳动,长期遭受歧视。1990年代,日本经济衰退,由于归国时年龄较大,"第三期归国者"不再就业,依靠政府援助,始终处于孤独状态。"第四期归国者"直接参与了国家赔偿诉讼和新抚养法的实施。

除日本遗孤本身外,研究者还将目光放在了其眷属和养父母身上。

《日本归国残留孤儿眷属之社会适应性论析》[2]一文中,鞠玉华、岳程楠分析了日本归国残留孤儿眷属这一特殊群体的状况。由于身份和归属问题产生的认同困难,时间与空间身份的双重矛盾导致他们成为困惑中的边际人。而中、日之间的文化冲突造成了异文化适应过程缓慢。工作反差、巨大的教育压力使得日本归国残留孤儿眷属的生活更为艰难。鞠玉华、岳程楠以1987年、1995年为时间界限,结合中日两国国情对归日残留孤儿眷属的发展前景进行了分析,指出"只要把现存这部分人的问题解决好,同时创造宽松的环境使其后代融入当地社会。最终他们将随着'世代'的交替而逐渐平稳、顺利地融入日本社会。"

在日本遗孤养父母的研究中,较有代表性的是杜颖的《跨越战后:日本遗孤问题的历史与现实》[3]。杜颖从日本遗孤被中国养父母收养至寻亲回国前的生活、日本遗孤回国后中国养父母的生活、日本遗孤的生活现状三个时期重点考察日本遗孤在寻亲回国过程中与中国养父母间的情感纠葛。作者运用历史学、社会学及国际关系学等边缘、交叉学科结合的研究方法进行梳理,从个人出发并落脚日本遗孤及其养父母的宏观群体,全

1　张龙龙:《日本遗孤回国后的社会融合过程》,《日本研究》2021年第1期。
2　鞠玉华、岳程楠:《日本归国残留孤儿眷属之社会适应性论析》,《世界民族》2010年第4期。
3　杜颖:《跨越战后:日本遗孤问题的历史与现实》,黑龙江人民出版社,2012。

面呈现他们的生活面貌,介绍了日本遗孤与中国养父母家庭割舍不断的情结,指出现在和将来加强日本遗孤与中国养父母家庭间的亲情维系,搭建友好交流平台的重要性和必要性。车霁虹从反思战争的角度,探讨了日本遗孤及其养父母问题作为战争遗留产物所带来的伤痛,以及中国政府和人民的人道主义精神的伟大,并指出"只有加深相互理解,才能共同维护地区和平,推动中日关系面向未来友好发展。"[1]

除纪实文学和学术论文外,中日文学作品为大众探索、了解日本遗孤问题提供了大量材料。1991 年,山崎丰子的长篇小说《大地之子》出版,并获得第 52 届文艺春秋读者奖。《大地之子》以日本遗孤为主角,讲述其在抗日战争结束后被遗留在中国的成长经历。1995 年,日本 NHK 电视台与中国中央电视台联合制作了电视剧《大地之子》,此剧一经播出就取得了相当高的收视率。21 年后,严歌苓在《人民文学》上刊登了与《大地之子》同题材的长篇小说《小姨多鹤》。国内学者通过分析中日文学作品中日本遗孤形象的差异,探讨中日两国作家面对该问题时的立场和认识及其所展现的对国家、战争和人性的思考。

(二)日本对"日本遗孤"的研究

20 世纪 70 年代末,山本慈昭出版《战争还没有结束:中国残留孤儿寻亲记录》[2]一书,第一次将日本遗孤问题呈现在日本民众和政府面前。日本遗孤曾一度备受日本媒体关注,在 20 世纪 80 年代初有过一段时间的大量宣传。相对而言,人文社会科学对其进行的研究却冷淡得多。究其原因,主要是受制于日本遗孤所面临的生存窘境,使得他们往往没有时间接受研究者长时间的访谈调查。直到 2003 年,日本厚生劳动省援护局以 1972 年中日邦交正常化以后归国的日本遗孤为对象的《中国归国者生

1　车霁虹:《战争遗痕:日本遗孤与中国养父母的历史考察》,《中国浦东干部学院学报》2013年第 3 期。
2　山本慈昭、『戦争は未だ終わらない:中国残留孤児肉親探し記録』、日中友好手をつなぐ会、1978 年。

活状况调查》（问卷）才首次发布。而今，有关日本遗孤的研究已经有了较大的改变。近年，在日本涌现了大量关于殖民地、战争体验的研究，其中以外国人为对象的民族志研究更是进入了盛况。日本遗孤研究不仅进入了研究者的视野，甚至被认为"不再是不合时宜的研究课题，反而是符合了时代要求的充满魅力的题目"。[1]

异国文化适应及自我认同问题的研究，以心理学和精神卫生学研究居多。其中，精神医学领域研究最具代表性的当是 1996 年江畑敬介的《移住与适应》。[2] 该书通过追踪调查，在总结与日本遗孤的适应相关的诸要素（离别体验、生活史背景、归国动机及理由、性格、社会因素、语言文化因素、支援网络、生活压力、家庭机能及关系等）的同时，分析了这些要素在适应过程中所发挥的影响。

有关日本遗孤生活现状研究方面，筑波大学社会学研究室主编的《中国归国者二代、三代》[3] 和福冈中国残留妇人问题研究会主编的《归国后的中国残留妇人的实态调查》[4] 可谓是颇具参考价值的研究范例。筑波大学的调查以生活在首都圈的日本遗孤二代、三代为对象，对他们的语言学习、就业状况、人际关系及自我认同进行了研究。而福冈调查则以回到福冈的遗留妇人为对象，进行了以健康问题为中心的调查研究。

此外，以蘭信三为代表的众多研究者们，从社会学、文化人类学、教育心理学、教育社会学、教育学和日本语教育学等多重视角，探究了作为"客人"的日本遗孤与作为"主人"的日本社会之间的各种状况和问题，是迄今

1　蘭信三、「中国帰国者とは誰なのか、彼らをどう捉えたらよいのか」「「中国帰国者」の生活世界」、行路社、2000 年、第 6 頁。
2　除此之外，从精神卫生的角度的研究还有：江畑敬介「中国帰国者に見られた精神病理」(1987)、鄭暎恵「ある『中国帰国者』における家族」(1998)、鈴木智之「中国帰国者の『子供たち』」(1988)、飯田俊郎「都市社会におけるエスニシティ―中国帰国者の事例分析を中心として―」(1996)等。
3　筑波大学社会学研究室、『中国帰国者二世・三世―中国と日本のはざまで』、筑波大学社会学類 1995 年度調査報告、1996 年。
4　福岡中国残留婦人問題を考える会、『帰国した中国残留婦人等の実態調査』福岡市女性センターアミカス、1997 年。

为止关于日本遗孤最具代表性的跨学科综合性研究。[1] 在对日本遗孤的日文教育和多文化教育问题研究方面，小田美智子[2]总结了有关中老年日本遗孤的教育问题；[3]池上摩希子、[4]宫田幸枝[5]和锻冶致[6]则主张对日本遗孤二代推行"非同化教育的日语教育"。[7] 同时，社会福祉学者研究了日本遗孤的最低生活保障制度与支援问题；[8]社会学者探究了日本遗

日本遗孤的认同研究——中日两国三代人的生命叙事

46

1　蘭信三編『「中国帰国者」の生活世界』、行路社、2000 年。蘭信三編『アジア遊学　中国残留孤児の叫び─終わらない戦後』、勉誠出版、2006 年。蘭信三編『中国残留日本人という経験─「満洲」と日本を問い続けて』、勉誠出版、2009 年。蘭信三編『帝国崩壊とひとの再移動』（アジア遊学 145）、勉誠出版、2011 年。蘭信三編『帝国以後の人の移動─ポストコロニアリズムとグローバリズムの交錯点』、勉誠出版、2013 年。

2　小田美智子、「中国帰国者の異文化適応─中高年の日本語教育を中心に─」『「中国帰国者」の生活世界』、行路社、2000 年。

3　到目前为止，迅速"适应"日本社会被视为日本遗孤的首要任务。日本遗孤们被要求尽快扔掉中国式的生活习惯和思维方式，遵从日本的文化、习惯，尽可能快地"日本人化"。例如，日本遗孤归国后学习的自立研究中心所使用的教材名为《入乡随俗——以日本遗孤的日本社会适应为目标》，书中详细地列举了日本式的思维方式的案例。对此，小田美智子认为强迫日本遗孤的"适应"是遗孤"中国剥离"与自我认同侵害，并主张采取如"这样做比较好""这样的话会比较轻松"等方式指导，让日本遗孤们自我意识和选择。参见小田美智子、「中国帰国者の異文化適応─中高年の日本語教育を中心に─」『「中国帰国者」の生活世界』、行路社、2000 年、第 109 頁。

4　池上摩希子、「中国帰国児童生徒と日本語教育─同化教育ではない日本語教育へ─」『「中国帰国者」の生活世界』、行路社、2000 年。

5　宮田幸枝、「中国帰国者二世・三世の就労と職業教育」『「中国帰国者」の生活世界』、行路社、2000 年。

6　鍛冶致、「中国帰国生徒と高校進学─言語・文化・民族・階級」『「中国帰国者」の生活世界』、行路社、2000 年。

7　池上认为，对日本遗孤二代的日语教育，目的不应是同化而应是适应教育，因此需要对社会文化的因素予以充分的考虑，并强调除了为了适应生活的日语教育以外，还应该加入"学习语言、教育学习、母语"等方面的考量。适应需要新入者与接收者双方的努力，因此作为遗孤二代的重要生活环境的学校与日本社会也需要做出改变。他主张日本社会应当不断自问"教师的作用是什么""语言是什么""能力又是什么"，促进孩子们的生活环境成为"非同化教育的日语教育"，并把日语教育的领域更为扩大。参见池上摩希子、「中国帰国児童生徒と日本語教育─同化教育ではない日本語教育へ─」『「中国帰国者」の生活世界』、行路社、2000 年、第 217 - 218、228 頁。

8　朝倉美香在《岐阜県における自立指導員の役割と活動─自立指導員 G さんの場合─》一文中，通过对自立指导员 G 的调查，明晰了在地方都市中日本遗孤自立指导员的作用和活动状况。参见朝倉美香、「岐阜県における自立指導員の役割と活動─自立指導員 G さんの場合─」『「中国帰国者」の生活世界』、行路社、2000 年、第 159 - 171 頁。而庵谷磐则从义工的视点出发，分析了日本遗孤支援政策的开展和问题点。参见庵谷磐、「中国帰国者支援施策の展開と問題点─ボランティアの視点から─」『特集 中国残留孤児の叫び─終わらない戦後』、勉誠出版、2006。此外，高野和良在《中国残留婦人の高齢化と地域福祉》一文中研究了面临高龄化问题的中国残留妇人的社会福祉设施的利用情况和问题点。参见高野和良、「中国残留婦人の高齢化と地域福祉」『特集 中国残留孤児の叫び─終わらない戦後』、勉誠出版、2006 年、第 75 - 85 頁。

孤住宅问题与生活问题等课题。[1]

　　蘭信三还从国际社会学的视角,以伪满移民和日本遗孤为主要对象,研究了日本的移动人口生存状况。他以长野县下伊那郡为例,分析了日本遗孤在地域社会网络中的生活状况。他指出:"初期的归国遗孤们,虽然国家层面的支援制度尚未完善,但是拥有地域社区的丰厚援助,所以逐渐地融入了地域社会。可是,随着归国人数增多,形成共同体之后,遗孤们往往依赖援助生活,反而从地域社会中孤立出来"。

　　关于日本遗孤二代的研究,相对少很多,且多为关注他们回到日本的适应过程,主要涉及其在日本接受支援情况、日语教育、职业教育、前途选择等方面。[2] 究其原因,这与日本社同化主义要求日本遗孤二代、三代尽快"成为一个日本人""适应日本社会"等入乡随俗的观念有直接的关系。

　　以往有关日本遗孤二代的自我认同的研究,绝大多数都关注他们自我认同的纠结与危机。[3] 作为日本遗孤二代的大久保,为渡过自我认同危机,探索构建了一种新的自我认同,提出了"中国日裔青年"的概念。[4]

1　赵萍、町田玲子在《中国帰国者の住生活》依据详实的资料,对以住宅生活为中心的日本遗孤的地域生活状况予以了介绍。参见赵萍、町田玲子、「中国帰国者の住み生活」『「中国帰国者」の生活世界』、行路社、2000 年、第 115 - 148 页。

2　参见江畑敬介・曽文星・箕口雅博、『移住と适应 中国帰国者の适应过程と援助体制に関する研究』、日本评论社、1996 年。宫田幸枝、「中国帰国者二世・三世の就労と职业教育」『「中国帰国者」の生活世界』、行路社、2000 年。锻冶致、「中国帰国生徒と高校进学─言语・文化・民族・阶级」『「中国帰国者」の生活世界』、行路社、2000 年。大久保明男、「アイデンティティ・クライシスを越えて─「中国日裔青年」というアイデンティティをもとめて─」『「中国帰国者」の生活世界』、行路社、2000 年。池上摩希子、「中国帰国児童生徒と日本语教育─同化教育ではない日本语教育へ─」『「中国帰国者」の生活世界』、行路社、2000 年。

3　参见江畑敬介、曽文星、箕口雅博、『移住と适应 中国帰国者の适应过程と援助体制に関する研究』、日本评论社、1996 年。筑波大学社会学研究室、『中国帰国者二世・三世─中国と日本のはさ"まて"』、筑波大学社会学类、1996 年。大久保明男、「アイテ"ンティティ・クライシスを越えて─「中国日裔青年」というアイテ"ンティティをもとめて─」『「中国帰国者」の生活世界』、行路社、2000 年。

4　大久保在这里想强调的是,"中国日裔青年"需要正确认识自己所处现状和立场,并对此常常保持危机意识和紧张感。更重要的是,不是被动的悲观地接受这种不利的现状和立场,而是反问这种过程产生的原因,并打破它,建立新的自主和崭新的自我认同。参见大久保明男、「アイデソテイテイ・クライシスを越えて─『中国日裔青年』というアイデソテイテイをもとめて─」『「中国帰国者」の生活世界』、行路社、2000 年、第 337 - 346 页。

大久保的研究考察了历史背景、文化背景和人生体验等三个方面，这三个方面在日本遗孤二代自我认同的形成上起着非常重要的作用，这种探索很值得借鉴。但是，大久保的研究中所使用的数据都是从随笔等文字资料中截取的，其资料在很大程度上可能受到研究者自身喜好的影响。本章中，我们将更加注重从当事人自身叙述的立场出发，试图以与以往研究不同的全新视角来重新探究日本遗孤二代的自我认同问题。

综上所述，1970年末至今，日本学术界、思想界对于后期返迁者（遗孤）问题的讨论大致可归纳为回忆录、纪实文学、史实讲述、在日奋斗记、在日人权问题、生活保障问题，以及遗孤起诉日本政府等。虽然视角多样，涉及方方面面，但这一研究在日本学术界仍属于冷门，并无固定体系，呈零散状。整体来说较为浅表化，缺乏历史纵深感，以及基于现象的对于战争责任的深刻反省。需要指出的是，对于中国养父母的相关研究与报道较少，目前只有日本神户大学教授浅野慎一、佟岩合著的《异国的父母：抚养中国残留孤儿的养父母之群像》[1]是搜集并记录了中国养父母事迹的专门著述。

与大多日本学者的研究视角不同，本书并没有把日本遗孤作为日本社会的弱势群体看待，研究也不局限于如何解决诸如升学、就业、结婚、养老等社会问题，更加关注的是日本遗孤这个群体作为历史主体的"生活者"并通过对他们生活方式的观察与记录、相关新闻报道的分析，以及对他们身处的社会环境的研究，探寻他们如何反抗和突破不利的现状与困境，寻找问题产生的缘由并打破僵局，成为克服逆境、顽强坚韧的"生活者"的过程。

此外，本研究对比中日两国三代日本遗孤在记忆与传承上的区别，研究生命叙事方法对历史的构建与再理解所赋予的新含义，即超越关于战争的一般性介绍和宣传，超越谴责侵略、追究暴行的一般道德评判模式，全新的历史认知视角。我们将以日本遗孤的生命叙事为纲，对所涉及的

1　浅野慎一、佟岩、『异国の父母中国残留孤儿を育てた养父母の群像』、岩波书店、2006年。

人物、事件加以注释、辅以图片，努力形成一部有血有肉的历史。同时注重口述历史的科学性，让民众走进历史，让历史在社会进步的过程中发挥更大的作用，使民众真正成为历史记忆的主角。

第六节　本书结构

一、中日两国媒体中的日本遗孤形象

媒体报道是现代社会主要的信息来源渠道之一，报道内容能引导舆论，从而影响人们的价值观和社会判断。同时，报道内容往往是人们社会认知及趣味的体现。因此，研究将聚焦中日媒体中的日本遗孤报道，梳理关于日本遗孤的舆论变迁，同步对照史实及日本遗孤口述历史，以勾勒出日本遗孤在中日两国社会中的生存实景图，得到更加立体的日本遗孤群体形象。

本书重视日本遗孤个人生命叙事这一微观层面，同时认为中日两国社会对日本遗孤认知的宏观层面研究亦是本研究视阈里的重要内容。宏观层面的研究，是通过对中日两国媒体中有关日本遗孤的报道进行分析归纳，从而更立体、真实地还原日本遗孤的生存境遇。同时，收集和整理国内外相关学术研究成果、史实资料、档案资料、统计资料，对日本侵华移民政策、"开拓团"的历史、日本遗孤形成的历史原因和背景、遗孤归国的历史脉络进行历史考察与分析，从而在总体上把握其与遗孤所处现状的联系。

为使研究更具科学性、可行性和参考性，在中日两国媒体报道方面，研究均以知名官方媒体报道为调查依据。具体而言，日本方面，以1972—2022年《朝日新闻》中有关日本遗孤的报道为调查对象；中国方面，以1972—2022年《人民日报》中有关日本遗孤的报道作为研究的对象，以研究探讨50年间中日两国主要媒体所勾勒的日本遗孤的形象。

这一部分的内容将在第二章呈现。

二、归国日本遗孤一代

人到中年"归国"的日本遗孤一代,实质上是来到一个语言文化、生活习惯、价值观、社会习俗完全不同的异国他乡。众多的日本遗孤面临着文化适应、民族认同和再社会化等诸多问题,长时间无法融入日本的环境,语言能力的欠缺又直接导致了就业困难和生活困苦。至2007年"日本遗孤国家赔偿请求诉讼"结束,遗孤们与政府和解之前,近七成的遗孤只能依靠政府最低生活保障金来维持生计。

2002年,回国的日本遗孤以日本政府疏于对他们进行尽早归国的援助及归国后的生活支援为由,在全国15个省级法院集体状告日本政府,发起了"国家赔偿请求诉讼"。

2007年7月9日,这个聚集了日本全社会目光的国家赔偿请求诉讼,以和解的形式落下了帷幕。日本遗孤原告团、律师团在东京都内召开全国会议,表示接受日本政府与执政党提出的新支援政策。同年11月28日,《中国遗留邦人支援法改正案》正式出台,对日本遗孤的援助更加充实化。约九成归国日本遗孤,共计2 201人参与的这场诉讼,耗费5年时间终于画上了休止符。原告团、律师团表示,新支援政策将保证几乎所有的日本遗孤享有免费接受医疗服务的权利,可以说达到了他们最初要求"保障日本遗孤生活安定"的诉讼目的,他们对此进行了高度评价。然而,这个时间距离日本遗孤归国高峰已近30年,当年怀着寻根的美好梦想回归"祖国"的这群人已近耄耋之年。

本研究开始前,我亲耳听到许多日本遗孤疾呼"归国后的生活艰辛困苦"时,产生了疑惑:回到日本对他们来说真是一个正确的抉择吗?是什么理由促使他们人到中年来到"异国他乡"?日本遗孤在中国时期的生活状态各有不同,有长期生活在农村的农民,也有社会地位较高的医生、教师等。前者归国可以改善生活毋庸置疑,然而后者归国又是为了什么呢?是什么驱使他们义无反顾地回到日本?回国后的生活和他们的期望一样吗?他们是如何看待这些落差的?他们又是如何评价自己的"归国"的?这些疑问像连环弹似的向我袭来,让我迫切地想要深入了解这个群体,加快研究的步伐,找到答案。

这一部分的内容将在第三章、第四章和第五章呈现。

三、归国日本遗孤二代

第一代日本遗孤归国时,将其配偶和子女也一同带回了日本。在对第一代日本遗孤的访谈调查中,经常听到"我是为了给孩子提供更好的教育环境和更美好的未来而选择回到日本"的说法。于日本遗孤二代而言,他们则是背负着父母沉甸甸的希望和期盼的"移民",来到日本这个语言、文化、生活习惯、社会环境都迥异的他乡生活。

我曾多次参加以东京都、千叶县、神奈川县为中心的日本遗孤二代、三代团体"中国归国者二代、三代之会"[1]的活动。在这些活动中结识了众多的遗孤二代,我渐渐发现自己和他们有着许多共同点。我们大都出生于20世纪70年代和80年代,在十几岁或二十几岁时到日本生活,都经历过适应异国文化的相似困惑和彷徨。我们之间最大的不同则在于"自我认同"的程度,我有着明确的"我是中国人"的自我意识,而他们对此则较为模糊。

蘭信三指出,"对日本遗孤和遗留妇人来说的'归国',对遗孤二代和

1　"日本归国者二代、三代之会"是以东京都、千叶县、神奈川县为中心的日本遗孤二代、三代的协会。该协会由以下目的而结成:① 以有着相似的出身和生活体验为纽带,一致团结,探究共同感兴趣的问题,加深友谊,促进交流;② 加深对自我及社会环境的理解和认识,提高自身的自信和能力,克服由历史出身和异文化体验而引发的各种困难,保障正当权益和促进社会地位的提升;③ 充分发挥遗孤二代、三代的拥有中日两国文化背景的独特性、未来性和潜能,使其努力成为多文化社会的领头人和中日两国友好的桥梁,努力成为在亚洲及世界活跃的人才,为国际社会做贡献。

三代而言却更接近'移民'。[1] 他们被日本社会要求"尽快适应日本社会,成为一个真正的日本人"。同时,日本社会的同化主义思想也要求他们立刻入乡随俗。

截至目前,日本遗孤二代在日本生活的时间已经逐渐超过了其在中国生活的时间。遗孤二代除去极少一部分在幼年或成人后来到日本,大部分都是在青春期或青年期来到日本。这个时期是人的主要成长期,也是个性形成的重要时期。对在中国土生土长了十几年甚至二十几年的日本遗孤二代来说,突然移居到陌生的日本,突变的生活环境,对思想观念尚未成熟的他们影响深远。他们如何在日本生活? 会面临怎样的生存难题? 会有着怎样的自我认同? 这些问题都是探明日本遗孤整体状况的必要研究要素,是对日本遗孤二代进行调查时不可或缺的重要内容。

这一部分的内容将在第六章呈现。

四、留华日本遗孤

到目前为止,日本方面的研究多集中在回到日本的那部分遗孤上,鲜有涉及自愿留在中国,或者因为各种原因而不得不留在中国的日本遗孤。中国国内的过往研究则更多地将研究重点集中在战前和战中,把日本人向中国东北移民作为日本帝国主义侵略的一环来看待。[2] 据日本厚生劳动省 2016 年 12 月 31 日的统计,到目前为止日本政府认定的日本遗孤

1　蘭信三、「中国帰国者とは誰なのか、彼らをどう捉えたらよいのか」『「中国帰国者」の生活世界』,行路社,2000 年、第 402 頁。
2　例如,中国研究者的典型代表作有,政协黑龙江省委员会文史资料委员会、政协方正县委员会文史资料委员会共编,《梦碎满洲——日本开拓团覆灭前后》(黑龙江人民出版社,1991),付波、肖景全主编《罪行　罪证　罪责》(辽宁民族出版社,1995),顾明义、张德良、杨洪范、赵春阳主编《九·一八事变丛书　日本侵占旅大四十年》(辽宁人民出版社,1991),孙邦主编《伪满资料丛书　伪满覆灭》(吉林人民出版社,1993),左学德著《日本向中国东北移民史——1905～1945》(哈尔滨工程大学出版社,1998)等。

90.7％已经归国。也就是说约 10％的遗孤,虽然已被日本政府认定,仍旧选择在中国生活。

我们曾多次赴中国东北三省调研,对至今仍在中国生活的日本遗孤们进行了调查。在调查中我们发现,他们中有的多次去日本后最终选择留在中国;有的虽然被中国政府认定为日本遗孤,却不被日本政府承认而无法回国;有的虽然找到了自己在日本的亲生父母,却因为种种原因而有"家"不得归。

他们这群人的生活现状和心理历程鲜为人知。在众多日本遗孤同伴纷纷回国的背景下,他们为何留在中国? 他们与日本的亲人关系如何? 他们的子女又是如何看待他们的呢?

这一部分的内容将在第七章呈现。

五、日本遗孤养父母

多年前,日本 NHK 电视台播出了大型电视连续剧《大地之子》(见图 0-3),其中养父母抚育日本遗孤的义举深深感动了日本民众。2018 年 3 月 15 日,广岛经济大学 4 名学生制作的以中国残留孤儿为题材的纪录片在东京获奖,该片以日本遗孤的生母为主人公,弱化了养父母的角色。从相关文艺作品创作篇幅的变化中,我们能看到,目前日本社会对日本遗孤养父母的重视程度欠缺。

然而,中国养父母是日本遗孤研究中一个极其重要的主题。中国养父母在承载着国仇家恨和巨大社会压力的情况下,自发地挽救了那些在死亡线上挣扎的敌国儿童的生命。日本遗孤们回国后因疲于生存,无力顾及昔日含辛茹苦养育他们的中国养父母,不得不让绝大多数的养父母只能在孤独失落中思念着他们。而今,大部分养父母已离开人世,尚存的几位养父母的养老和医疗状况都不容乐观,抢救性地记录和传承他们与日本遗孤共同经历过的历史已迫在眉睫。

图 0-3　由日本 NHK 电视台与中国中央电视台共同
制作的电视连续剧《大地之子》[1]

在对日本遗孤的访谈中,每个人都会讲述到含辛茹苦把自己抚养成人的养父母的故事,但如今许多日本民众似乎已经忘了这群风烛残年的中国养父母。依据相关报道测算,大约有 6000 至 1 万名中国养父母。[2]然而我们调查了从 1972 年 1 月 1 日到 2022 年 12 月 30 日的《朝日新闻》中有关日本遗孤的所有报道,让人吃惊的是,在 3082 次报道中,只有 134 篇涉及中国养父母,仅占全部报道的 4.35%,[3]且报道几乎都集中发布于 20 世纪 80 年代,2008 年以后几乎每年都有一篇回忆养父母与中国记忆的报道,但仅有 2012 年的《中国研究者号召留下吉林省长春的残留孤儿养父母住宅日中友好楼,作为"文化遗产"》(「日中の友好楼、残して 中国人研究者『文化遺産に』吉林省長春の残留孤児養父母住宅」)涉及养父母的生活现状。日本对中国养父母的重视和感恩的诚意有限,这在经济

1　根据日本女作家山崎丰子的同名小说改编而成。作为二战结束 50 周年和 NHK 电视台成立 70 周年的纪念作品,于 1995 年首次在日本 NHK 电视台综合频道播出,大受好评,其后屡次重播。

2　浅野慎一、佟岩,『異国の父母 中国残留孤児を育てた養父母の群像』,岩波书店,2006 年、第 vii 页。

3　具体分析参见第三章。

图 0-4 1999 年 8 月 21 日,1450 名日本遗孤自发捐款建立的
"感谢中国养父母碑"在沈阳落成

支持上则表现得更为直观,日本政府仅在 1986 年一次性支付日本遗孤的
中国养父母们每人合计 1.08 万元人民币。

中国养父母如今过着怎样的生活? 是什么促使他们收养日本遗孤?
又是什么让他们忍痛送自己辛苦养大的日本遗孤回到日本?

这一部分的内容在第八章呈现。

第一篇
遗孤由来与中日关注

第一章 日本遗孤的历史形成及社会背景

日本遗孤在日本社会中是一种"新入人群"和"少数人群",据日本学者推算,包括遗孤家属在内,这一群体在日本也仅有 10 万人左右。[1] 并且,由于他们人到中年才来到日本,普遍日语能力不高,因而和日本民众的交集较少,很难完全融入日本社会,一般民众几乎没有机会了解他们的生活及想法。大部分日本民众认为日本遗孤问题是"过去的问题"或者"新闻中的话题"。时至今日,日本遗孤的生活状况仍然不为人所熟知。

没有日本对中国东北的移民侵略,就没有今天的日本遗孤问题。要理解日本遗孤问题,首先要全面梳理日本在伪满的侵略移民形成的历史背景,同时,辅之对日本遗孤回国后生活现状的认知。

---

1 蘭信三指出,从 1972 年至 1998 年,归国的残留妇人及日本遗孤大约为 5000 人,加上他们的家人,大约为 2 万人。然而,他推算,算上他们的子孙及中国亲属,日本遗孤群体的数目应该为大约 10 万人。参见蘭信三、「中国帰国者とは誰なのか、彼らをどう捉えたらよいのか」『「中国帰国者」の生活世界』、行路社、2000 年、第 2 页。这一点是参与日本遗孤支援活动的大多数人的共识。比如,长年从事日本遗孤支援活动的八木严指出:"大部分归国者孩子都非常多,一个人有六七个孩子非常正常,因此,接收一个日本遗孤,就相当于接收六七个家庭,人数也多至二三十人"。参见八木厳、「中国帰国者の実情とその背景」、江畑敬介、曾文星、箕口雅博編、『移住と適応』、日本評論社、1996 年、第 27 页。

一、日本侵略战争的脚步

第一次世界大战结束后的 1929 年，资本主义世界陷入历史上最深刻、最持久的一次经济危机。危机首先在实力最强大的资本主义国家美国爆发，然后迅速波及整个资本主义世界。这次危机历时近 5 年，其间资本主义各国工业生产剧烈下降，企业大批破产，失业人数激增，失业率高达 30％以上。资本主义农业危机与工业危机相互交织激荡，农副产品价格大幅度下跌，农业生产严重衰退。同时国际贸易严重萎缩，各国相继发生了深刻的货币信用危机，货币纷纷贬值，相继废止了金本位制，资本主义金融体系陷入混乱。商品严重滞销导致市场份额问题变得异常尖锐，主要资本主义国家争夺市场的斗争日益激烈。

在日本，主要出口产品生丝和纺织品的需求剧减，农村农产品的价格持续下跌，农民生活困苦的状况越来越严重。特别是日本东北地区的农村、农业受到了毁灭性的打击，众多农民无法维持生计，卖儿鬻女和粮食短缺现象越来越普遍。在这种情况下，日本帝国主义为了避免经济危机、缓和国内矛盾，开始大肆鼓吹"满蒙为日本的生命线"，试图把国内矛盾转移至殖民地，逐步开始积极地酝酿侵华战争。

1931 年的九一八事变是日本发动全面侵华战争的前奏，东北三省迅速沦陷，日本尝到了侵华战争的甜头。1932 年，日本关东军唆使下的"满洲国"傀儡政权成立，即伪满、伪满洲国。伪满洲国成立后，为了真正占领中国东北，使伪满洲国真正成为日本领土，日本政府除向中国派来军队之外，还招募了大批普通民众向中国东北移民。日本政府以"王道乐土""五族协和"的名义招募农民，鼓吹"在无限的荒野上建立理想村庄""开拓万里波涛布国威于四方",成立所谓的"满蒙开拓团"。1937 年 7 月 7 日,日本发动卢沟桥事变,开始了历时 8 年的全面侵华战争。

图 1－1 是当时象征"五族协和"的一张具有代表性的绘画,常常被用于日本海报、邮票。在这幅图中,有 5 名少女在田野中共舞。从左至右,少女分别穿着汉族、满族、日本、朝鲜、蒙古的民族服装。旁边的农夫的竹筐里盛着丰盛的果实,寓意物资富饶、五谷丰登。

图 1－1　"五族协和"(来源:满洲写真馆主页,2009 年 7 月 22 日)

日本政府把代表汉、满、蒙、朝、日五个民族的五色旗定为伪满洲国"国旗",在伪满洲国,五族就变成日本人(红色),汉人(蓝色),蒙古人(白),朝鲜人(黑),满洲人(黄色)。"五族协和"或"民族协和"和"王道乐土"则成了伪满洲国高唱的口号。

二、变身国策中的"满洲"移民历史

伪满洲国成立不久后的 1932 年 10 月,日本向伪满派出了第一批以在乡军人为主体的"武装移民团"。[1] 当时实质上支配着伪满的日本关东

1　又被称作"试验移民""自卫移民"。

军正式出台了《对满移民的全面方针和移民计划案》，强调在伪满确保和扩大安全地带的军事上的重要性，认为武装移民的目的之一是"在满洲国内扶植日本的现实势力，充实日满两国的国防，维持满洲国治安"。换言之，"武装移民团"是一个准军事组织，是关东军的重要补充。同时，日本国内受到昭和初期的资本主义经济大危机的影响，日本农村的悲惨现状已经濒临临界点，日本政府开始着手向伪满实施大规模的开拓移民。至1935为止，共送出1 667户的武装移民，为移民的国策化奠定了基础。[1]

1936年8月25日，广田弘毅内阁制订了"二十年移民百万户计划"，并把它列为日本政府的七大国策之一。随后，又要求伪满政府将其列为三大"国策"之一。计划20年间向中国东北地区移民100万户500万人，为掩盖其侵略实质，这些移民中国东北地区的日本平民，被称为"开拓团民"。自此，日本向中国东北的侵略移民开始进入最猖獗的阶段。

移民中国东北的对象不仅仅是成年人。1937年，日本蓄意制造卢沟桥事变，开始全面侵华。由于战争规模扩大，导致兵源严重短缺。日本国内适龄移民应征入伍，"满洲移民"的侵略计划受到严重影响。日本政府决定招募"满蒙开拓青少年义勇军"，补充关东军兵源，确保日本侵略当局在东北的治安。所谓"青少年义勇军"即是被征召派驻到伪满的未成年人。"青少年义勇军"的征召对象是16岁至19岁的男性，募集者300人分为一个中队，在日本茨城的内原训练所培训2个月之后，派驻伪满各地的训练所再培训3年。从第4年开始以中队为单位，作为"开拓团"进驻伪满控制的农村。

图1-2是当时的"满蒙开拓青少年义勇军"的招募海报之一。海报上醒目的口号——"拓け満州の大沃"（开拓吧！满洲的沃土），众多的日

1　蘭信三、『「満州移民」の歴史社会学』、行路社、1994年、第47頁。

图 1-2 "满蒙开拓青少年义勇军"的招募海报
（来源：《综合历史》，滨岛书店，2009 年）

本青少年被这句口号所鼓动，对移民中国东北的生活充满期待。同时，受当时日本军国主义教育的蛊惑，募集的青少年源源不绝。"青少年义勇军"成为日本向中国东北"百万户移民计划"的重要组成部分，伪满移民的七成以上，约 74 000 户都是原本作为"满蒙开拓青少年义勇军"的"开拓团"。[1] 与此同时，为了替单身大军"青少年义勇军"寻找结婚对象，大量的女性也被派往伪满，这群女性被称作"大陆的新娘"。

　　直至 1945 年 7 月，由于日本在战争中节节败退，向中国东北的移民才终于停止。从 1932 年 10 月送出第一批武装移民到 1945 年 5 月的 14 年间，日本共向中国东北派出千余个开拓团。

　　日本政府对 47 个都道府县共征集派遣"开拓团民"22 万 395 人，"义勇队员"10 万 1 514 人，共计 32 万 1 873 人（见表 1-1）。1945 年 8 月 15 日，日本宣布无条件投降时，在中国东北地区共有约 155 万日本人。[2]

1　猪股祐介、「満州農業移民と中国残留日本人」『特集　中国残留孤児の叫び―終わらない戦後』、勉誠出版、2006 年、第 15 页。

2　日本总务厅，1988 年。

表 1-1　日本开拓团送出一览表(1932 年 10 月—1945 年 5 月)[1]

编号	府县	"开拓团"员	"义勇队"员	合计	编号	府县	"开拓团"员	"义勇队"员	合计
1	长野	31 264	6 595	37 859	25	爱媛	2 200	2 325	4 525
2	山形	13 252	3 925	17 177	26	兵库	2 170	2 230	4 400
3	熊本	9 979	2 701	12 680	27	埼玉	2 900	1 968	4 868
4	福岛	9 576	3 097	12 673	28	佐贺	2 800	1 500	4 300
5	新潟	9 361	3 290	12 651	29	栃木	1 429	2 802	4 231
6	宫城	10 180	2 239	12 419	30	大阪	2 030	2 125	4 155
7	岐阜	9 494	2 596	12 090	31	三重	2 753	1 309	4 062
8	广岛	6 345	4 827	11 172	32	鸟取	1 339	2 287	3 626
9	东京	9 116	1 995	11 111	33	茨城	1 551	2 022	3 573
10	高知	9 151	1 331	10 482	34	宫崎	1 769	1 613	3 382
11	秋田	7 814	1 638	9 452	35	京都	1 418	1 952	3 370
12	静冈	6 147	3 059	9 206	36	德岛	1 243	2 082	3 325
13	群马	6 957	1 818	8 775	37	和歌山	1 272	1 877	3 149
14	青森	6 510	1 855	8 365	38	北海道	2 002	1 127	3 129
15	香川	5 506	2 379	7 885	39	福冈	1 669	1 445	3 114
16	石川	4 463	2 808	7 271	40	岛根	1 507	1 528	3 035
17	山口	3 763	2 745	6 508	41	冲绳	2 350	644	2 994
18	岩手	4 443	1 993	6 436	42	大分	735	1 836	2 571
19	冈山	2 898	2 888	5 786	43	爱知	634	1 724	2 358
20	鹿儿岛	3 432	2 268	5 700	44	长崎	747	1 403	2 150
21	奈良	3 945	1 298	5 243	45	千叶	1 037	1 111	2 148
22	富山	3 775	1 425	5 200	46	神奈川	1 013	575	1 588
23	福井	3 057	2 079	5 136	47	滋贺	93	1 354	1 447
24	山梨	3 166	1 939	5 105	总计	47	220 255	101 627	321 882

三、在中国东北的移民生活

日本的伪满移民的大部分为农业移民,获取农业用地成为他们移民的前提。为了动员大量人员移民中国东北,"满洲"被日本政府宣传为"无限的荒野""未开垦的广阔沃野"。然而,中国东北当然不是无人的荒野,

---

[1]　参考关亚新、张志坤:《日本遗孤调查研究》,社会科学文献出版社,2005,第 17 页。

在 1932 年时,那里生活着约 3 000 万的中国人,[1] 从事着农业生产。

为了安置"开拓团"移民,日本以"收购"的美名,强占或以极其低廉的价格强迫收购中国人的房屋和土地。截至 1942 年末,日本通过"满洲国"当局、"满洲拓殖公社"和"满洲国开拓总局"共掠夺用地达 2 002.6 万公顷,是日本内地耕地面积的 3.7 倍,甚至超过了日本国土面积的一半。数十万中国东北农民失去土地,被迫离开家园,流离失所,不得不当雇工或做杂工为生。原来拥有土地的农民,反而沦为日本移民的佃户,饱受日本移民的剥削。还有一些失去土地的农民被强行编入"内国开拓民""到不毛之地服苦役",多数有去无回。

侵略、压迫必然导致反抗,当地的中国人民发起了种种反对运动。其中最著名的土龙山农民武装抗日行动[2]给日本当局重重一击,然而最终被关东军镇压。之后虽然没有爆发大规模的武装行动,但是小规模的抵抗运动或者个人的反抗层出不穷。

然而,直到日本战败,众多的"开拓团民"都没有真正意识到当地中国居民的仇恨心理。这一方面是由于伪满当局压制并镇压当地人民的反抗,"开拓团民"和当地居民隔离居住;另一方面,大量日本"开拓团民"在日伪的怂恿和误导下,自认为"日本是亚洲的指导者",自己是高等民族,而"当地居民的生活习惯及文化是劣等的",他们完全排斥去适应当地的生活习惯,与当地居民的交流也极少。

我们可以从日本"开拓团"在东北的生活模式来了解一下他们与当地居民的关系。伪满的"开拓团"俨然成日本人的独立社区,不但和中国人

1　猪股祐介、「満州農業移民と中国残留日本人」『特集　中国残留孤児の叫び―終わらない戦後』、勉誠出版、2006 年、第 16 页。

2　1934 年 3 月 8 日,土龙山人民在各保保长谢文东、景振清、曹子恒、张魁武、马海亭、冯秉臣等领导下汇合各路武装农民 2 000 多人举行抗日行动,先后击毙大佐饭冢、伪警大队长盖文义、重创日本广濑师团,打响了农民武装抗日的第一枪。土龙山事件成为动摇"满洲国"根基的大事件。关东军的武力强收土地的方式受到了多方的质疑和责难。从土龙山事件后,关东军改变了征收土地的方式,不再直接出面收购土地,而是通过"满洲国"当局和"满洲拓殖公社"为中介进行收购。

严格隔绝,还拥有自己的警察局、医院和学校。日本移民在衣食住行等所有方面,都完全照搬日本的生活模式。他们习惯穿着从日本带过来的和服,以米饭为主食,主要以蔬菜和日本的大酱汤为副食,他们也不习惯中国东北的炕。[1] 尽管东北居民的服装、油脂高的食物、热炕薄被都是为了适应东北严寒气候的。来到中国东北的日本移民用他们的所谓"文明尺度"把当地文化视为贫困、野蛮的象征,丝毫没有对其进行理解的意识。即使同一个村落里有中国人和朝鲜人,与他们的交流也仅仅止于只言片语。这就是直至日本战败为止的伪满日本移民的生存状态。

1941 年第二次世界大战亚洲太平洋战争之后,伪满移民地的状况发生了巨大变化。以"义勇军开拓团"为主的日本移民被集中派往中苏边境。随着战局的胶着化,关东军的精锐部队逐渐被派往南方战线。由于军力不够,关东军下达了"全民动员"的指令,征召了"开拓团"所有 18 岁到 45 岁的男性参战,"开拓团"中仅留下老弱妇孺。

四、日本遗孤的形成期

一方面,日本"开拓团"充当了日本帝国主义侵略中国东北的工具,给中国人民带来了极大的祸害。另一方面,绝大多数日本"开拓团民"都是日本的贫苦民众,不少人是被迫移居中国东北的。

1945 年 8 月 6 日,美国在广岛投下原子弹。8 月 8 日,苏联对日宣战,9 日,百万苏联红军越过中苏边境,给伪满的日本关东军以最致命的打击。8 月 15 日,日本天皇宣布投降。而所有的这些战败消息,"开拓团民"都一无所知,等他们猛然清醒时,却发现自身早已面临绝境。而在很多幸存"开拓团民"的记忆中,这段逃亡路是人世间最具末日感的惨痛经历。

---

1 暉俊義等,『満州開拓生活図説:第三冊　日満露三民族の生活比較』、大阪屋号書店、1943 年。

日本在中国东北的 860 个"开拓团"，80％部署于中苏边境，名为开拓，实为日苏对抗的第一道防线。而在苏军进攻之际，关东军马上放弃边境线，将军力部署于大连、"新京"（长春）、图们一线，并对团民严密封锁战败消息，对于这些把"大日本帝国"作为一生光荣的开拓团民来说，他们的"帝国"在最关键的时刻，抛弃了他们。

　　表 1-2 是开拓团民与非开拓团民（军人、军属等）死亡比例的差异。从表中我们可以发现每 3.44 个"开拓团民"中就有一人死亡，这比非"开拓团民"的死亡比例高了 3.82 倍。大部分的"开拓团民"都没能逃过悲惨的命运。

表 1-2　"开拓团民"与非"开拓团民"的死亡数差异 [1]

	全　体	"开拓团民"	非"开拓团民"
战败时在伪满的日侨人数	1 550 000 人	270 000 人	1 280 000 人
由于战败死亡者人数	176 000 人	78 500 人	97 500 人
几人中有一人死亡	8.81 人	3.44 人	13.13 人
死亡指数（与非"开拓团民"对比）	1.49	3.82	1.00

　　缺少军队保护的"开拓团民"，被迫紧急撤退，以期乘船回国，从而出现了百万逃难大军。这时的"开拓团民"中绝大多数是妇孺老弱，加之"开拓团民"强占土地，欺压中国人民，因为害怕被报复，在逃难过程中，他们往往选择夜间走山间小路。众多的老弱病残倒毙在路边，婴儿则被遗弃于沟壑。出现了因为绝望而集体自杀的"开拓团"，更多的"开拓民"死于饥饿、寒冷和疫病。数以万计的妇女和孩童流落在东北的城市和农村。在这种状况下，为了生存，一部分日本妇人选择嫁给当地中国人，一部分孩童被遗弃在中国的土地上，直接或间接地送给当地中国人抚养。

1　鍛冶致、「中国帰国生徒と高校進学—言語・文化・民族・階級」『「中国帰国者」の生活世界』、行路社，2000 年、第 2 页。

1945 年 6 月的关东局调查显示,当时在华"开拓团民"为 166 万 2 千人。而据日本厚生劳动省 1977 年编撰的《招返与援助 30 年的步伐》(引揚げと援護 30 年の步み)统计,日本战败之后的死亡人数为 24 万 5 千人,其中日苏交火中死亡 6 万人,之后死亡 18 万 5 千人。从这些数字中我们可以看到,日本战败后,失去军队保护的"开拓团民"的惨状。我们可以把这个时期看作是日本残留妇人、日本遗孤的形成期。

据日本厚生劳动省 1983 年的统计,1945 年日本战败后,共有 2 700 名孤儿被遗留在中国。而据著名民俗学家曹宝明《第二次世界大战收养日本遗孤纪实》中统计,日本遗孤流落在中国民间的有 3 000 人左右,主要集中在中国的东北三省,其中黑龙江省有 1 500 人左右(主要集中在方正县),吉林省有 1 000 人左右,辽宁省有 500 人左右。

第二节　日本遗孤的"归乡路"

一、中日邦交中断时期

中日邦交正常化前,中国红十字会与日本红十字会等民间三团体签订了《北京协定》与《天津协定》,致力于集体送返日本侨民,滞留在华的日侨看到了归国的一线曙光。然而,1958 年,"长崎侮辱中国国旗事件"[1] 发生。面对中国政府的抗议,首相岸信介纵容和包庇侮辱中国国旗的罪犯,

---

1　1958 年 4 月 30 日,日中友好协会长崎支部在市内滨屋百货公司举办介绍中国产品展览会,会场上悬挂了日本和中华人民共和国两国国旗。中国台湾省国民党驻长崎的"领班"常家铠,当天向长崎市政府要求取下会场上中国国旗。驻东京的台湾省国民党"大使"也于 5 月 2 日向外务省提出"抗议"。同日下午,两名日本暴徒闯入滨屋四楼将展览会场的中国国旗扯下,被当场抓住,扭送至长崎市警察局,此为侮辱中国国旗事件。但岸信介内阁却以"国内法"为借口,坚持不承认中华人民共和国、不承认中国国旗的立场,拒绝对暴徒进行惩处,并很快将其释放。

引起了中国人民极大的愤慨。岸信介内阁的这一反华行为,致使中日民间刚刚起步的友好交往搁浅,中日邦交往来全面停止。刚刚开始了两年的日本滞留侨民的归国也就此中断,甚至与日本国内亲人的书信交流也被迫停止。

与此同时,1959 年 3 月 3 日,日本政府公布的《关于未归返者的特别措施法》中,将那些遗留在中国的未归返者,一律宣告为战时死亡,取消其户籍。当时无法确认生死的超过 33 000 人被宣告死亡,13 600 多人的户籍被注销。与日本无法取得联系的众多日本残留妇人及日本遗孤的户籍就这样被日本政府轻易抹去了。

二、中日邦交正常化时期

(一) 中国残留孤儿的选定基准

1972 年,中日邦交正常化。随着两国间友好往来的增多和历史遗留问题的逐步解决,积郁在日本遗孤心中的对故国的思念之情蔓延开来,日本遗孤的寻亲活动逐渐被提上议程。

让我们先回顾一下日本遗孤回国的历程。1974 年,中日两国民间友好团体首次展开寻找日本遗孤亲人的活动,翌年厚生省开始着手调查。1981年第一次访日寻亲调查也得以实现。1984 年依据"中日政府间口上书",日本遗孤无论在日本是否有亲人都可以永住归国(残留妇人被排除在外),日本遗孤的归国成为可能。由于日本国内亲人拒绝接受而不能归国的日本遗孤问题,也在 1989 年得以解决。到了 1991 年,残留妇人也终于被允许回国。

可以看出,日本遗孤回归故里的历程一波三折,并非所有日本遗孤都能顺利回到日本。日本政府在鉴别、选择日本遗孤时,制定了以下的三个选定基准。

第一个基准是"认定能力",即是否知道自己的出身,并且能够让他人予以证明;第二个基准是"生计能力",这是指在日亲人是否愿意接收;第三个基准是"责任能力",则是指日本实施集体招返时是否已经成人,如果当时已经成人,则被认定为依照自己的判断、意愿和责任自愿选择留在中国,而这些人的永住归国原则上需要自费。也就是说以 1945 年 8 月 9 日为界,未满 13 岁的被认定为残留孤儿,而超过 13 岁的则被认定为残留妇人、残留邦人。实际上,这条以年龄为判断标准的"责任能力"基准,将残留孤儿与残留妇人明确区分开来。直至 1991 年,残留妇人都被排除在公费永住归国的行列之外。

尽管日本遗孤对日本社会而言是一种前所未有的群体,然而对于归国日本遗孤,日本政府没有制定单独的援助政策,而是援用二战结束后依据 GHQ 指令(讲和条约后阁议决定)所制定的招引制度。事过 30 余年,当时的政策完全不适合日本遗孤的状况,日本遗孤无论是寻亲还是归国都存在诸多问题。

日本政府早期把日本遗孤作为外国人来对待,在出入境管理中也完全依照外国人来处理。所以,即使是判明身份的日本遗孤,想回国也必须日本亲人同意接收或者有身份担保人。因为这个规定,很多日本遗孤由于日本亲人的拒绝接收而被拒于国门之外。1989 年,即使日本政府制定了"特别担保人制度",但是遗孤必须依靠自己的力量找到身份担保人。

表 1-3 显示的是关于日本遗孤的永住归国,实质上曾经有过四次"限制放宽"的契机。

表 1-3　日本遗孤的永住归国的"限制放宽"[1]

	身份	亲人是否同意接收	对象	年份	契机内政策
第 1 次	判明	同意	不问	1972	中日邦交正常化
第 2 次	不明	—	孤儿	1985	制定身份担保人制度
第 3 次	判明	拒绝	孤儿	1989	制定特别身份担保人制度
第 4 次	判明	拒绝	妇人	1991	特别身份担保人制度适用

1　参照鍛冶致、「中国帰国生徒と高校進学—言語・文化・民族・階級」『「中国帰国者」の生活世界』、行路社、2000 年、第 19 页。

第一次契机是中日邦交正常化。在这之后,满足三个条件的日本遗孤被允许回国。这些条件是:一是清楚地记得自己的出身和姓名;二是与日本亲人取得了联系;三是日本亲人支持自己永住归国。第二次契机是身份担保人制度的出台。身份担保人制度的对象是那些不了解自己的出身,并且在日本无人可投靠的遗孤,对于这种遗孤日本政府可以介绍身份担保人。第三次契机是1989年特别身份担保人制度的出台。第四次契机是1991年该特别身份担保人制度适用于残留妇人。这种制度的对象是那些判明了身份,但是由于日本亲人拒绝接收而无法归国的遗孤和残留妇人。

1993年9月,由于日本亲人反对而不能回国的12位日本残留妇女强行自费回国,被扣留在日本机场,引起了日本国内民众的关注。迫于国内压力,1994年议员立法《关于促进中国残留邦人顺利归国及支持永住归国后的自立的法律》(中国残留邦人等の円滑な帰国の促進及び永住帰国後の自立の支援に関する法律),1995年日本政府制定并实施了《中国残留邦人援助法》。之前,日本遗孤与残留妇人的归国都被看作是个人的问题,应该通过本人及亲族的努力自行解决和处理。只有在本人无法解决的情况下,国家才会以支援者的身份出现。然而,以上两项法律政策的制定,明确了遗华日侨的回国事业是日本国家的责任,至此,有归国意愿的日侨的永住归国才有了实现的可能。

(二) 寻亲集体访日调查

从1981年3月开始,日本政府把一部分无法确认身份的日本遗孤接回日本,为他们寻找亲人,被称为访日调查。日本遗孤集体访日,并将他们提供的线索在媒体公开循环播放。访日调查作为政府支援项目中的内容,被媒体广为宣传,日本遗孤的寻亲访日调查成为20世纪80年代日本社会重要的事件之一,日本遗孤和亲人们时隔多年后重聚抱头痛哭的场景也感动了无数日本国人(见图1-3)。

图 1-3　1981 年 3 月 2 日,首批日本遗孤寻亲访日团抵达日本成田机场
（来源：NHK 节目"News Highlight"，1981）

　　截至 1999 年,这种访日调查共举办了 30 次(见表 1-4)。2 116 名遗孤得以短期回国,其中有 672 人判明了身份,找到了亲人,共计 30 次的访日调查的遗孤平均判明率为 31.8%。同时,在 1991 年和 1992 年,日本政府进行了 4 次访中调查,18 人中有 3 人的身份得以确认(见表 1-5)。

表 1-4　集体访日调查遗孤判明率的变化

次数	访 日 时 间	访日人数	判明人数	判明率(%)
第 1 回	1981.3	47	30	63.8
第 2 回	1982.2—1982.3	60	45	75.0
第 3 回	1983.2—1983.3	45	25	55.6
第 4 回	1983.12	60	37	61.7
第 5 回	1984.2—1984.3	50	27	54.0
第 6 回	1984.11—1984.12	90	39	43.3
第 7 回	1985.2—1985.3	90	39	43.3
第 8 回	1985.9	135	41	30.4
第 9 回	1985.11—1985.12	135	34	25.2
第 10 回	1986.2—1986.3	130	34	26.2
第 11 回	1986.6	200	80	40.0
第 12 回	1986.9	200	64	32.0
第 13 回	1986.10—1986.11	100	33	33.0
第 14 回	1986.12	42	15	35.7
第 15 回	1987.2—1987.3	104	28	26.9
第 16 回	1987.11	50	10	20.0
第 17 回	1988.2—1988.3	50	13	26.0
第 18 回	1988.6—1988.7	35	12	34.3

次数	访日时间	访日人数	判明人数	判明率(%)
第 19 回	1989.2—1989.3	57	9	15.8
第 20 回	1990.2—1990.3	46	12	26.1
第 21 回	1990.11—1990.12	37	4	10.8
第 22 回	1991.11—1991.12	50	6	12.0
第 23 回	1992.11—1992.12	33	4	12.1
第 24 回	1993.10—1993.11	32	5	15.6
第 25 回	1994.11—1994.12	36	5	13.9
第 26 回	1995.10—1995.11	67	7	10.4
第 27 回	1996.10—1996.11	43	4	9.3
第 28 回	1997.10	45※(1)	3	6.8
第 29 回	1998.11	27	5	18.5
第 30 回	1999.11	20	2	10.0
合　计		2 116※(1)	672	31.8

※( )是指除名的日本遗孤

（据「中国帰国者支援」主页『同声同気』及厚生劳动省数据等资料）

表 1 - 5　访中调查的成果

时　间	访中调查人数	判明身份	判明率(%)
1991 年度(1991.7)	5	2	40.0
1991 年度(1991.10)	6	0	0.0
1992 年度(1992.7)	4	1	25.0
1992 年度(1992.8—1992.9)	3	0	0.0
合计	18	3	16.7

（据「中国帰国者支援」主页『同声同気』及厚生劳动省数据等资料）

　　从 2000 年开始，日本政府开始在国内实施年度信息公开调查，至 2008 年共实施了 9 次，然而信息公开调查的判明率较低，平均只有 13.8%（见表 1 - 6）。同时，从 2000 年开始，考虑到减轻年岁渐高的日本遗孤访日调查的负担，中日两国共同开展调查。此后，即使没有判明身份的日本遗孤也可以不接受访日调查直接短期或者永住归国。

表 1－6　信息公开调查的成果

时　间	信息公开人数	判明身份	判明率（％）
2000 年度（2000.11）	20※（4）	3※（3）	15.0
2001 年度（2001.11）	20※（3）	4※（2）	20.0
2002 年度（2002.11）	6※（1）	1※（1）	16.7
2003 年度（2004.2）	10※（3）	1※（1）	10.0
2004 年度（2004.11）	12※（3）	1※（1）	8.3
2005 年度（2005.11）	5※（1）	0※（0）	0.0
2006 年度（2006.11）	7※（2）	0※（0）	0.0
2007 年度（2007.11）	4※（1）	1※（1）	25.0
2008 年度（2008.11）	3※（1）	1※（1）	33.3
合计	87※（19）	12※（10）	13.8

※（　）指访日当面调查人数

（据「中国帰国者支援」主页『同声同気』及厚生劳动省数据等资料）

表 1－7　日本遗孤的年度归国状况（截至 2022 年 3 月 31 日）

年度	永 住 归 国 者						短 期 归 国 者					
			日本遗孤		残留妇人				日本遗孤		残留妇人	
	家庭	人数	家庭	人数	家庭	人数	家庭	人数	家庭	人数	家庭	人数
1972	19	57	0	0	19	57	0	0	0	0	0	0
1973	70	143	0	0	70	143	48	67	0	0	48	67
1974	182	383	1	5	181	378	587	860	0	0	587	860
1975	179	515	9	30	170	485	912	1 437	14	29	898	1 408
1976	112	359	12	43	100	316	479	725	31	63	448	662
1977	73	255	13	56	60	199	282	458	20	38	262	420
1978	100	280	20	74	80	206	233	400	34	67	199	333
1979	142	470	24	80	118	390	272	510	37	84	235	426
1980	173	596	26	110	147	486	211	437	42	118	169	319
1981	193	681	37	172	156	509	176	400	51	140	125	260
1982	156	554	30	120	126	434	119	292	42	128	77	164

年度	永住归国者						短期归国者					
			日本遗孤		残留妇人				日本遗孤		残留妇人	
	家庭	人数	家庭	人数	家庭	人数	家庭	人数	家庭	人数	家庭	人数
1983	168	626	36	154	132	472	104	233	44	104	60	129
1984	133	475	35	155	98	320	76	170	31	87	45	83
1985	169	626	56	258	113	368	74	164	38	104	36	60
1986	281	1 014	159	645	122	369	51	108	29	70	22	38
1987	377	1 424	272	1094	105	330	90	171	62	117	28	54
1988	365	1 353	267	1097	98	256	116	190	38	79	78	111
1989	343	1 174	218	831	125	343	112	138	25	38	87	100
1990	326	929	181	604	145	325	200	249	24	31	176	218
1991	278	750	145	463	133	287	139	167	13	18	126	149
1992	283	650	120	353	163	297	120	150	3	4	117	146
1993	318	638	115	285	203	353	145	196	17	22	128	174
1994	322	870	100	245	222	625	92	139	26	39	66	100
1995	399	1 229	91	259	308	970	128	220	54	96	74	124
1996	349	1 136	110	325	239	811	132	252	72	141	60	111
1997	240	914	108	407	132	507	119	207	67	118	52	89
1998	160	622	94	380	66	242	84	147	59	99	25	48
1999	108	440	65	266	43	174	66	119	36	63	30	56
2000	86	322	53	216	33	106	61	77	39	45	22	32
2001	68	272	38	164	30	108	67	84	46	51	21	33
2002	37	141	22	90	15	51	70	101	38	50	32	51
2003	37	99	14	54	23	45	48	80	26	43	22	37
2004	37	105	15	64	22	41	65	118	39	71	26	47

年度	永住归国者		日本遗孤		残留妇人		短期归国者		日本遗孤		残留妇人	
	家庭	人数	家庭	人数	家庭	人数	家庭	人数	家庭	人数	家庭	人数
2005	29	100	13	63	16	37	52	98	32	61	20	37
2006	27	91	10	44	17	47	61	117	34	66	27	51
2007	(34)	(34)	(1)	(1)	(33)	(33)						
	54	123	11	51	43	72	66	126	31	60	35	66
2008	-165	(165)	(0)	(0)	-165	-165						
	191	266	11	51	180	215	61	120	36	70	25	50
2009	(43)	(43)	(0)	(0)	(43)	(43)						
	58	104	9	37	49	67	43	84	29	57	14	27
2010	(11)	(11)	(0)	(0)	(11)	(11)						
	21	41	7	19	14	22	38	73	26	50	12	23
2011	-15	-15	0	0	-15	-15						
	18	24	0	0	18	24	42	81	24	46	18	35
2012	-13	-13	0	0	-13	-13						
	14	15	0	0	14	15	33	65	18	35	15	30
2013	-3	-3	0	0	-3	-3						
	7	13	4	10	3	3	34	66	20	39	14	27
2014	-5	-5	0	0	-5	-5						
	6	9	0	0	6	9	31	59	19	36	12	23
2015	-3	-3	0	0	-3	-3						
	4	6	1	3	3	3	27	53	14	28	13	25
2016	-1	-1	0	0	-1	-1						
	2	4	0	0	2	4	26	51	13	26	13	25

年度	永住归国者						短期归国者					
	家庭	人数	日本遗孤		残留妇人		家庭	人数	日本遗孤		残留妇人	
			家庭	人数	家庭	人数			家庭	人数	家庭	人数
2017	-3	-3	0	0	-3	-3						
	4	5	0	0	4	5	25	48	15	29	10	19
2018	0	0	0	0	0	0						
	1	4	1	4	0	0	20	39	11	21	9	18
2019	0	0	0	0	0	0						
	1	4	0	0	1	4	22	43	13	26	9	17
2020	0	0	0	0	0	0						
	0	0	0	0	0	0	0	0	0	0	0	0
2021	0	0	0	0	0	0						
	0	0	0	0	0	0	0	0	0	0	0	0
合计	6 720	20 911	2 553	9 381	4 167	11 530	6 059	10 189	1 432	2 807	4 627	7 382

　　以上数据表明,经过中日两国政府及民间数十年的共同努力,日本遗孤的寻根之旅虽然一波三折,但是取得了显著的成效,大量遗孤得以回归日本(见表1-7)。

第三节　归国日本遗孤的现状

一、被人遗忘的日本遗孤

　　中日邦交正常化9年后的1981年开始的日本遗孤寻找亲人的活动在日本各大媒体高频率地播出,众多的日本国民都被亲人重逢的感人场面所震撼。日本遗孤遗留在华的坎坷经历让那些逐渐忘却了第二次世界大战的惨痛教训、对世界的战争纷乱漠不关心的日本人感受到了超越战争悲剧的人类大爱与家族温暖。更重要的是,这些情感背后深藏的国家与民族、战争与人类的"大故事",深深触动了那些在富足、和平生活中变得冷漠的人们心底最柔软的心弦。

1995 年日本 NHK 电视台播放的《大地之子》受到了日本国民的高度评价,被誉为反映战争历史与日中关系的极具历史见证内涵的电视剧。观众们认为,"日本遗孤的悲惨命运,无论看多少遍都让人泪流满面""让平时从不流泪的男人也不禁动容""让人们重温日本与中国的历史,也让人再次深思和平的宝贵"。

然而,穿越半个多世纪的时间隧道,经历喜极而泣的拥抱,感情的潮水在汹涌澎湃之后慢慢归于平静,日本人逐渐再次遗忘了这群人。很少有人知道,回归日本的这群遗孤是如何在新环境中生存的。然而,在被遗忘的角落,日本遗孤与他们众多的家眷陆陆续续来到日本。如今有大约 10 万名遗孤及其家属生活在日本,他们大部分生活在东京、大阪等大城市,也有的散居在日本各地的都市和农村。

截至 2023 年,大部分日本遗孤已逾 80 岁,平均年龄已经 81.5 岁。2007 年 7 月的日本遗孤国家赔偿诉讼[1]以和解的方式结束后,日本遗孤的生活水准有了较大的提高,但是距他们回国高峰的 20 世纪 80 年代已经过去了近 30 年。

感动过后,现实问题浮出水面。归国日本遗孤的生活现状如何? 由于语言难关无法突破,众多的日本遗孤归国之初无法找到正式工作,只能从事临时工种,因而无法享受日本厚生养老金待遇。即使幸运地找到了正式工作,加入了厚生养老保险,他们的就职年数往往不长。而日本的厚生养老金的支付额直接与就职年数挂钩,日本遗孤即使工作了十年,能够

1　有关国家赔偿诉讼将在第四章进行详细阐述。

领取的厚生养老金也只有每月三四万日元（合人民币 1 500—2 000 元），无法维持正常生活。更多的人只能以依靠国民养老金为生。也正因为如此，到 2007 年 7 月的国家赔偿请求诉讼和解之前，61.4%[1]的日本遗孤家庭都只能依靠最低生活保障金为生。

二、日本国家的支援政策——新支援政策制定之前

日本政府把支援日本遗孤及其家属的归国、在日本社会的适应与自立作为一项国家事务来看待。厚生劳动省负责日本遗孤的接收、自立支援事务，并委派地方政府直接执行。厚生劳动省制定接收、自立支援的方针，地方政府依据方针进行具体的操作。在具体开展支援时，则由厚生劳动省委派的自立指导员直接进行指导和监督，政府无法照顾到的细节由义工进行辅助。

（一）厚生劳动省面向中国归国者的支援政策概要

2007 年新支援政策制定前，厚生劳动省对"中国残留邦人"采取了以下援助措施。

一是短期归国援助。对那些没有永久归国打算的日本遗孤，如果本人有回国扫墓和拜访亲人的意愿，同意他们每年短期归国。同时，由于在日亲属拒绝接收或者本人身份未判明的情况，可以参加由"中国残留孤儿援护基金"发起的集体短期归国。二是永久归国援助。对有永久归国意愿的日本遗孤，同意他们永久归国。三是适应、自立援助。日本遗孤常年在中国文化环境中成长和生活，要适应日本社会并完成自立，需要直面语言、生活习惯、就职工作等多重困难。对此，以厚生劳动省为首的相关部门、地方公共团体紧密联系，制定了细致的援助措施。具体而言包括以下五个方面：

（1）回到日本后入住"中国归国者适应促进中心"。在回国后的前 6

1　引用自日本厚生劳动省援护局 2004 年 3 月 31 日发布的"中国归国者生活实况调查"。

个月内，接受基础日语及生活习惯的习得研修。之后，去往亲人或者身份担保人处定居（入住公营住宅）。

（2）之后的 8 个月继续到"中国归国者适应促进中心"接受基础日语及生活习惯的习得研修。

（3）灵活使用"中国归国者适应促进中心"。回国 4 年后仍然可以到该中心进行日语学习和生活问题的咨询。除了入住"中国归国者适应促进中心"者之外的所有人，回国后任何时候都可以享受该服务。

（4）派遣自立指导员。回国后的最初 3 年，有专人进行日常生活和面向自立的各种指导。

（5）派遣自立支援翻译并实施巡回健康咨询。

但是，日本遗孤分为两类，一类是接受国家援助的公费归国者，另一类是不接受援助的自费归国者。公费归国者作为国家的援助对象，可以享受归国旅费的支付、身份担保人的斡旋、入住"中国归国者适应促进中心" 4 个月等一系列的援助。而自费归国者则被排除在这些援助之外，不难想象，自费归国者要想适应日本社会的生活会更加困难。

《关于中国残留邦人等的顺利归国促进及永久归国后的自立支援法律》[1]的第一条中写道："本法律，考虑到因为第二次世界大战造成的混乱，不能归国，不得不滞留在本国以外的地区生活的中国残留邦人等的境况，以促进这些人的顺利归国及永久归国后的自立支援为目的而设立"。从这个条文中我们也可以清楚地知道，日本政府的中国归国者的援助项目的出发点是援助那些因为侵华战争而战后仍旧遗留在中国的日本人归国及归国后自立，即被视作"战后遗留问题处理"中的一环。

（二）关于日本遗孤的养老保险

日本政府就日本遗孤的问题，从 1996 年 4 月开始实施了国民养老保

1　日文为：「中国残留邦人等の円滑な帰国の促進及び永住帰国後の自立の支援に関する法律」。

险的特别措施。在此之前的 1994 年,设立《中国残留邦人归国促进、自立支援法》,与此同时养老金法得以修改。

日本的国民养老保险的保险金为自己缴纳三分之二,国家承担三分之一,只有加入时间超过 25 年以上才有资格领取。正因如此,在特例措施实施以前,归国期间未超过 25 年的日本遗孤们,甚至连领取国民养老金的资格都没有。然而,作为国民养老金的特例措施,日本政府决定把从国民养老金制度创立的 1961 年 4 月 1 日到日本遗孤永久归国的前一天这一期间作为保险金特殊免除期间,也就是说,日本遗孤在中国生活的那段日子被看作"免除期间"。

在这期间,日本遗孤可以领取国民养老保险金的三分之一(相当于由国家负担的金额),而且,也可以利用生活福祉资金贷付制度追缴保险金。换言之,日本遗孤可以领取由国家负担的那一部分保险金,并且可以追缴免除期间的保险金。具体来说,正常缴纳 40 年的养老保险,可以每月领取 66 000 日元的保险金。通过特例措施,日本遗孤们虽然没有缴纳过养老保险,也可以领取到国库分担的部分,即 22 000 日元,并且如果追缴在中国期间的养老保险,就可以领取全额养老金。

(三) 日本遗孤的生活实况

日本厚生劳动省曾于 2003 年 11 月 20 日至 2004 年 3 月 31 日,进行了中国归国者的生活实况调查。[1] 这个调查的实施期间恰逢日本遗孤们发起的国家赔偿请求诉讼进行得如火如荼的时期。从这个调查中我们也能大致窥见日本遗孤当时的生活状况。

1. 就职状况

从日本遗孤的就职状况来看,"现在正在工作"的占 13.9％,"之前有

---

[1] 该调查以自 1972 年 9 月中日邦交正常化至 2003 年 3 月 31 日,永久归国的日本遗孤(除去入住"中国归国者定住促进中心"者或永住归国后死亡者)共计 5 208 人为对象,从 2003 年 4 月 1 日进始实施。共回收问卷 4 094 份(回收率 78.6％)。之前的调查均以归国十年以内的遗孤为对象,这次调查是中日邦交正常化之后首次以全体日本遗孤为对象的调查。

工作"的占 35.3％,合计为 49.2％。"从未参加工作"的占 44.2％。并且,当时正在工作的人的大部分为 65 岁以下的人。

以家庭为单位来看,仅有日本遗孤本人就职的家庭占 8.8％,仅遗孤配偶就职的占 6.0％,遗孤和配偶均就职的占 5.1％,双方均未就职的占 80.1％。未就职的理由中,由于"高龄"占 50.3％,"生病或受伤"占 39.1％。就职的平均月收入,遗孤或配偶单方就职的家庭为 13.8 万日元,双方均就职的家庭为 28.8 万日元,全体的平均为 17.8 万日元。

2. 养老金状况

从养老金的领取状况来看,遗孤的 35.8％,残留妇人等的 66.2％,中国归国者整体的 52.4％正在领取养老金。从正在领取的养老金的种类来看,国民养老金最多,遗孤的 52.7％,残留妇人等的 59.2％都为国民养老金;次之为厚生养老金,比例分别为遗孤 36.5％,残留妇人等 24.2％。从领取的养老金的金额来看,36 万日元以下(月额 3 万日元以下)的占 51.2％,36 万至 60 万日元(月额 5 万日元以下)的占 25.1％。

3. 最低生活保障金的领取状况

从最低生活保障金的领取状况来看,遗孤家庭的 61.4％,残留妇人等家庭的 55.2％,中国归国者整体的 58.0％正在领取最低生活保障金。厚生劳动省在 2000 年进行的生活实况调查显示,当时的最低生活保障金的领取比例为,遗孤家庭 65.5％,残留妇人等家庭 64.％。由此可见,随着归国年数的增加,领取最低生活保障金的比例有所下降。此外,在遗孤本人就职的家庭中,只有 10.9％的家庭领取最低生活保障金。

4. 日语习得状况

从中国归国者本人的日语的理解能力来看,"日常会话没问题"的比例分别为,遗孤 16.2％,残留妇人等 56.9％;"购物、乘坐交通工具没问题"的比例分别为,遗孤 51.5％,残留妇人等 77.0％;"仅会简单几句""完全不会"的合计为,遗孤 47.1％,残留妇人等 22.1％。

从年龄来看,日本战败时,年龄越长者(调查当时 70 岁以上)的理解度越高,年龄越低者的理解度越低。此外,归国者配偶的日语理解能力,"日常会话没问题"的比例为 13.3%,"购物、乘坐交通工具没问题"的比例为 25.6%,合计为 38.9%。可见,配偶的日语习得程度与中国归国者本人相比较低。

5. 归国后的生活状况

对现在的生活状况的评价来看,遗孤的 64.6%,残留妇人的 53.5%,中国归国者整体的 58.6% 认为"困苦""比较困苦"。和归国前的生活相对比,认为"变轻松了""有些变轻松了"的比例为 35.8%,认为"更加困苦了""比较困苦"的比例为 28.0%。

从他们归国后的感想来看,认为"好""较好"的比例为,遗孤 53.7%,残留妇人等 73.4%,中国归国者整体的 64.5% 认为比较满足。其中,认为"好"的理由中,"能够在祖国生活"的意见比例最高,占中国归国者的 64.5%。认为"后悔""比较后悔"的归国者的比例为,遗孤的 16.1%,残留妇人的 7.7%,后悔的理由最多的是"对老年后的生活非常担忧"。

6. 地域生活状况

关于中国归国者本人与近邻交往的状况(多项选择),"有可以互相招待的关系亲密的人"为 24.0%,"有可以聊天的人"为 26.7%,"完全没有交往"的为 18.4%。关于可以商量烦恼的对象,选择家人(子女、配偶)最多。中国归国者本人参加过的地区活动中(多项选择),"小区会议、自治会的地域清扫"最多,占 75.6%,次之为"小区节日"占 27.8%,"防灾训练"占 19.4%,"从未参加过"的比例为 14.5%。

7. 家庭人口状况

平均一名中国归国者的在日家人的数量,包括公费归国同伴及招致的亲属,遗孤为 9.4 人,残留妇人为 11.8 人。中国归国者留在中国的家人数目为,遗孤 0.9 人,残留妇人 1.3 人。

8. 生活支援的状况

60.2% 的中国归国者回答,从子女家庭中"获得了某种生活援助",其中,"获得了生活费的援助"的比例为 17.7%。生活费援助的程度为,"零钱程度(1 万日元以下)"的比例最大,为 48.8%,次之为"生活费的一部分"27.7%,"生活费的大部分"为 14.2%。

(四) 中国残留孤儿国家赔偿请求诉讼的状况

2002 年,在日本民众逐渐淡忘了日本遗孤的时候,媒体再次聚焦了这个群体。然而这次的聚焦点是他们状告日本政府。永久归国的日本遗孤的 2 155 人(2006 年 3 月 1 日统计)在全国的 15 个地方法院,以国家疏于对他们早期的归国的支援与归国后的资助为由,向国家提起了集体诉讼(见图 1-4)。

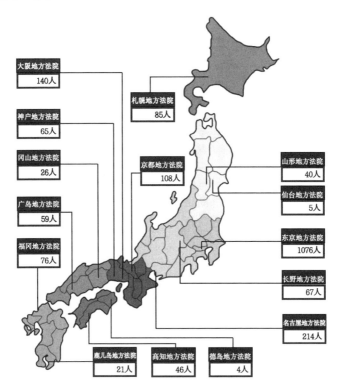

图 1-4　全日本各地的日本遗孤集体诉讼地及原告人数(2005 年 5 月统计)[1]

1　鈴木賢士、『父母の国よ——中国残留孤児たちはいま』、大月書店、2005 年、第 150 頁。

诉讼的目的是要求日本政府对曾经的不作为谢罪，恢复这些人本来应该作为"日本人"所拥有的权利，因为"中国残留邦人的大部分遵循国策被送往伪满洲国，却被遗弃在当地，并且常年以来国家没有采取招引归国措施，在归国后也没有设置适应、自立、生活保障等措施。在明确国家的法律责任的同时，对中国残留邦人至今承受的苦难进行赔偿，保障他们今后的生活和人权"。诉讼者认为在战后近 60 年的时间里，日本政府对归国遗孤实施的援助政策以出现问题解决问题的对策为主，缺乏政策性。归国遗孤面对政府的拖延甚至不作为感到忍无可忍，以被日本国家政策戏弄、归国后生活不安定的义愤心情，请求日本政府将援护金支付制度法制化，以保障他们的晚年生活。

日本遗孤依据以下的理由，认为日本政府侵犯了他们"作为一个普通的日本人有尊严地活着"的基本权利。一是日本政府在战后遗弃了遗留在华的国民，使他们成为"弃民"；二是在认识到遗孤存在的情况下，在 1959 年通过"战时死亡宣告"制度，把遗孤们"宣告法律死亡"；三是在遗孤归国后，没有采取充分的生活支援对策。

日本遗孤与日本政府双方争议的主要焦点在于：日本政府是否对在华遗孤问题的发生负有责任；是否承担了让遗孤早日返回日本的义务；是否尽到帮助遗孤在回到日本后实现自立的义务。

这场集体诉讼高举"在祖国日本的土地上，作为一个日本人，堂堂正正地活着的权利"的旗帜，要求日本政府对每个遗孤支付 3 300 万日元的受害赔偿，要求赔偿总额约 200 亿日元。如此大规模的原告团，在日本实属罕见。原告辩护团也规模庞大，包括在东京及邻县的约 150 名律师参与了诉讼，并且大量的律师新秀也活跃在第一线。

以 2002 年 12 月的在东京法院提起的第一次诉讼为开端，原告团在鹿儿岛、名古屋、京都、广岛、德岛、高知、札幌、大阪、冈山、神户、长野、福冈、仙台、山形等地的法院相继提起诉讼。集体诉讼的原告数目占到了归国遗孤的 80％以上。从中国归国者整体来看，比遗孤年长的残留妇人的在向法院提起诉讼之前，十几年来，归国遗孤曾多次请愿和写信，要求日本政府制定合情合理的政策，让他们回国后有依靠，过上安宁的生活，但他们的要求被搁置一边。现在他们走上公堂，索取赔偿，也希望借助司法力量能让日本政府反思战争给本国人民带来的深重伤害。在此之前的 2002 年，麻风病患者状告国家胜诉，之后国家制定了相应的救济制度。日本遗孤们也期盼通过诉讼，唤起舆论的关注，从而促使国家改变政策。

在第一次口头辩论（2003 年 4 月 18 日）中，一位原告代表陈述道："由于战争，自幼被遗留在中国，长期无法回到日本，我们的这种不幸是我们自己的责任吗？我不会说日语，是我的错吗？希望通过诉讼，让日本政府承认自己的责任，起码让遗孤们能够在祖国安享晚年，能够像'一个普通的日本人那样有尊严地活着'，请一定理解我们的诉求"。在诉讼结束后的报告会中，这位代表高兴地说道："我终于在法庭上进行了陈述，行使了一名日本人参与诉讼的正当权益，我非常高兴！"。这位代表的这番发言也成为极具代表性的报道。

日本遗孤的这场集体诉讼，由全国的原告团、律师团紧密联合，持续进行。2005 年 7 月大阪地方法院率先给出了第一次判决，结果为全面败诉。对此判决内容，日本全国的媒体进行了一致的批判。大阪原告团也进行了上诉。2006 年 10 月 26 日，207 名日本遗孤提起诉讼的名古屋法院对其中 168 名遗孤给出了审判结果，日本遗孤败诉。

神户地方法院也在 2006 年 12 月 1 日下达了判决。桥诘审判长说："存在妨碍日本遗孤归国的违法措施"，承认了国家的一部分法律责任，并判决国家对 61 名原告支付总额为 4 亿 6 860 万日元的赔偿金。[1] 这个审判是第一个承认对日本遗孤的国策存在失误的审判，对之后的诉讼产生

1　《朝日新闻》，2006 年 12 月 1 日。

了巨大的影响。

日本政府对神户地方法院的判决不服,在同年 12 月 11 日向大阪高级法院提起上诉。旁听上诉的东京原告代表团的宇都宫孝用中文表示:"日本遗孤的养老金非常少,且超过 7 成的人接受最低生活保障金。我非常遗憾这个上诉。"同日,作家井出孙六等文化学者 19 人,召开紧急记者会,要求政府尽快全面解决日本遗孤问题。井出指出:"让战后 60 年一直被置之不理的遗孤们,能够到达幸福的终点"。[1]

东京地方法院的第一次审判在 2007 年 1 月 30 日进行。加藤谦一审判长陈述:"不承认日本政府负有实现日本遗孤尽早归国及自立支援的法律义务""原告所受的损失应视作由战争引发的损失",全面否定了原告的诉求。判决列举了三点所有原告共同的损失:一是在中国成为孤儿,被中国养父母抚养成人;二是无法与日本的亲生父母共同生活,日语无法成为母语;三是 37 岁之前未能回到日本。判决主张"不能承认这些损失的原因是国家的违法行为"。[2]

三、新支援政策的实现

(一)日本遗孤国家赔偿请求诉讼迎来终结

2007 年 6 月 30 日,执政党项目小组(组长为野田毅元自治相)决定实施给付金制度作为日本遗孤的新生活支援政策,支付日本遗孤每个月不多于 8 万日元的补助金。[3]

对此新支援政策,全日本的国家赔偿请求诉讼的原告团和律师团的代表于 7 月 8 日在东京都内召开会议,最终决定接受执政党的关于国民养老金的满额发放及给付金制度的提案。九成归国日本遗孤,约 2 200

1　《读卖新闻》、2006 年 12 月 11 日。

2　《朝日新闻》、2007 年 1 月 30 日。

3　《朝日新闻》、2007 年 7 月 1 日。

人参与的这场诉讼也终于迎来了终结。《朝日新闻》报道:"围绕日本遗孤支援的问题终于看到了曙光"。[1]

7月9日,执政党项目小组正式确立新支援政策(见图1-5)。[2] 政策决定,在支付日本遗孤满额国民养老金(每月6.6万日元)的基础上,再每月支付不超过8万日元的生活支援金。对依赖生活保障金生活的日本遗孤,把生活费由之前的8万日元增至14.6万日元。

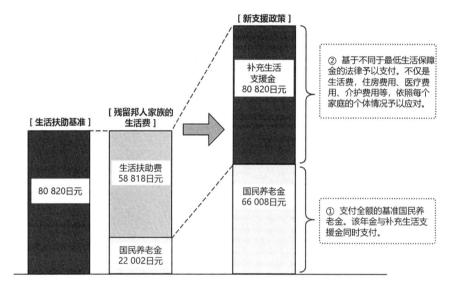

[新支援政策]

补充生活
支援金
80 820日元

② 基于不同于最低生活保障金的法律予以支付。不仅是生活费,住房费用、医疗费用、介护费用等,依照每个家庭的个体情况予以应对。

[生活扶助基准]

80 820日元

[残留邦人家族的
生活费]

生活扶助费
58 818日元

国民养老金
22 002日元

国民养老金
66 008日元

① 支付全额的基准国民养老金。该年金与补充生活支援金同时支付。

※ 生活扶助基准以1级地市—1(如东京都23区)的
单身家庭为例。

图1-5 日本遗孤的新支援政策方案(来源:厚生劳动省主页,2009年8月16日)

到该政策确立前,对低收入人群的住宅费和医疗费的自我负担部分是由最低生活保障金来补充的,新支援政策中将会依据情况来另行补助。但是,有厚生养老金和工资收入的人的生活支援金将会减少,收入一旦增加,住宅费及医疗费的补助也会相对减少。

日本承认了该政策确立前的日本遗孤政策是不充分的,并制定了"作

1 《朝日新闻》、2007年7月9日。
2 《朝日新闻》、2007年7月9日。

为人的尊严"和"安定的老后生活"的基本方针。盐崎恭久官房长官在 7 月 9 日上午的记者招待会中,高度评价了新的支援政策,认为是"非常大的前进",并表示"在支援政策的实施方面政府将制定万全的体制,希望(原告们)能够体会到回到日本是好的抉择"。[1]

7 月 10 日,收悉日本遗孤的新支援政策后,集体诉讼原告团的约 100 人拜访首相官邸,与安倍晋三首相进行了会谈。原告团全国联络代表的池田澄江(62 岁)抒发感激之情:"出生以来第一次感受到祖国的温暖。我认为回到日本真好!今后我想成为中日两国友好的桥梁而骄傲地活下去。"安倍首相与遗孤们握手,并亲切地对他们说:"我衷心地期望,你们能作为中日友好的象征,在日本健康幸福地生活下去"。[2]

2007 年 11 月 28 日,以强化对日本遗孤支援为目标的《中国残留邦人支援法修正案》,获得日本参院本会议一致通过,正式立法。[3] 同时,日本政府还决定免除日本遗孤该次诉讼的全部诉讼费用。

该法案的适用对象是,在战后的混乱中被遗留在中国,之后永久归国的日本遗孤和残留妇人约 6 000 人。该法案的重点是国民养老金的满额发放及每月不超过 8 万日元(对家庭中的一个人)的生活支援金制度的创立。厚生劳动省在下一年度的预算中加入了总额 355 亿日元的概算要求。

对于领取最低生活保障金的遗孤,新法案实施后,政府发放的保障金由之前的每月 8 万日元提高到 14.6 万日元。自新法案实施之日起,由最低生活保障金负担的住宅、医疗和介护费用改名为"支援给付"而继续由国家负担。遗孤本人死亡后,由配偶者继续受领。

我们再次回顾一下新支援政策的主要内容。

① 国民(基础)养老金的满额发放。年满 65 岁的日本遗孤每月 6.6

1　《産経新聞》、2009 年 7 月 9 日。
2　《朝日新聞》、2007 年 7 月 10 日。
3　《朝日新聞》、2007 年 11 月 28 日。

万日元；

② 缴纳的养老保险金全数退还（针对缴纳了养老保险的人而言）；

③ 发放生活支援金。残留邦人月额不超过 8 万日元（依照地域稍有不同。有配偶的情况，最高可拿到 12 万日元）；

④ 厚生养老金等收入不再计入收入认证中，可以全额领取；

⑤ 支付住宅费、医疗费、介护费等费用；

⑥ 只要不是价格特别高昂的私家车，允许日本遗孤持有。

占永久归国的日本遗孤总人数的 90％，约 2 201 人参加的这场耗时 5 年的国家赔偿请求诉讼，终于终结。

（二）日本遗孤的希望——新支援政策实施之后

2017 年 7 月 25 日，日本厚生劳动省援护局发布了《2015 年度日本遗孤等生活现状调查结果报告书》，该调查于 2015 年 11 月 13 日至 2016 年 1 月 19 日展开，目的是调研永住归国后的日本遗孤的生活现状及 2014 年 10 月开始实施的配偶支援金等政策的扶助效果。这也是日本政府对日本遗孤进行的第 11 次生活状况调查，也是目前为止最新的一次现状调查。国家赔偿请求诉讼结束后，日本遗孤及其家人们的生活状况有所改善吗？ 我们可以从以下几点数据较为直观地解读支援政策的成效。

1. 生活支援金支付状况

从"生活支援金支付状况"调查来看，已有 74.9％的遗孤正在接受支援金，"曾接受过支援金但现已取消"的仅有 5％，而 9.6％的人"从未接受过支援金"；从"接受最低生活保障金的状况"调查来看，50.4％的遗孤表示"从未接受过"，其次是 32.7％的遗孤表示"曾接受过援助但现已停止"，仅有 1.1％的遗孤现在仍在接受最低生活保障金；从"没有领取支援金的原因"调查来看，较多的人是由于"不知道这一制度"，虽与前一次调查相比稍有下降，但仍然占总人数的 37.4％；认为在经济上没有必要的人数比例从 14.9％上升至 17.9％；"申请被驳回"的人数比例从 13％下降至 7％；表示不愿接受来自国家的支援金的人数比例从 20.3％下降至 17.5％。从以上数据可见，从总体上来说，大部分日本遗孤已经接受支援金；从经济上说，部分日本遗孤的经济水平有所提高，可以暂时摆脱支援金而独立生存；从制度上来说，申请被驳回的人数减少能侧面反映制度的优化性；从自我认同上来说，抗拒国家支援的人数比例有所下降，是对于日本国家与民族的自我认同有所上升的表现。

最后，关于是否了解"支援提供制度和生活保障制度对年收入和持有资本的不同处理方式"，受支援的遗孤及其配偶中仅有 33.6％表示知情，可见对于相关政策的推广工作仍待加强。

2. 配偶支援金领取状况

随着日本遗孤年岁渐长，陆续有遗孤离世。为了能让常年和遗孤同甘共苦的配偶在遗孤去世后仍旧能够安心生活，日本政府对特定日本遗孤配偶——特指从永住归国前至遗孤离世时和遗孤持续保持婚姻关系者，给予"配偶支援金"，并从 2014 年 10 月开始正式实施。支付金额相当于老年基础年金的 2/3，即每月支付 42 933 日元。这项政策是继"新支援政策"后的又一项较大的援助举措，极大程度地解决了遗孤们的后顾之忧。

2017 年发布的现状调查显示，配偶支援金的受领者的平均年龄为 74.3 岁，其中 70—79 岁的占比最高，为 54.9％，80—89 岁占比 15.5％、90 岁以上占比 3.3％。

对于"配偶支援金"的知晓情况，"非常了解"占 10.5％，"有一定了解"占 23.4％，"听过但不太了解"占 23.4％，"完全不了解"的占 25.9％。而对于他们了解配偶者支援金的途径，54.4％的人表示来自实施机关和相关工作人员的介绍，其次通过制度的宣传信息和宣传册的占 20.8％，通过亲友和熟人介绍的占 19.6％。

我们最为关心也是最重要的是，政策实施后他们的"满意度"。调查显示，表示"满意"与"较满意"的占 75.3％。满意的最大理由是，"由于该政策的实施,减轻了对于年老后的不安",占 34.8％;其次是"自己(日本遗孤)去世后,不再担心老伴的生活",占 29.5％。表示不满意的人群的理由主要是金额过少与"尽管同样是日本遗孤的配偶者却无法享受该政策"。通过这一调查能够发现援助政策的落实与传播途径是厚生劳动省社会援护局重点关注的方面之一。

3. 支援、咨询员制度利用状况

关于"归国者支援·咨询员制度利用状况"的调查,较多人数表示经常咨询;其次是"没有咨询"与"有一些咨询",二者比例相近,约 10％至 15％;较少人表示"不知道这一制度"、"咨询没有必要性"和"没有支援和咨询员"。

总之,针对日本遗孤的援助政策有了很大程度的改善,最大的改变是除了关注日本遗孤群体本身之外,也把其配偶纳入了援助对象,这是一大进步。整体来说,受援助者的满意度较高,日本遗孤及其家属能够更加安心地在日本生活。

第二章　中日主流媒体中的日本遗孤形象剖析

　　1972 年 9 月 29 日,中日签署联合声明,这标志着中日邦交正常化的开始。以此为契机,虽然历经曲折,日本遗孤回归日本的通道逐渐被打开,感人泪下的寻亲活动被日本各大媒体争相报道,日本遗孤问题在日本社会受到了空前的重视。然而,随着时间的推移,回国后的日本遗孤在日本人的记忆中逐渐淡化,甚少有人知道他们是如何在日本社会生活和生存的。在日本遗孤回国高潮过去了 20 多年后的 2002 年,回国后的日本遗孤们以"国家没有对遗孤积极提供回国帮助及归国后的生活支持"为由,集体对国家提出了赔偿请求诉讼。众多日本国民对他们的状告国家政府的行为表示震惊和难以理解,日本遗孤问题再次受到了日本媒体的广泛关注。

　　生活在现代社会中,媒体报道是我们主要的信息来源,其对人们的价值观和社会判断有重大影响。同时,媒体报道的内容也反映了人们对社会的认知与问题的关注程度,新闻报道构成了舆论产生的根基。为了探明日本遗孤在中日两国的社会中社会处境及生存环境,以及他们被中日两国社会认识与评价的整个历程,本章将着眼于宏观层面,具体而言我们将在把握史实的基础上分析中日两国关于日本遗孤的新闻报道的变化和差异。通过分析自 1972 年至 2022 年这 50 年间的日本《朝日新闻》和中国《人民日报》中所有关于日本遗孤的报道,探明其在数量与内容上的变化,以期从多方面了解关于日本遗孤的社会舆论的历史变迁。

本章节参照樱井厚的理论,把在一定的共同体(community)中,人们叙述某件事实时被习惯性引用和参照的模式化叙事称为"模板叙述"(model story)。[1] 本章通过将新闻报道中表现出来的"模板叙述"与日本遗孤个人的"生命叙事"相比较,捕捉日本遗孤的相关报道与遗孤生活现状之间的差异,揭示日本遗孤生活世界的多样性。到目前为止,虽然有众多研究都引用了遗孤的相关新闻报道,但是通过新闻报道来揭示中日两国社会关于遗孤的舆论变迁的研究较少。本章以大量的宏观数据为基础,同时参照对比微观的质性资料,来探讨日本遗孤所处的地位及生存环境,希望能为日本遗孤的研究带来新的研究角度与视点。

第一节　研究对象选择与研究方法

一、分析对象

(一) 分析的报纸

本章选择的分析对象分别是日本朝日新闻东京总部发行的《朝日新闻》(早/晚报)和中国最具权威的报纸之一《人民日报》。

之所以在众多的日本媒体中选择《朝日新闻》,主要有以下三点原因。第一,该报为日本最大的全国性报纸媒体之一。根据 2016 年世界报业和新闻出版协会的统计报告显示,该报的发行量为 6 622 万份,规模仅次于居于首位的《读卖新闻》(9 100 万份)。第二,以"国际媒体援助"在 50 个国家进行的问卷调查结果为基础制作的"报纸排行榜"

1　参见樱井厚、『イソタビエーの社会学—ライフストーリーの聞き方』せりか書房、2002 年、第 252 - 256 页。例如,在日本的被歧视村落的调查中,发现在"解放运动共同体"中普遍流传着"被排斥在主要生产关系之外"的叙述,被研究者们称为模板叙述。樱井称"每个个人的叙述并非与模板叙述完全一致",指出在共同体内的模板叙述是被模式化的表述方式,被人们所参照,用来重新建构个人的叙述。

（2005 年 5 月发布）中，进入世界前十名的日本报刊只有《朝日新闻》。[1]
第三，该报社组织了"朝日新闻亚洲网络"等组织，致力于促进日本与亚洲
邻国之间的交流及国际理解。此外，该报曾积极参与日本遗孤这一需要
中日两国协力解决的问题，也是本研究将其列为研究对象的一个重要
理由。

　　《人民日报》是中国共产党中央委员会的机关报，是中国发行量最大
的报纸。联合国教科文组织将《人民日报》评为"世界最具权威和影响力
的十大报纸之一"。《人民日报》和《朝日新闻》是合作伙伴关系，《朝日新
闻》的网站常设刊载 CNN、路透社和《人民日报》的报道，《人民日报》的
网站也经常刊载朝日新闻的报道。此外，《人民日报》也是日本《读卖
新闻》的海外特约媒体之一，经常合作举办共同刊登报道与研讨会等
活动。1972 年中日邦交正常化之后，两国政府开始将日本遗孤赴日
寻亲工作提上议程，因此我们选择《人民日报》，分析其对日本遗孤群
体的报道。

（二）分析的报道文章

　　分析《朝日新闻》中日本遗孤的相关报道，本研究使用朝日新闻的电
子数据库"闻藏Ⅱ"检索报道文章。作为研究对象的报道文章为 1972 年
1 月 1 日至 2022 年 12 月 31 日的、早/晚报中标题或关键词中包含"中国
残留孤儿"（日本战争遗孤）的所有文章。1972 年为中日恢复邦交的年
份，在此之后日本遗孤归国成为可能，因而本文将 1972 年确定为研究报
道的起始年份。另外，2008 年是我们关注的一个重要年份，因为 2008 年
是日本政府对日本遗孤出台新的支援政策后的第一年，关注这一年可以
了解新支援政策的实施效果和社会对此的评价。将 2022 年 12 月 31 日

1　近内尚子、安保宏子、水野刚也、「日本の全国紙における国名表記順序についての一分
　　析—『朝日新聞』による「韓日」表記(2001—2005)を中心に(前編)」、『情報研究』第 35 号、
　　2006 年、第 336 页。

设定为报道研究的终点,是为了跟进最新报道,观察新支援政策实行 15 年时间里日本遗孤生活的变化。另外,由于本文需要详细分析文章的内容及照片等信息,所以把检索范围仅限定于东京本社的报道文章,地方版不在本稿的研究范围内。

同时,我们以"日本遗孤""日本孤儿""侵华遗孤"为关键词,在人民日报图文数据库收集了 1972 年 1 月 1 日至 2022 年 12 月 31 日《人民日报》关于日本遗孤的报道,通读内容后删除无关报道。在分析《人民日报》的报道时,有三个时间节点值得我们注意,一是 1972 年中日邦交正常化,二是 2001 年日本教科书事件,三是 2015 年抗日战争胜利 70 周年。这三个重要的时间节点反映了中日关系的变化,在不同的时期、不同的事件中,《人民日报》报道日本遗孤的侧重点将发生变化。

二、分析方法

(一) 总结各年度报道件数

根据电子数据库检索得出的文章一篇计为一件。

(二) 总结按内容分类的报道件数

阅读每篇报道,分析报道的中心内容,并在此基础上将报道内容划分为七类:访日/寻亲、定居/日本的支援、战争的记忆、养父母/中国关系、遗孤二代/三代的问题、国家赔偿请求诉讼、其他(见表 2-1)。最后,计算出每类报道的件数。

表 2-1　报道内容构成要素

分　类	具　体　事　例
A　访日/寻亲	○ 面试调查,亲人重逢,血液鉴别,身份判明,认定,日本亲人的烦恼,日本遗孤调查团 ○ 东京都内观光,吃纳豆,享受地铁"旅行",其他

分　类	具　体　事　例
B　定居/日本的支援	○ 定居愿望,定居促进,接纳对策,国籍取得,身份担保人制度,强制回国 ○ 日语讲座,日本遗孤中心开办,遗孤加入养老保险,日本遗孤回国后的生活调查,最低生活保障,定居阻碍,文化摩擦,就业困难,晚年的不安,心情抑郁,中国餐馆开张,自立之道,回到中国,寂寞的地方生活 ○ 定居促进,接纳对策,支援遗孤的志愿者,捐款,日本遗孤回国促进法成立,自立指导员,其他
C　战争的记忆	○ 战争悲剧,反省战争,日本人的"战后",战争的后遗症,其他
D　养父母/中国关系	○ 对养父母的感情,养父母的恩情,报恩,养父母访问日本,养父母的心情,养父母的扶养费 ○ 在两个祖国间摇摆的心,在中日两国"夹缝"中生存 ○ 中国合作,中国负责人就日本遗孤问题访日,就日本遗孤问题日本厚生长官访华,其他
E　遗孤二代/三代的问题	○ 难以适应的教育环境,日本的学校是"地狱",严重的结婚难问题 ○ 日语教育,日本遗孤子女的入学考试特殊制度,演讲比赛,大学考试资格,焦虑 ○ 暴力,暴走族打架事件,强盗,犯罪,其他
F　国家赔偿请求诉讼	○ 支援措施,最低生活保障,生活不安,要求晚年保障示威游行,静坐示威,回国迟滞,权利侵犯,家人的签证缓和,养老金保障诉讼,国家的道歉和补偿,国家支援不足,遗弃遗孤,医疗不安,老龄化 ○ 支持诉讼的志愿者,柳泽厚生劳动大臣道歉,福田首相道歉,其他
G　其他	○ 寻亲照片展,出版物,「大地之子」,井出孙六,日中合作电视剧 ○ 日本遗留妇女问题,桦太岛遗留朝鲜人问题,菲律宾残留孤儿,绑架受害者,原子弹后遗症诉讼 ○ 伪装残留孤儿,其他

(三) 分析报道内容的动向

根据七类内容的报道件数,考查了50年间舆论变化的动向。

第二节　日本媒体所描绘的日本遗孤群像

一、《朝日新闻》日本遗孤报道基本情况

（一）各年报道件数

1972 年 1 月 1 日至 2022 年 12 月 31 日的《朝日新闻》（早/晚报）报道总数为 3 082 件。[1]　各年度的报道件数如图 2-1 所示，1980 年前的几十年，只有个别关于日本遗孤的报道，而从 1981 年开始，报道件数迅速增加，1986 年达到顶峰的 334 件。此后，报道件数逐渐减少，但是仍然保持一定数量，直到 2007 年迎来第二次高峰。2007 年后《朝日新闻》报道量迅速下降，年平均报道量约为 18 篇，2016 年报道量最少，仅 5 篇。

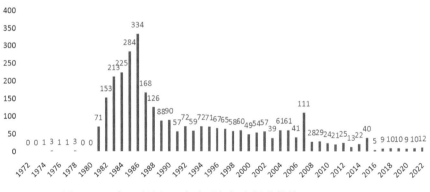

图 2-1　《朝日新闻》日本遗孤各年度报道件数（1972—2022）

（二）按内容分类的报道件数

图 2-2 展示了 50 年间的按内容分类的报道件数及各类报道在总数

1　另外，以完全相同的条件检索关键字"中国残留邦人"（日本滞留国人）、"中国归国者""中国残留妇人"（日本滞留妇女），其报道件数分别为 283 件、770 件、459 件。

中所占的比例。有关访日/寻亲的报道共有 1 426 件(46.31%),几乎占全部报道的一半。有关定居/日本的支援的报道为 500 件(16.24%),有关国家赔偿请求诉讼的报道为 144 件(4.68%),有关日本遗孤二代/三代的报道为 138 件(4.48%)。另一方面,有关战争记忆的报道和养父母/中国关系的报道分别为 138 件(4.48%)和 134 件(4.35%)。

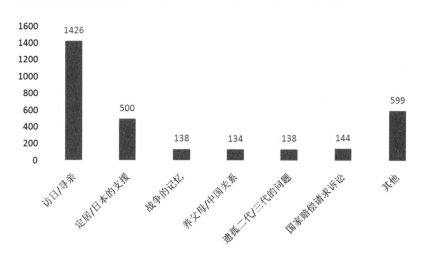

图 2-2　《朝日新闻》按内容分类的报道件数(1972—2022)

(三) 报道内容的变化

图 2-3 至图 2-8 分别表示了各类报道的件数在 50 年间的变化过程。有关"访日/寻亲""定居回国/日本支援"和"养父母/中国关系"的事件,从 1981 年开始逐渐被关注,到 80 年代中后期被集中报道(见图 2-3、图 2-4、图 2-6)。同时,有关"战争的记忆"的事件在 1987 年(见图 2-5),有关"日本遗孤二代/三代"的事件在后述遗孤二代事件发生的 1989 年(见图 2-7),有关"国家赔偿请求诉讼"的事件在后述《中国残留邦人支援法修正案》成立的 2007 年,被分别集中报道(见图 2-8)。

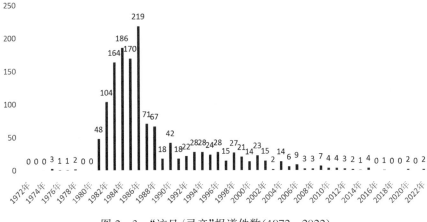

图 2-3 "访日/寻亲"报道件数（1972—2022）

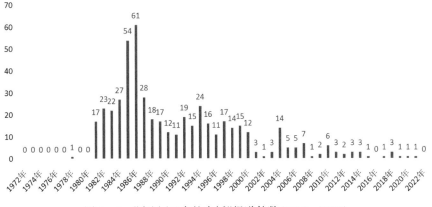

图 2-4 "定居/日本的支援"报道件数（1972—2022）

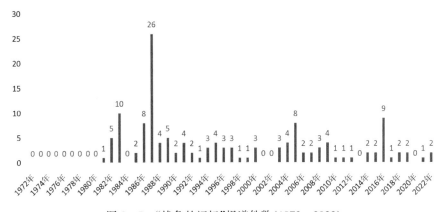

图 2-5 "战争的记忆"报道件数（1972—2022）

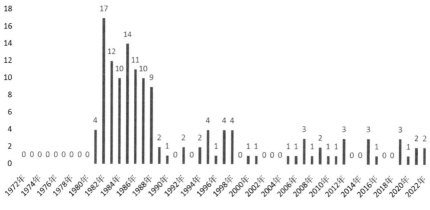

图 2-6 "养父母/中国关系"报道件数(1972—2022)

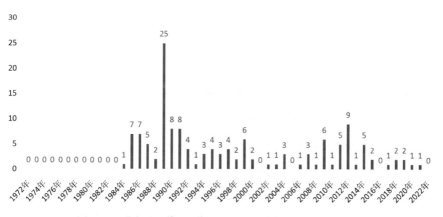

图 2-7 "遗孤二代/三代的问题"报道件数(1972—2022)

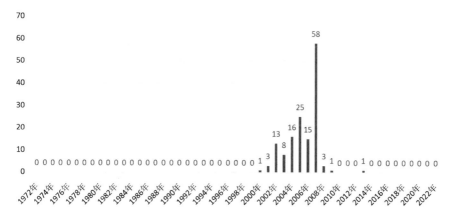

图 2-8 "国家赔偿请求诉讼"报道件数(1972—2022)

二、《朝日新闻》中的日本遗孤群像分析

（一）回国的漫漫长路——"访日/寻亲"报道分析

1972 年 9 月中日邦交正常化，日本在北京设立了大使馆，大量的日本遗孤纷纷来信询问回国事宜。1973 年 6 月，周恩来总理发表声明："中国政府愿意全力支持滞留在中国，成为中国人的妻子和家人的日本人返回故里。"[1] 可是，直到中日邦交正常化 9 年之后的 1981 年 3 月，由日本厚生省（当时的称谓）组织的第 1 次访日调查才得以实施。与此空白的 9 年相呼应，日本媒体到 1980 年为止，几乎没有任何有关日本遗孤的报道。

从 1981 年开始，日本遗孤问题开始逐渐为日本媒体所关注，日本遗孤访日调查在日本社会引起很大反响。众多的媒体聚焦日本遗孤问题，报道件数也从 1981 年起开始剧增（见图 2-1）。到 1986 年，报道件数达到 1981 年的 5 倍之多的 334 件。1985 年 3 月 29 日，日本厚生省制定了"身份担保人制度"，由此没有找到亲属的遗孤回国也成为可能，从而引发了日本遗孤回国的第一高峰（见表 2-2）。这也是报道件数增加的主要原因。

表 2-2　日本滞留者的回国状况一览表（1972—2007）

时　间	回国定居本人	日本遗孤		日本残留妇人		事　由
		本人	同行家属	本人	同行家属	
1972—1980	1 050	105	390	945	2 660	判明身份者自费回国为主
1981—1989	2 185	1 110	4 526	1 075	3 401	未判明身份者回国成为可能，回国的第一高峰
1990—1999	2 783	1 129	3 587	1 654	4 591	废除"身份担保人＝亲人"，回国的第二高峰
2000—2007	375	176	744	919	505	继续访日调查

1　井出孙六，『中国残留邦人一置き去られた六十余年』岩波书店、2008 年、第 126 页。

时　间	回国定居本人	日本遗孤		日本残留妇人		事　由
		本人	同行家属	本人	同行家属	
合计	6 393	2 520	9 247	3 973	11 157	回国定居者(本人及其同行家属)总计 20 416 人

(根据井出孙六『中国残留邦人—置き去られた六十余年』和厚生劳动省资料整理制作)

　　然而,翌年的 1987 年开始报道件数却急剧减少。究其原因,1987 年 2 月 23 日,厚生省突然宣布"寻亲活动结束",日本遗孤访口调查也在进行了 15 次以后被迫中止。此后,厚生省受到来自社会各界的大量批评,不得已在当年秋天以"补充调查"的名义,重新开始了访日调查。由此不难推测,1987 年报道件数骤减至 1986 年的一半以下的一个重要原因是厚生省的突然决定。进入 21 世纪以后,日本遗孤的访日调查仍然没有完全结束,时至今日,希望回国的日本遗孤还在不断出现(见表 2-2)。

　　关于日本遗孤回国的问题,我们可以参照《朝日新闻》中具有代表性的以下报道。

　　　　政府直到中日邦交正常化的 9 年之后的 1981 年才开始进行日本遗孤寻亲的访日调查。日本遗孤的回国支援及回国后的生活支援也只能说是对症疗法,不能根治。(《朝日新闻》2002 年 9 月 13 日早报)

　　　　日本遗孤在孩童时期被遗弃在中国,数十年不能回归故里的原因,当然与当时的国际形势有关,但是不能否认,其与把日本遗孤们当作"弃民"处理的国家政策有重大关系。(《朝日新闻》2005 年 7 月 6 日晚报)

　　从上述报道我们可以看到,《朝日新闻》不仅批评国家访日调查的迟滞,而且对于日本遗孤回国后得到的生活支援不足也提出了抗议。我们在对日本遗孤进行访谈调查中，也常常可以听到类似的叙述。

譬如，从 1989 年在 T 省创立"日本遗孤回国家属自立互助会"，到 2003 年 1 月一直担任事务局长的 Y，非常积极地参加国家赔偿请求诉讼，针对国家访日调查的迟滞他如是说："从 1972 年到 1981 年的 9 年里，日本政府什么都没做。之前说因为和中国没有建立邦交，在 27 年里（笔者注：1945—1972 年）什么也没做。但是，两国恢复邦交以后，也没有立即想办法让那些被遗弃在中国的日本遗孤马上回国。……像我这种虽判明亲属，但是由于没有身份担保人，也就不允许回国。把我们完全当作外国人看待，这是人权侵害。"[1] Y 强调日本政府没有积极进行寻亲调查，把日本遗孤当作"弃民"处理，放弃了日本遗孤。

综上所述，关于日本遗孤回国的漫漫长路，《朝日新闻》的主张与日本遗孤的言论一致，它似乎成了日本遗孤的代言人。然而，需要特别注意的是，尽管《朝日新闻》对回国支援的迟滞持批判的态度，但是《朝日新闻》在 1972 年至 1981 年关于日本遗孤的报道只有 6 件，对日本遗孤并没有表现出多少关心。并且，20 世纪 80 年代和 90 年代的报道集中于有关寻亲调查的事实报道，对国家的"弃民政策"的批判大抵集中在 2000 年之后，也就是在国家赔偿请求诉讼前后。也就是说，在关于日本遗孤的问题上，至少在日本遗孤大声抗议、诉诸审判之前，媒体都缺乏发现问题、唤起社会注意的舆论形成力，只是做到了在事情发生之后的事实报道。

（二）幻灭的回国定居——"定居/诉讼"报道分析

据统计，自日中邦交正常化至 2022 年 3 月 31 日，共有 9 381 位遗孤及其家属回到日本定居，其中遗孤为 2 557 人。对他们来说，日本是否如他们憧憬中的"祖国"一样呢？

如前所示，日本媒体对于日本遗孤的访日/寻亲，虽然关注的时机较

1　对 Y 的访谈调查是用日语进行的。

晚,但保持着高度的关注度;但是,如下所述,对于日本遗孤回国定居后的生活状况却很难说给予了足够的关心。

自 2002 年 12 月 20 日起,八成以上、共 2 211 名(截至 2006 年 11 月 22 日)回国定居的日本遗孤,以国家懈怠对遗孤早期的回国支援和回国后的生活支援为由,集体提起了国家赔偿请求诉讼。这个诉讼的提出令媒体报道件数大幅度增加。2007 年的报道有 58 件之多(见图 2-8),报道件数增加的主要原因是 2007 年 7 月 9 日,"致力于研究日本遗孤的国家新支援策略的执政党项目研究小组,正式指定以基础养老金的预期金额支付和供给金制度的创办为支柱的支援策略"(《朝日新闻》2007 年 7 月 10 日)。同年的 11 月 28 日,"充实对日本遗孤的支援的《中国残留邦人支援法修正案》通过"(《朝日新闻》2007 年 11 月 28 日),执政党确立了日本遗孤诉讼终结方案,并就日本遗孤支援问题做出了最终决议,由此引起了舆论的普遍关注。[1]

在 50 年中,有关"定居回国/日本支援"的报道件数共计 450 件,看似不少。然而,与有关"访日/寻亲"的报道件数相比较,不过是其三分之一。由此可见,日本媒体与社会对于日本遗孤的访日/寻亲保持着高度的关注,然而对日本遗孤回国定居后的生活的关注度,如果单从报道数量方面来看,不得不说微乎其微。

> 回到日本的大道先生现在从事着有关制造及销售中国食品的工作。铃木女士作为保姆工作着。(中略)二人的相同点是都有"日本虽说是自己的祖国,但是却不是真正意义上的祖国"这种切身体会。(《朝日新闻》1988 年 9 月 5 日早报)

> "如何对待回国定居的日本遗孤也是重要课题。(中略)对日本

1　关于新支援政策的主要内容,《朝日新闻》2008 年 2 月 15 日报道如下。"① 国民基础养老金的满额支付,② 上缴的保险金全额退还,③ 支付生活支援金,④ 厚生养老金等收入的三成从收入认定中划除,⑤ 支付租房金,医疗金,看护金等费用,⑥ 只要不是价格特别高昂的私家车,允许遗孤持有"。

遗孤来说日本是习惯和言词都不相同的'异国',他们需要充分的关怀。"(《朝日新闻》1999 年 9 月 4 日早报)

"留给日本遗孤们的时间已经不多了。厚生劳动省和国会,应该深刻地接受八成以上的回国日本遗孤参加诉讼的这个事实,尽快展开遗孤晚年生活保障的讨论。"(《朝日新闻》2005 年 7 月 6 日晚报)

上述报道,都着重关注来到"异国"日本定居的日本遗孤的生活状况及国家赔偿请求诉讼,呼吁政府给予日本遗孤更多的关怀和支援。在我们对日本遗孤进行的访谈调查中,谈及回国后的生活和诉讼,几乎所有遗孤都异口同声地表示,"在日本像外国人一样地被对待""对未来生活感到不安""担心自己的晚年生活""屈辱的最低生活保障"。[1]《朝日新闻》的报道揭示了在日本社会生活的日本遗孤的困苦现状及他们的要求和愿望,并且让日本社会认识了国家赔偿请求诉讼的社会意义,从这个意义上来说,报道中所表现出来的"模板叙述"具有非常重大的价值。

然而,在关于日本遗孤的访谈中常常可以听到与这一"模板叙述"不同的多种多样的叙述。譬如,1998 年回日本定居的 G 在谈及定居后的生活和诉讼时这样说:"比起钱来说,更希望能给我们自由回中国扫墓的机会。日本政府的道歉和赔偿都是历史问题,我也不期望那么多,只要能帮我们把现实问题解决了就感激万分。"G 表述没有期盼日本政府能道歉,对现在的生活也满足,但是对 G 来说最关心的事情是能给抚养自己成人的中国人养父母扫墓。

同样,日本遗孤 H 表示"因为你也是中国人,所以咱们说实话,在这里生活虽说不能很铺张,但是生活上没有一点问题"。H 生活很节俭,他笑着说"节俭是我们的生活战略"。另外,日本遗孤 M 谈及参加诉讼的问

---

1 此处所引用的日本遗孤一代的叙述来自 2005 年 7 月至 2007 年 6 月我们所进行的访谈调查。2007 年 11 月,日本政府颁布了《中国残留邦人支援法修正案》,新的支援政策的颁布,令日本遗孤的生活现状发生了很大的变化。本文意在说明日本遗孤发起全体诉讼的心情和经纬,所以本文中引用了新支援政策出台前日本遗孤的访谈资料。

题,"生活上其实并没有任何问题。诉讼我也参加了,那是因为遗孤大家都参加了,所以我也让他们把我的名字算上了"。

综上所述,关于回国定居后的生活现状及国家赔偿请求诉讼的问题,与新闻报道所呈现的单一的"模板叙述"不同,日本遗孤的生活现状更加多层次化,他们的愿望和要求也更加多元化。对日本遗孤们来说,诉讼具有更复杂的意义:不是单纯地为了经济方面的支援,而有"能自由地回中国为中国人养父母扫墓"等更加贴近生活的要求,也有"因为大家都参加了,所以我也加入了"的这种随大流、合群等团队意识的影响。

(三) 极少的关于中国人养父母的报道——"养父母/中国关系"报道分析

1995 年,日本 NHK 电视台播放了电视剧《大地之子》,之后 2004 年播放了特别节目《抚育大地之子——日中友好楼的每一天》,很多日本民众对此仍旧记忆犹新。然而,与电视节目所引起的社会反响呈鲜明对比,《朝日新闻》有关"养父母/中国关系"的报道件数可谓少之又少。有关"养父母/中国关系"的报道不过占全部报道的 4.35%,并且,其中大部分都集中在 20 世纪 80 年代(见图 2 - 2、图 2 - 6)。

为数不多的报道大都集中在 1981 年至 1986 年期间,而其报道内容也以"不忘恩情""受邀访日""养父母的养老金"等内容为代表。

（中国人养父母）是在日本投降后的混乱时期,无怨无悔地抚养日本人孤儿的中国恩人们。（中略）日本政府及国民,替日本遗孤感谢中国人养父母应该是理所当然的。（《朝日新闻》1986 年 5 月 14 日早报）

回日本定居的日本遗孤的中国人养父母 24 人于 11 日下午,乘坐中国民航来到了日本。（中略）从全国各地被选出的日本遗孤代表们在成田机场的到达大厅迎接养父母。当身着中山装、白发苍苍的

养父母们一出现，遗孤们便忘我地拥抱养父母，表达着久别重逢的喜悦。（《朝日新闻》1986 年 11 月 12 日早报）

（中日两国政府间的）协商的要点是"日本政府一次性支付给日本遗孤养父母每人 15 年月额 60 元人民币的生活费"，（中略）如此可以看作关于日本遗孤的基本问题得到最终解决。（《朝日新闻》1986 年 5 月 14 日早报）

综上所述，新闻报道中把中国人养父母视为抚育日本遗孤的恩人，强调"不能忘恩，应该知恩图报"，养父母的访日之行也被看作是亲人久别重逢的感人一幕来进行报道。报道中指出"知恩图报当然不能仅仅表现为经济上的回报，但是，作为感谢之情的一种表达方式"而向中国人养父母支付养老金（《朝日新闻》1986 年 5 月 14 日），并且将此看作对日本遗孤养父母基本问题的最终解决。

可是，实际上，"养父母受邀访日"和"养父母的养老金"做得还远远不够。1984 年 11 月 6 日，由财团法人日本遗孤援助基金发起的"邀请养父母访日活动"一直持续到 1998 年。然而，养父母访日活动一年只有一次，且一次的活动时间只有一周到 10 天左右，被邀请的养父母也限定在极小的范围内，一年仅有 10 到 20 人可以访问日本。养父母的数目到目前都没有明确统计，但是推算估计有 6 000 到 10 000 人之多[1]。可是，持续了 15 年的"邀请养父母访日活动"总共只邀请了 279 名养父母。而且，对于一个遗孤来说，一般只有养父母中的一方被邀请，几乎没有养父母同时被邀请的情况。

我们曾多次拜访哈尔滨"养父母联谊会"和长春"中日友好楼"，对多名中国人养父母进行深入访谈调查。其中，养父母们谈道，"我丈夫曾被邀请去过日本，但是自己一次也没有去过""现在和养女毫无联系，希望死

1　浅野慎一、佟岩，『異国の父母　中国残留孤児を育てた養父母の群像』、岩波書店、2006 年、第Ⅶ页。

前能去日本见一次养女"。大部分的日本遗孤已经回国 20 到 30 年,然而,至今为止一次也没有去过日本的中国养父母大有人在。比起回日的日本遗孤的数目,能被邀请访日的养父母可谓少之又少。

另一方面,关于养父母的养老问题,中日两国政府在 1984 年和 1986 年曾两次就养父母的养老金问题交换了协议。协议决定只要回国定居的日本遗孤提出申请,其养父母即可领取总额为 10 800 元人民币(约162 000 日元)的养老金[1]。这个养老金的标准是每月 60 元人民币,支付15 年,可是每月 60 元人民币(约 900 日元)是 1986 年该政策制定时依据当时的标准确定的,与几十年前相比,现在中国的物价上涨了不止 10 倍,支付的养老金只能说是杯水车薪。并且,不论养父母双方健在还是只有一方健在日本政府支付的养老金都只有这么多,这方面也考虑欠周。最重要的一点是,支付 15 年的期限是到 2001 年,养父母如果 2001 年后仍然健在的话,晚年的养老金无法领取也是必然的。

总而言之,只有极少数的养父母能有机会被邀请访日,日本政府给予中国养父母的支援也极为有限。对于这种现状,很难说日本的媒体做了充分报道。

(四)倾向于报道"教育"和"犯罪"——"日本遗孤二代/三代"报道分析

伴随着日本遗孤的回国,理所当然的,众多的遗孤二代/三代也跟随着来到了日本。然而,相关报道在所有报道中只有 138 件,仅占报道总数的 4.48%。即平均每年只有不到 3 件的报道。

其中,报道件数最多的为 1989 年,共有 25 件报道(见图 2 - 7)。究其原因,1989 年 5 月 27 日,日本遗孤二代飞车党 50 人在千叶县袭击其他飞车党 20 人,导致 1 名高三学生死亡,1 人重伤,这一事件引起舆论一片哗

---

1 浅野慎一、佟岩,『異国の父母 中国残留孤児を育てた養父母の群像』,岩波書店、2006 年、第 170 页。

然,后来被称作"浦安暴走族斗殴事件"。从这个事件开始,日本遗孤二代的犯罪问题开始引起日本社会的特别关注。

特别值得我们注意的是,有关"犯罪"的报道件数最多,占据有关遗孤二代/三代报道的三成以上,有关"教育"报道数量与前一议题相差不多,"教育"报道中媒体特别关注日本遗孤的日语教育的问题(见表2-3)。

表2-3　有关日本遗孤二代/三代的报道内容、件数及比例(1972—2022)

分类	报道内容构成要素	件数	比　　例
教育	日语教育,日本遗孤子女入学考试特殊制度,大学考试资格,演讲比赛,高中辩论大会等	45	34.10%
生活	定居的困难,严重的结婚难,自立苦恼,因文化的差异而被歧视,心理压力大等	32	23.19%
犯罪	事件,暴力,浦安暴走族斗殴事件,抢劫,致死致伤事件,少教所寄送等	50	36.23%
其他	其他	11	7.97%

我们可以理解加强日本遗孤二代/三代的日语教育的重要性,然而,仅仅会说日语却不能让所有的问题都迎刃而解。我们对众多的日本遗孤二代进行了访谈调查,其中一名日本遗孤二代K在8岁的时候就来到日本,这在二代中也是比较罕见的。K在日常生活中自然而然地习得了日语,在语言方面没有遇到任何障碍和问题。然而,K常年在小学受到同学们的排斥、疏远和欺侮,找不到归属感,一直感到强烈自卑。遗孤二代较之他们的父母遗孤一代能够更加迅速和熟练地掌握日语,然而从父母那里继承和习得的文化及习惯却和中国人无异。这种差异是他们在学校生活中被排挤和被霸凌的主要原因,而这种被差别对待的遭遇对于年幼的他们来说,会深刻地影响他们的心理健康及人格成长,众多的遗孤二代表明曾经感受到被疏远、不被接受并由此产生深深的自卑感。在日本社会中,遗孤二代给世人的印象,即如身为日本遗孤二代的大久保指出的那

样,是被注入"轻蔑的同情"的被差异化的少数人群。[1] 日本遗孤二代被看作社会的边缘人群,不被主流社会所接受。上述"遗孤二代飞车党"等犯罪频发的背后,都有着他们无法融入日本社会的大环境的影响。诚然,我们可以理解日本媒体集中关注有事件性、具有讨论价值的报道是理所当然的,然而,仅仅关注日本遗孤二代/三代的犯罪问题的话,就有可能忽视犯罪现象背后的日本社会大环境,即主流社会对作为社会少数人群的日本遗孤二代/三代的影响。

第三节　中国媒体所描绘的日本遗孤群像

一、《人民日报》日本遗孤报道基本情况

(一) 各年度报道件数

中国国内关于日本遗孤的媒体报道不是很多。在中国,从未经历过战争的年轻人中,甚至很多人都不曾听说过"日本遗孤"一词,更加不曾详细地知道日本遗孤是如何诞生的。当然,更少人知道那些回到日本的遗孤们在日本是如何生活的。通过"人民日报图文数据库"检索关键字,剔除低相关性的报道后,仅得到 100 篇报道。具体的各年度报道件数如图 2-9 所示。

《人民日报》从 1980 年中日政府成员第一次会议就日本遗孤问题进行讨论后,就一直关注日本遗孤群体。2015 年适逢抗日战争胜利 70 周年,人民日报对日本遗孤的报道达到了最高峰。而其他年份的报道趋于平稳,1982 年、1984 年、1990 年、2004 年至 2007 年的报道有所上升。

1　大久保明男、「アイデソテイテイ・クライシスを越えて―『中国裔青年』というアイデンテイテイをもとぬて―」、『「中国帰国者」の生活世界』、行路社、2000 年、第 338 页。

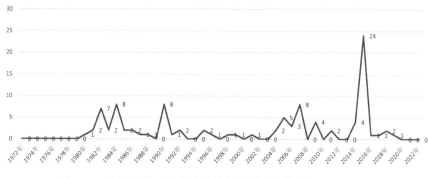

图2-9 人民日报对日本遗孤的新闻报道趋势图（1972—2022）

（二）按内容分类的报道件数

《人民日报》对日本遗孤的关注集中于遗孤对养父母的回忆、中日两国就遗孤问题的合作以及日本遗孤感恩团等议题上。其次，通过遗孤来表达对抗日战争的回忆也是报道的一大重点。《人民日报》对日本遗孤相关的文学作品、照片展和影视剧也有所关注。图2-10展示了1972年至2022年《人民日报》按内容分类的报道件数及各类报道在总数中所占的

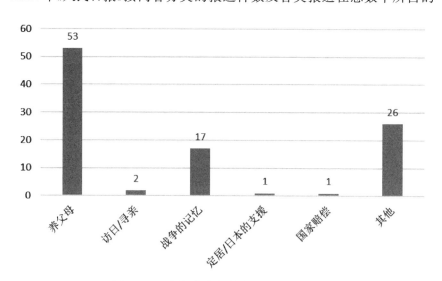

图2-10 按报道内容分类图（1972—2022）

比例。有关"养父母/中国关系"的有 53 件(53％),有关"战争的记忆"的
有 17 件(17％),有关"访日/寻亲"的有 2 件(2％),有关"定居/日本的支
援"和"国家赔偿"的各有 1 件(1％),"其他"的有 26 件(26％)。

(三) 按版面分类的报道件数

从版面分布上看,《人民日报》对日本遗孤的报道基本分布于第 1 至
4 版的要闻版,这也反映出《人民日报》对遗孤的报道主要是与时事热点
相关的信息点。其次,日本遗孤由于涉及中日两国的历史,并且与中日两
国的政治关系也密不可分,所以报道上"国际版"的也不少。其他版面主
要是一些遗孤的图片展、文学作品等。

表 2-4 《人民日报》1972 年—2022 年日本遗孤报道版面分布

分 类	版 面	数 量	总 计
要闻	第 1 版	8	51
	第 2 版	7	
	第 3 版	23	
	第 4 版	13	
国际	第 6 版	15	30
	第 7 版	12	
	第 11 版	3	
其他	第 5 版	6	19
	第 8 版	2	
	第 12 版	1	
	第 15 版	1	
	第 16 版	1	
	第 21 版	2	
	第 22 版	1	
	第 23 版	1	
	第 24 版	4	

二、《人民日报》中的日本遗孤群像分析

（一）整体注重"养父母/中国关系"的报道

《人民日报》有关日本遗孤的报道主要偏向于"养父母/中国关系"以及"战争的记忆"两个主题，分别占比53%与17%。（见图2-11）报道较多地采用感性与理性相结合的手法叙述日本侵华战争的事实和中国人民以德报怨的博大胸襟。

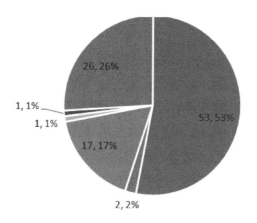

■ 养父母 ■ 访日/寻亲 ■ 战争的记忆 ■ 定居/日本的支援 ■ 国家赔偿 ■ 其他

图2-11　人民日报遗孤报道议题分布图(1972—2022)

日本遗孤拥有被日本政府抛弃与被中国养父母养育的双重背景，是见证了日本军队侵华战争的残酷事实与中国人民以德报怨的博大胸襟的"活化石"。因此，《人民日报》在报道日本遗孤时，常把日本遗孤与养父母相联系，采用遗孤个体的感性视角进行报道。这既凸显了中国人民反抗斗争的历史事实，也彰显了中国人民期望友好和平的现实心态。从日本遗孤个体的视角叙述抗日战争后中国养父母对他们的恩情，以感性文章提升读者的理性认知。在《人民日报》的报道中，《"养母对我的恩情永生难忘"》《"中国养父母对我恩重如山"》《难忘中国亲人的养育恩情》等文

章皆以引语为标题,既体现了《人民日报》用事实说话的态度,又突出了养父母对遗孤的恩情,彰显了《人民日报》在日本遗孤相关报道上理性与感性相结合的特点。此外,《人民日报》还关注日本遗孤和养父母相关的一些文艺作品展,也凸显了《人民日报》的理性与感性相结合的报道手法。以"恩情"为主的报道实际上也是一种"模版叙事",笔者通过访谈可以感受到日本遗孤十分感激养父母养育之恩,但是他们对养父母又不仅仅是感恩之情,他们之间情感也存在复杂的一面,并非"感恩"这单一情感所能概括。

以小见大是《人民日报》报道日本遗孤问题的常用手法,从日本遗孤个体出发阐述中日关系问题,指出日本侵华战争给两国人民带来的灾难,以及目前中日关系应该呈现的态势。2015 年 8 月 12 日,《人民日报》在第 21 版刊发题为《"中国父亲养育了我们三代人"(见证·感恩)》的文章,从日本遗孤大道武司的视角描写养父母对他的恩情,表达了大道武司对侵华战争和安倍政府的思考,"我们是战争的受害者。没有战争,我的父母、哥哥、妹妹就不会那么早去世,我也不会成为孤儿,我坚决反对战争。安倍内阁现在不顾民众对和平幸福生活的渴望,想把日本再次带回发动战争的老路上去,这一点令人非常担忧"。[1]

(二) 前期(1972 年—1999 年)以报道"中日两国合作解决日本遗孤问题"为主

早在 1972 年中日邦交正常化之前,就有一些遗孤通过中日友协、中国红十字会赴日代表团以及在华日本侨民等组织踏上了寻亲之路。"为使在华日本遗孤寻亲活动健康有序地开展,让更多的日本遗孤得以赴日寻亲,中日两国政府经过多次协商研究,决定从 1981 年开始由两国政府

1　刘军国:《中国父亲养育了我们三代人(见证·感恩)》,《人民日报》2015 年 8 月 12 日,第 21 版。

有关部门负责,分期分批地组织在华日本遗孤赴日寻亲。"[1] 人民日报对日本遗孤的关注和报道也开始于两国协商送返日本在华遗孤期间。

　　1980 年 12 月 6 日,《人民日报》首次在报道《中日政府成员会议第一次会议联合新闻公报》中提到了日本遗孤的两国合作事宜。自 1981 年 3 月至 1986 年 3 月,中国方面本着中日友好和人道主义的立场积极协助在华日本遗孤赴日寻亲,共组织了八百四十二名遗孤赴日寻亲,其中三百多人找到了他们的亲属。[2] 1982 年,《人民日报》对遗孤的报道有一个小高潮,对两国政府人员的互相走动和遗孤问题探讨上进行了报道,如日本厚生省事务次官石野清治会见符浩副部长。[3] 1984 年 3 月,中日两国达成了"关于解决在华日本孤儿问题的协商结论"的协议。同年,人民日报对日本遗孤的报道达到了第二个小高潮。1984 年日本厚生相渡部恒三两次会见了中国黑龙江省日本孤儿养父母访问团。《人民日报》分别以《日厚生相会见黑龙江日本孤儿养父母访问团》和《日本厚生省大臣抵哈尔滨看望日本孤儿和他们的中国养父母》为题进行了报道。

　　1990 年《人民日报》以乌云作为典型人物,歌颂乌云作为日本遗孤毅然决然回到中国的经历,将乌云树立为遗孤榜样。这是中国 90 年代报道的典型报道方式。《新闻学大辞典》对典型报道的界定是对具有普遍意义的突出事物的强化报道,典型指的是同类事物或人物中具有代表性的个别事物或人物。[4] 1990 年,《人民日报》有 8 篇对日本遗孤的报道,其中关于乌云的报道占了 7 篇。1990 年,《中流》杂志第八期刊发了记者徐福铎所撰报告文学《她的中国心》,《人民日报》于 1990 年 9 月 1 日转载此文。乌云(立花珠美)作为日本遗孤,在中国父母的抚爱下成为人民教师,后历尽艰辛,与日本的亲人取得了联系。在日本探亲期间,面对日本发达的社

1　关亚新、张志坤:《中国收养、送返日本在华遗孤问题述论》,《社会科学辑刊》2005 年第 5 期。

2　《日本厚生省次官会见符浩副部长　感谢中国对日本孤儿的养育之情》,《人民日报》1982 年 4 月 2 日,第 6 版。

3　《吴学谦会见日本厚生省大臣》,《人民日报》1986 年 5 月 10 日,第 4 版。

4　童兵:《典型报道:功能、不足和改革》,《新闻记者》2011 年第 10 期。

会物质条件和亲人们要求她定居的挽留，表示"我在中国生活得很愉快，我爱生我的日本，更爱养我的社会主义中国！"，[1]并毅然告别了亲人，回到了偏僻贫困的穷山沟，当一名中学教师，坚守在中国亲人的身边。

（三）后期（2000 年至今）"战争的记忆"议题数量明显上升

　　2001 年以后，日本发生了更多歪曲历史，破坏中日友好的事件，并有愈演愈烈的态势，而随着中国综合实力渐渐强大，中方的应对开始强硬。2001 年，日本文部科学省宣布通过右翼炮制的历史教科书，书中歪曲了日军侵华的历史。而 2001 年至 2005 年间，日本首相小泉纯一郎五次参拜靖国神社，中方对日本歪曲历史，伤害两国关系的做法多次提出严正交涉。2005 年是中国人民抗日战争暨世界反法西斯战争胜利 60 周年，中日关系却逐渐进入了冰冻期。这段时间，《人民日报》在日本遗孤议题上更加倾向"战争的记忆"，试图借用遗孤的经历来讲述战争事实，报道的手法多采用叙事和亲历者讲述回忆的方式，用感性化的笔调讲述战争的苦难记忆。2005

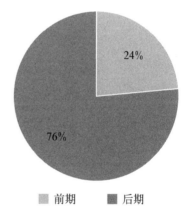

图 2-12　"战争的记忆"议题报道分布图

年 8 月 16 日的《日本遗孤在草原——纪念抗日战争胜利 60 周年》一文描写了科尔沁草原人民对日本遗孤的收养、照顾，借此表达对日本右翼分子不承认侵略事实的控诉。

　　　草原上的人们当年没有把心中的恶气发在日本遗孤的身上，而是给予了他们无私的爱。可是一些日本右翼分子对那段卑鄙可耻的

1　徐福铎：《她的中国心》，《人民日报》1990 年 9 月 1 日，第 5 版。

侵略历史却不谢罪、不忏悔,军国主义的扩张幽灵一直不散,极大地伤害了曾经饱受过他们凌辱的中国人民和亚洲人民的感情。[1]

2001 年后,中国媒体开始关注日本遗孤及相关的赔偿问题,特别是 2005 年是抗战胜利 60 周年,《人民日报》接连报道了日本遗孤东京游行要求日本赔偿、日本遗孤在内蒙古的成长经历、聂荣臻元帅和日本孤儿的情谊以及记者参观九一八历史博物馆等事件,目的是要呼吁两国人民正视历史,以史为镜,促进中日和平。媒体的报道从一味的赞颂中日情谊,转向回顾日本侵华的恶行以及对于日本遗孤或其他受害者所造成的沉重影响,并更多提及历史问题,响应中国政府对日的外交政策。

在 2007 年 4 月的中日"融冰之旅"中,温家宝总理在日本国会众议院发表了题为《为了友谊与合作》的演讲,其中专门提到日本遗孤的世纪话题,使战争遗孤的境遇再度成为日本人民关注的热点。2009 年,由 45 名来自日本各地的战争遗孤及十余位日本议员、律师组成的日本遗孤感恩团来华访问,温家宝在中南海会见了访华团。这是日本遗孤首次组成大规模访问团来华谢恩,对中日友好和中日互惠具有重要促进意义和里程碑作用。2009 年 11 月 12 日,《人民日报》在第 1 版和第 2 版均对日本遗孤访华团进行了报道,报道中回顾了遗孤在中国的经历,受中国养父母的照顾,并借此希望日本遗孤可以成为"中日世代友好的桥梁"。[2]

(四) 抗战胜利 70 周年关于日本遗孤报道数量明显上升

2015 年是中国抗日战争胜利 70 周年,《人民日报》抓住这个契机发表了一系列相关文章。早在年初就有言论称中国将在 9 月举行盛大的抗

---

1 阮直:《日本遗孤在草原(纪念抗日战争胜利 60 周年)》,《人民日报》2005 年 8 月 16 日,第 15 版。

2 谭晶晶:《"你们回家了!"——记温家宝会见日本遗孤感恩访华团》,《人民日报》2009 年 11 月 12 日,第 2 版。

战胜利阅兵，据此全国各党报都开始为其进行舆论宣传。2015年《人民日报》关于抗日战争的报道达496篇，达到了2014年的3倍，其中关于日本遗孤的报道更是增长了6倍之多，此类文章集中在要闻版和国际版（见图2-13）。《人民日报》将日本遗孤的报道置于如此显著的位置，可见其在2015年对该问题的关注度发出了最强音。

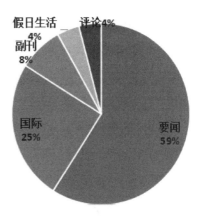

图2-13　2015年《人民日报》刊载关于日本遗孤报道的版面分类

2015年《人民日报》对日本遗孤的报道始于5月。5月24日，《人民日报》刊载了习近平总书记在中日友好交流大会上的讲话，定下了2015年作为党报的《人民日报》在涉及抗日战争报道上的基调——"牢记历史，是为了开创未来；不忘战争，是为了维护和平"。[1]　5月25日，《人民日报》联合中国社会科学院发表题为"战后审判，伸张正义——铭记历史　警示未来"的评论员文章，更是验证了《人民日报》接下来对抗战报道的基调。而日本遗孤作为战争的受害者，《人民日报》对其的报道除了常规的客观抗战报道外，更多了一些情感因素，较多地从遗孤个体的角度撰写更具感性的文章，以2015全年的报道文章为数据，通过词频分析可以得出图2-14，《人民日报》在对日本遗孤进行报道时更多地将其与历史、和平、友好、养母等词相联系，体现出了《人民日报》侧重于对维护和平的倡导和受害历史中的个体亲情的记忆。

有研究者指出，自1946年以来，《人民日报》对于"抗战胜利"的报道，"最多的年份则出现在2015年8月15日至9月15日一个月，共有113篇"。[2]

1　习近平：《在中日友好交流大会上的讲话》，《人民日报》2015年5月23日，第2版。
2　周鹏程：《抗战胜利纪念报道的框架分析以〈人民日报〉（1946—2015）为例》硕士学位论文，暨南大学，2016年。

图 2‐14　2015 年《人民日报》关于日本遗孤报道的词频分析

日本遗孤的相关报道与抗战胜利的相关报道处于同步的趋势,在 8 月至 9 月间,有关日本遗孤的报道 12 篇,占据全年 50％的数量,体现了《人民日报》利用遗孤问题反衬侵华事实的手法。2015 年 9 月 2 日,《人民日报》在第 1 版要闻中发表署名任仲平的评论文章,文中提及中国东北人民无私抚养日本遗孤的电影《厚土深痕》,展现了中国人民对战争的记忆与和平的渴望。

此外,2015 年 7 月,日本政府不顾民众反对,在众议院通过了系列安保法,给地区和平带来了不稳定因素,因此《人民日报》从日本侵华战争遗留的遗孤问题入手,既阐述了侵华战争对两国人民带来的灾难,也表明了当前日本政府违背民意解除集体自卫权的现状。2015 年 7 月 31 日,《人民日报》在《养母对我的恩情永生难忘》一文中描写了日本遗孤二田口的生活,同时也表达了日本遗孤对目前安倍政府一些政策的反对,“二田口说:‘希望安倍政权能够正确认识那段给亚洲邻国人民带来深重灾难的侵略战争,以史为鉴,向曾遭受日本侵略与殖民地统治的各国人民诚挚道歉,并与中国等周边国家搞好关系"。[1]

第四节　本　章　小　结

媒体报道是生活在现代社会的我们主要的信息来源,在一定程度上反映了民众对社会的认知以及民众所关心的问题,也对大众的价值判断产生着巨大影响。我们通过分析中日两国的代表性纸媒来一窥中日两国民众心目中的日本遗孤形象。具体而言,我们选择了日本《朝日新闻》和中国《人民日报》,分析了两报从 1972 年至 2022 年这 50 年间有关"日本遗孤"的所有报道。从报道件数、报道内容、报道内容的变化等角度入手,探析日本遗孤的生存现状并梳理了有关日本遗孤的时代言论变迁。并在此基础上,将报道中呈现出的"模板叙述"与日本遗孤个人的"生命叙事"进行了对比,从而更立体、真实地还原日本遗孤的生存境遇。

一、中日媒体对日本遗孤的形象建构

(一)《朝日新闻》对日本遗孤的认识

第一,关于日本媒体对日本遗孤问题的关注内容及其变化,从各年度报道件数来看,1981 年开始报道数迅速增加,1986 年达到顶峰,但是,此后报道件数逐年递减。从按内容分类的报道件数来看,有关"访日/寻亲"的报道几乎占总数的一半,与之形成鲜明对比的是,有关"养父母"和有关"日本遗孤二代/三代"的报道最少。通过详细分析每篇报道的内容,我们发现日本遗孤的返乡之路漫长且布满荆棘,他们憧憬的"祖国"也只是幻梦而已。

1　刘军国:《"养母对我的恩情永生难忘"》,《人民日报》2015 年 7 月 31 日,第 3 版。

第二，《朝日新闻》对日本政府的遗孤回国支援迟滞行为持批判态度。然而，即使是《朝日新闻》，到 1980 年为止也几乎没有表示出对日本遗孤的关心，对日本政府的"弃民政策"的批判也都大抵集中在国家赔偿请求诉讼前后，多为事件发生之后的事后报道。媒体本应在舆论引导上起到积极作用，从日本媒体对日本国家政策的批评报道均集中在国家赔偿请求诉讼前后可见，日本媒体在遗孤问题上"提醒社会、唤起舆论"的力量较弱，欠缺对舆论的积极正面的导向及形成社会伸张正义的唤起力量。

第三，日本媒体对遗孤返回日本的高光时刻给予了高度关注，却对他们回国定居后的生活现状兴味索然。实际上，遗孤们真正需要被关怀的恰恰是回国后日常生活的点点滴滴，这才是遗孤及其二代、三代迫切需要解决的问题。

第四，"养父母受邀访日""养父母的养老金"等问题，虽然在特定的时期被集中报道过，但是之后就再也无人问津。然而实际上，日本遗孤归国后，年迈的养父母的老年生活中面临着多重困境，其中最重要的就是他们需要时时承受送别养子后的悲伤情绪，但无论日本政府、日本媒体还是日本国民都没能充分了解并正视这些状况。

第五，关于日本遗孤二代/三代，比起有关"生活"的报道，有关"日语教育"及"犯罪"的报道更多。然而，对遗孤二代/三代来说，仅仅依靠日语教育并不会让所有的问题都迎刃而解，并且社会一味地关注犯罪问题，会让人们容易忽视造成这些犯罪现象的深层次社会原因。

(二)《人民日报》对日本遗孤的认识

中国媒体对"中国遗孤"又是持何种态度呢？研究发现，《人民日报》有关日本遗孤的报道主要偏向于"养父母/中国关系"以及"战争的记忆"两个主题，报道较多地叙述日本侵华战争的事实和中国人民以德报怨的胸襟，既凸显了中国人民反抗斗争的历史事实，也彰显了中国人民期望友好和平的现实心态。

《人民日报》对日本遗孤的关注和报道始于 20 世纪 80 年代两国协商送返日本在华遗孤期间，从 1981 年开始由中日两国政府开始商议、实施日本遗孤赴日寻亲的相关事宜，1982 年和 1984 年的报道量有所上涨。之后的报道多以"中日两国合作解决日本遗孤问题"为主，且多从遗孤的角度表达对中国养父母的感恩之情。2004 年至 2007 年，《人民日报》对日本遗孤的关注度因日本遗孤感恩访华团而有所上升。自 2000 年后中日关系发生变动，《人民日报》日本遗孤相关报道主题更多倾向于"战争记忆"，报道内容从此前的赞颂中日情谊，转向回顾日本侵华的恶行以及对于日本遗孤或其他受害者所造成的沉重影响，以期达到呼唤和平、勿忘历史的目的。

此外，《人民日报》对日本遗孤群体报道的波动主要与中国抗日战争胜利的周年纪念有关，每当整十年的抗战胜利周年都会有较大数量的报道。2015 年是中国抗日战争胜利 70 周年，《人民日报》对日本遗孤的报道达到了最高峰。2020 年，中日民间交往和友好团体访问活动均受到疫情影响，来往人数和频率大幅下降，此阶段《人民日报》对日本遗孤的关注度较低。另外，2020 年至 2022 年中日关系受到中美战略博弈的影响，呈现出较为紧张的态势，尽管 2022 年是中日邦交正常化 50 周年，但《人民日报》并未增加对日本遗孤的关注和报道。

二、中日媒体在报道日本遗孤上的差异

综上，中日两国在这 50 年间对日本遗孤的报道，无论从数量，还是从关注的主题上来说都有较大的差异。

从报道的数量上来说，《人民日报》50 年中，日本遗孤的相关报道仅 100 篇，年平均报道量不足 3 篇。相较于《朝日新闻》的 3 028 篇而言，中国媒体对日本遗孤这一群体的关注度远低于日本媒体（见图 2 - 15）。

从报道的内容上看，中日两国媒体侧重的方向也有所不同。日本媒

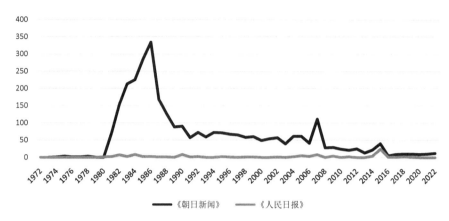

图 2-15 《朝日新闻》和《人民日报》日本遗孤各年报道件数

体对遗孤的关注集中在事实报道上,更多的是把日本遗孤作为日本本土的社会现象进行报道。《朝日新闻》最关注的是遗孤到定居回国为止的"访日/寻亲"。除此之外,还较为关注遗孤的"国家赔偿请求诉讼"和"遗孤二代/三代"相关内容。换言之,日本媒体把遗孤问题作为"迄今为止"的历史事情来报道的倾向较强,很少把它作为中日关系发展的一部分来看待。《人民日报》对日本遗孤的报道则偏向"养父母/中国关系"以及"战争的记忆"两个主题,基本占了全部报道的一半以上,对日本遗孤群体的归国后个人生活等相关方面的报道则是少之又少。中国媒体的报道较多地采用感性与理性相结合的手法来叙述日本侵华战争的事实和中国人民以德报怨的博大胸襟。中国媒体几乎没有涉及遗孤的二代、三代,对"国家赔偿请求诉讼"的报道也很少(见图 2-16)。中国对日本遗孤相关报道很大一部分都涉及中日关系,更多地将其与历史、和平、友好、养母等词相联系,侧重于对和平的倡导和历史的记忆。赋予遗孤以"中日友好的符号""中日交流的桥梁"等与中日关系有关的意义,期待将日本遗孤作为中日友好的符号和沟通的桥梁。

两国媒体报道内容有明显的差异,这和两国的国家利益与报道基本出发点有关。日本遗孤是日本侵华战争的产物,2001 年后日本发生多次歪曲

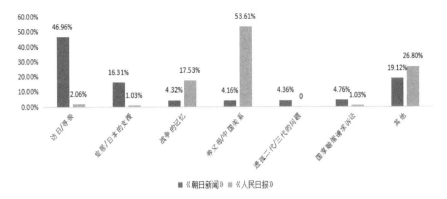

图 2-16　《朝日新闻》和《人民日报》日本遗孤各报道主题百分比

战争历史的事件,伤害了全体中国人民的感情。[1] 中国媒体从战争创伤与集体记忆的视角,强调中国"铭记历史、捍卫和平"的坚定立场,同时通过对中国养父母无私抚养日本遗孤的事迹的报道,呈现中华民族的博大胸怀和中国人民厚德载物的品质。与中国媒体不同的是,《朝日新闻》对日本遗孤的关注多集中在这个群体本身,报道更多的是关于支援遗孤回国的问题,对于日本遗孤归国后生活现状的关注不足。此外,《朝日新闻》对日本遗孤的报道很少与战争记忆相关联,一定程度反映出日本社会对于日本侵华战争历史采取的回避态度。从报道手法上,《朝日新闻》多以报道日本遗孤事实为主,报道存在"模版叙事",未能讨论日本遗孤具体的个体情况,和日本遗孤个人的"生命叙事"存在差异。中国媒体在报道上具有中国新闻报道的显著特征,即善于借用典型人物的故事来做"典型报道",以达到某些正面宣传、强化的作用。例如 1990 年左右,《人民日报》以日本遗孤乌云作为典型人物进行报道。

三、新闻报道与"模板叙述"

　　媒体报道会对社会各阶层的价值观和判断造成很大影响,同时,媒体

1　蔡玉高、夏鹏:《南京举行国际和平集会纪念抗战胜利 67 周年》,《人民日报》2012 年 8 月 16 日,第 3 版。

报道的内容又是对人们的社会意识和社会关注的一种反映。如田仲所指："媒体已经不是单纯的信息传达的装置。与其说我们通过媒体看世界，不如说我们像观察媒体一样观察世界。"媒体在很大程度上决定了我们所能感知的世界，这与个人日常意识的形成密切相关。媒体作为把个人记忆镶嵌到共同记忆的装置，对集体意识的形成也有着巨大的影响。媒体报道的有关日本遗孤的言论具有权威性，能对舆论产生很大影响，在本文中我们把它认作一种"模板叙述"。

譬如，关于日本遗孤回国后的生活，如同《朝日新闻》中所强调的"弃民政策与像外国人一样被对待""不足的生活支援和日语教育支援""屈辱的最低生活保障制度"等，即为"模板叙述"。日本遗孤谈及国家赔偿请求诉讼时，不假思索首先就会引用或参照这些模式化叙事。遗孤们作为共同体的一员，在多种场合需要讲述自己的身世和故事，尤其在需要社会、媒体关注的国家赔偿请求诉讼这个事件中，他们可能需要一遍又一遍地重复自己的经历，这种时候他们往往会借鉴或者模仿媒体的"模板叙述"，因为它是媒体和大众最想听的，也是最容易被大众接受的。日本遗孤把自己作为日本遗孤这个团体的一员，讲述回国定居后的生活状况时，会考虑到被社会、媒体所关注的国家赔偿请求诉讼的这个大的社会背景，注重日本遗孤这个团体的形象连贯性，运用被媒体报道的、为社会所熟知的叙述方式，来讲述自己的苦难史。

当然，通过媒体报道，让日本社会了解了日本遗孤这个群体的存在，知晓了他们的生活现状及他们的愿望；同时，也使日本社会明白了他们为什么会与日本政府对簿公堂。这些方面媒体发挥了非常积极的作用。然而，另一方面，由于媒体的特性使媒体自身具有一定的特权，这往往会让"模板叙述"先行，而抑制与"模板叙述"相异的叙述的产生。现实中日本遗孤对回国的评价多种多样，层次也各不相同。譬如，访谈中被访者提到的"日本政府的赔偿和道歉都无关紧要，我只希望能有机会自由地回中国为养父母扫墓""我们虽然说了很多不满，但是实际上还是满足的。生活上一点问题也没有"等与"模板叙述"大相径庭的叙述,不被呈现在新闻报道中,同样,《人民日报》则着重表现日本遗孤对中国养父的感恩之情,忽略了日本遗孤与养父母之间存在复杂感情的可能。这也是为什么我们要深度关注日本遗孤每个个体生命叙事的原因。为了了解日本遗孤的全貌,关注不被媒体和大众关心的、与模板叙事有差异的对话不可或缺,与每位遗孤的生命个体进行谨慎认真的对话显得尤为重要。为了捕捉日本遗孤多层次的内心世界,制定基于生活/现实的持续性的支援制度,关注个体的生命叙事,积累日本遗孤的个人生活史资料显得尤为重要。

　　本章分析了影响日本遗孤的众多社会背景中的一个重要方面,即通过新闻报道这个第三者的视角来洞悉中日两国社会是如何看待日本遗孤这个群体的。同时,通过上述论证我们也可以知道,媒体报道与日本遗孤自身的叙事存在相异的部分。为了探明这些与社会舆论所塑造的"模板故事"不同的叙述,以及如中国人养父母或者遗孤二代的那些不太为社会所关注的故事,对遗孤个人进行细致的访谈调查就是必不可少的步骤。因此,为了更加全面和充分地研究日本遗孤,从下一章开始我们将在本章的宏观历史背景的基础上进一步分析从对日本遗孤的访谈调查中获得的微观内容。

第二篇
归日遗孤与身心窘境

第三章 抉择与方向：日本遗孤的归国选择

2002 年，超过八成的归国定居的日本遗孤集体发起了"日本遗孤国家赔偿请求诉讼"，这让日本社会和舆论一片哗然。众多的日本民众对日本遗孤状告国家的行为难以理解："他们好不容易回到了祖国，为什么还要状告国家？"日本遗孤们究竟面临了怎么样的困境和问题？ 他们为何状告"祖国"日本？ 他们是否后悔他们归国定居的这个选择呢？

日本遗孤们向社会控诉归国后的生活"很辛苦！很艰难！"面对这样的情况，我们不禁萌生了疑问：对于日本遗孤而言，回到日本真的是一种好的选择吗？ 退一步来思考，日本遗孤当初为何回到日本？ 日本战败的时候，这些日本遗孤还是孩子，他们在中国的生活状况各种各样。日本遗孤在中国长大后，有的在农村务农，也有的成为医生或者教师等，生活富裕、拥有较高的社会地位。日本遗孤舍弃自己在中国习惯的生活、文化和环境归国的动机到底是什么呢？ 在这一章中，我们将聚焦于日本遗孤口述中的有关归国动机的阐述，尝试诠释他们的归国动机中所蕴含的社会及文化的意义。

第一节 日本遗孤的归国动机研究状况

有关日本遗孤的归国动机及要因已有不少相关研究。例如，吴万虹通过分析中日两国的资料、纪录片、新闻报道及回忆录中的事例,根据"中国残留日本人"[1]的归国、适应问题的展开时期进行分类,分析了各个时期的归国、适应的要因。吴把日本遗孤归国的理由分为推(push)拉(pull)两种因素,同时又分为内因和外因。她认为内因是本人内心的归国选择的动机,如本人的归国意愿、在中国受到的不公正待遇等。外因是外部环境的影响,包括如经济构造的主因、亲族关系或者对自己影响力较大的人物的建议和支持等副因。蘭信三则总结了中国归国者的"残留"体验的特性,他把影响中国残留妇人的归国动机分为三个要素,[2]即是肯定地接受"残留"还是想要从"残留"生活中逃离、日本的家人是否积极地接受和中国的家人对她们的归国是否持积极态度。他的研究重视当事者是否有改变现状的意识和与中日间家人、亲属等的人际关系,然而,这些要素之间的相互联系却并不明确。实际上,虽然本人对"残留"生活持肯定态度,但是一时归国后态度发生变化的情况时有发生,又或者违背当事者本人意愿最终回国的例子也不罕见。

除此之外,横山政子也对遗孤的归国动机进行了整理。她在总结前人研究成果的基础上指出,日本遗孤的归国动机有由"思乡情切"逐渐转变为"向往日本丰厚物质生活的家庭成员的劝说"的可能性。[3] 遗憾的是,她的研究资料不完善,虽然引用了一部分其他研究的当事者的证词,但是出处不明,证词的文脉也不明确。与此相比,赵彦民和时津伦子的研究的资料更为完善,两位学者都通过对日本遗孤和残留妇人的口述历史来分析他们的人生体验。[4] 但是,两者都仅仅关注了被访者"说了什么",将归国动机归为"思乡情切"。

1　根据吴万虹的定义,把"中国残留日本人"分为三类,即日本遗孤、残留妇人及日侨二代。参见呉万虹、「中国残留日本人の帰国―その経緯と類型」、『神戸法学雑誌』第49巻第1号、神戸法学会、1999年、第193頁。
2　蘭信三編『「中国帰国者」の生活世界』、行路社、2000年。
3　横山政子、『「帰国」をめぐる事情」『「中国帰国者」の生活世界』、行路社、2000年。
4　趙彦民、「ある中国残留孤児のライフヒストリー」『アジア遊学　中国残留孤児の叫び―終わらない戦後』、勉誠出版、2006年;時津倫子、「「中国残留婦人」の生活世界」『「中国帰国者」の生活世界』、行路社、2002年。

综上所述，关于日本遗孤的归国动机，可以列举出"思乡情切"和"对经济发达的日本的憧憬"。当我们参照其他的要因研究，发现这些动机的归类过于简单，不禁让人疑惑，这些动机的表述是不是日本遗孤们为了适应某些特定的社会状况，从而选择了让日本社会更加容易接受的理由来阐述。[1] 到目前为止，前人的研究虽都重视具体的事例，但是多从宏观历史规定的一般的、固定的假说或者理论类型出发。本研究与之不同的是重视日本遗孤的叙述，关注他们是如何讲述自己的归国动机的整个过程。在此，要特别注意的是，即使我们完美地记录了他们个人的口述过程，也无法完全站在客观的立场上来解读，或多或少仍然受到研究所处的时间和立场的限制，访谈是依据相互行为而建构的、主观并且有个性的过程。为了理解有关日本遗孤的诸多问题，通过对他们个人进行主观的、灵活的生命叙事深度访谈，对他们的人生历史在"此时此地"建构的过程及对此的诠释和分析就显得尤为重要和不可或缺。本章不是从多个事例的一般化或模式化上去分析日本遗孤的归国动机，而是挖掘出每个人各具特色的归国动机，以及根据访谈中构筑的独特经历，进行灵活的解释与分析。

第二节　访谈调查的基本情况

本章的具体调查对象是已经回到日本永久定居的 6 名日本遗孤（见表 4-1）。访谈调查的内容包括被访者从出生到现在的所有生活经历，重点关注日本遗孤回国的原因和国家赔偿请求诉讼的相关情况等。本访谈

1　这种谁都能接受的，在社会上普遍通用的话语故事，我们称之为"模板叙述"，参见樱井厚编『インタビエーの社会学—ライフストーリーの聞き方』、せりか書房、2002 年。模板叙述中的"对祖国的怀念"（nostalgia for one's country），是归国后的日本遗孤，特别是日本残留妇人在讲述他们生活和历史记忆时经常使用的主旋律故事，参见蘭信三、「中国『残留』中本人の記憶の語りの変化と「語りの磁場」をめぐつて一」、山本有造编『「満州」記憶と歴史』、京都大学学術出版会、2007 年。

不拘泥于问题的顺序,顺应对话整体的倾向进行提问,重视被访者人生经历的叙述文脉。

表 3-1　调查对象情况一览表

名	出生年	性别	来华年龄	短期归国年	永住归国年	在华年数	在 华 职 业
T	1943	女	3 岁	1979 年	1988 年	42 年	工人
S	1935	男	9 岁	1974 年	1977 年	31 年	农民,司机
Y	1936	男	7 岁	1978 年	1981 年	37 年	兽医
G	1945	女	0 岁	1996 年	1998 年	53 年	小学教师
M	1939	男	6 岁	1986 年	1987 年	42 年	小学校长
H	1940	男	1 岁	1986 年	1998 年	57 年	中学教师、商人

第三节　日本遗孤的归国动机

一、归国动机的多元化:不仅仅是"思乡情切"

到目前为止,有关日本遗孤的归国动机的研究往往归结为"思乡情切"或"对日本经济的憧憬"这类模板叙述。本研究通过生命叙事深度访谈,捕捉到了隐藏于模板叙述背后的动机。日本遗孤从在中国被遗弃到回到日本的过程中,他们的情感和动机有多种变化,选择回国定居时内心经历了纠结与动摇。动机是多元的、动态的过程。最初被称为"思乡情切",但随着口述访谈的深入,在了解他们的生活历史背景的基础上,其他不同的理由被逐渐挖掘出来。

(一) 从"对日本的思乡情"到"在中国的不公平待遇"

T 出生在中国吉林省,家里有 7 口人,1945 年日本战败投降时 T 才刚满 3 岁。母亲带着 5 个孩子仓皇地踏上了"死亡逃难之旅",T 目睹了母亲、姐姐和弟弟的死亡，她和哥哥也被分别送入了不同的中国人家庭。17 岁时，T 与同在中国的日本遗孤结婚，婚后育有 5 个子女。当我们问到与同为日本遗孤的丈夫的结合，T 是这么说的：

> ＊¹：您先生也是日本人吗？
>
> T：是的。不是日本人我不结婚。
>
> ＊：是吗，这是为什么呢？
>
> T：我一直知道我自己是日本人。我坚信我一定会回国的。当时，我一门心思地就想着"我一定要回去、要回去、一定要回去！"。因为我是日本人，所以无论多晚，我一定会回来。

在前期的访谈中，T 对于归国动机的讲述与日本遗孤因"思乡情切"而归国的"模板叙述"具有相似性。虽然 T 对养育了她 40 多年的中国是有感情的（"我是日本人，但我有一颗中国心"），但是 T 认为"日本是我血缘上的故乡，是父母的血流淌着的地方"。T 抱有如"因为我是日本人，无论发生什么我都会回去""我一定会回日本的，所以不是日本人我不结婚"这种强烈的民族情感。"我会回到日本"是她的精神支柱，这种作为日本人身份的强烈意识也支撑着她度过了艰难岁月。

然而，我们在后期的访谈中听到了 T 对归国原因的不同声音。我们第二次去 T 家拜访的时候，她的长子正好也在场，他也自然地加入了我们的访谈。她的长子当时在台湾创办了一家企业，活跃在日本、中国大陆和中国台湾三地。对于我们的"身为外国人生活在中国，会不会遇到各种各样的困难？"的这个问题，T 表示了赞同。

> T：是呀。我的这个孩子，还有他的弟弟，都曾经在中国遇到了

1　本文中＊指访谈者，受访者用字母来表示。以下同。

一些不公平的待遇。我短期回国后,其实已经决定在中国定居了。我已经去过一次日本了,已经足够了。但是在那之后,有一个事情极大地刺激了我。这个孩子(长子)学习了日语翻译,并且拿到了日语翻译证,但是到了县城里没有人用他。

＊:为什么?

T:为什么呢,因为我儿子是纯日本人,他们怀疑他是间谍。日语不如我孩子的人进去了,但是我孩子因为是日本人,就没有机会。经历了这些事情之后我意识到:我的孩子即使想在中国努力,可是没有他们努力的地方。

＊:还有这种事情,这真是太让人难过了。

T:我第二个孩子也是这样的,他参加了空军学院的考试。只有两个人合格了,我的孩子无论是笔试还是体检都很优秀。但是,政审没有通过。这个对我的打击太大了(哭泣)。我那个孩子非常非常想当空军。仍旧还是由于他是日本人,父母双方都是日本人,孩子也必然会受到影响。我意识到我们在这里没有未来。于是我和长子商量,我们还是回日本吧。我们是纯日本人,还是像爸爸说的那样,我们还是回家吧。就是这样决定的。

在最初的访谈中,对于回日本的动机,T一直述说的是"思乡情切",然而在这次访谈中,她向我们讲述了更深层次的原因。一方面,我们可以理解为第二次访谈,她对我们更加信任,但是更为重要的或许是她长子当天恰巧在访谈现场,从而引发她讲述了孩子们的遭遇。由于访谈的"场域"的变化,使得"后代所遭受的歧视"的这种话语被阐述出来。T的归国动机不仅仅是"因为我是日本人,所以我想回去"这么简单。

访谈T的当时,她正在非常积极地参与"中国残留孤儿国家赔偿请求诉讼"。她对自己短期回国时日本政府的冷漠对应与现在"屈辱"的最低生活保障金制度(在日本称为"生活保护")非常不满,认为"日本政府

（的政策）非常不合理”。

> T：日本人们常常说“看，你们用的生活保护，那都是我们辛辛苦苦工作缴纳的血税”。但是，谁愿意用那些税金？我们的父母、兄弟姐妹，全都死在了那边，我们也被扔在了那边，大家为什么不提这些呢？要是我们小时候也能在日本，我们也一定是和普通日本人一样生活着的吧？日本人现在能过着幸福的生活，难道不是我们父母的血肉牺牲换来的吗？

像 T 这样，“在中国，作为一个日本人活着”的遗孤们，能跨越战后的混乱和“死亡逃难之旅”，在异国他乡的生活中，支持他们的精神支柱就是“我一定要回日本”“落叶归根”的信念。正因为如此，他们理所当然地认为、也期盼祖国会热情地迎接他们的归来，他们对日本政府的支援政策也充满了期待。然而现实是残酷的，日本政府的态度非常冷漠，正因为如此，他们才会团结起来，集体状告日本政府在对他们的支援上的失职，并作为中心成员积极地参与了那场诉讼。

我们重点关注他们的讲述方法的不同，可以看出口述者对访谈内容的选择与讲述是与访谈的“场域”有密切关系的。在第一次访谈中，面对我们的直接的归国理由的询问时，她强调的是“思乡情切”。然而第二次的访谈中，虽说没有直接询问她的归国动机，但是在讲述她的儿子的遭遇中，她自然地讲到了“孩子受到歧视”这个事情强烈刺激了她，成为她决定回国的一大动因。由此我们可以看出，动机以访谈的“场域”的转换为契机，而被讲述和选择。

（二）从“无论如何都想回日本”到“作为小日本鬼子的被歧视体验”

S 于 1935 年出生在日本长野县的一个小村庄。1944 年，S 全家作为“开拓团”来到中国东北。日本战败后，S 一家也被迫走上了“死亡逃难之旅",中途受到袭击,S与家人离散并被中国养父母收留。12岁时,S就没有去上学,开始帮助家人从事农活。之后娶了中国人为妻,并养育了6个孩子。1974年,S第一次回到了日本,并于1977年带着全家定居日本。1980年开始工作,直到2004年。1999年,妻子离世后一直一个人生活。

＊：您觉得回到日本对您来说是一个正确的选择吗?

S：嗯,回来是无论如何都想回来的。战争结束的时候我已经10岁了,家的样子我都记得。我一直想回来,因为我知道我是日本人。家乡的地点、父母的名字我都记得,我一直坚信再晚我也能回来。如果年纪太大了,可能会有些困难,但是如果是四五十岁,我还是想回来。

＊：那您第一次回到日本的时候,感觉如何呢?

S：第一次,哎呀,从飞机上下来的时候,什么都很奇怪。日本男的头发都比较长,动作也很奇怪。回国定居5年以后,我还是不太习惯。

＊：哈哈,日本的环境呢?

S：环境很好,可是还是觉得不合适,我刚刚不说很奇怪嘛。所以,一直不安心,我们能不能在日本生活下去? 我们能做什么工作? 语言又不通,所以一直很担心。

＊：那您的这个不安是如何消除的呢?

S：无论多么不安,都一心想回来,因为这是自己多年以来的愿望。

＊：那么,对您而言,中国意味着什么呢?

S：中国的事情还是永远忘不了啊。

＊：那您觉得日本是您的祖国还是中国是您的祖国?

S：对我来说,日本是我的祖国,中国是我的第二祖国。曾经有人问过我："你恨不恨中国?",我回答说："我怎么会恨中国呢? 中国人救了我的命，这是最大的恩情。怎么可能恨中国呢！"

访谈进行至此，关于 S 的归国动机，他一直强调的是"因为我是日本人，所以无论如何我要回去"。短期回国的时候，虽然对日本的印象很好，但是"觉得和自己不合适，很奇怪"，然而由于是"多年以来的愿望"，所以最后选择了回国。关于中国，他认为"救了我的命是最大的恩情"。

访谈结束后，S 递给我一本文稿，他说："这是为了和日本政府打官司，我写的自传，你读读吧！"。在这本自传中，他这样写道：

"其他的孩子都去上学。我每天中午回家的时候会经过学校，看到其他小孩都在校园里玩得很开心，眼泪就止不住掉下来。"

"和其他小孩玩，只要一吵架，他们就会说'小日本鬼子''小日本'，所以后来我就不在外面玩了。"

"养父是一个好人，但是一个易怒的人。我需要每天从早上 3 点到晚上 9 点，不休不息地干农活。干不好，当场就会被打，还不能哭，一哭就打得更厉害。只能到了晚上一个人的时候，躲在被子里偷偷地哭。我累了，长大了以后我才知道，我一直就是我养父的'奴隶'"。

"我想了很多。如果我的父母还活着，我一定不会受这些苦吧。我曾经想过要逃走，可是无处可逃。我想回我的故乡，可是没有人给我任何建议。我想回家，想我的奶奶。可是无论我怎么想都觉得这是不可能实现的，所以我很绝望，考虑过一死了之，死了就没有任何烦恼了。我当时甚至决定自杀了。但是，冷静之后，我觉得'只要我还活着，无论怎么苦，都可能回到日本见到奶奶'，又放弃了自杀回到了家里。"

从这个自传中我们可以看出，对于 S 来说，"回到日本见奶奶"是他活下去的最大的动力源泉。小时候被当作"小日本鬼子"，被小伙伴们欺负，也没有机会去学校上学，每天都从事着繁重的农活。这一切令S不断回想起在日本的幸福生活，对他来说，比起想回到日本，想从残酷的现实中逃离的心情或许更加强烈。他写道："我在年轻时尝尽了千辛万苦，现如今终于幸福了"。

访谈当时，S和T同样非常积极地参加了"中国残留孤儿赔偿请求诉讼"。回国初期，S不断地被生活辅导人员催促"尽快开始工作""尽早自立"。

> S：我去学校只有不到两年的时间，马上就被要求开始工作。我从一开始就被分到二年级，生活辅导员跟我说："你直接上二年级吧，这样上一年多的课，尽快开始工作吧！"我们当时什么都不懂啊，他说什么就是什么，所以我就进了二年级。如果进的一年级，应该可以学习更多日语吧。

没有完全掌握好日语的S，由于听不懂工作中上司的日语指示，在职场经常被上司和同事迁怒，也受到周围日本人的排挤。S曾被多次明示或者暗示："S你还是不懂日本的规矩呀，在日本下属是一定要服从上司的。"回到日本20多年间，S换过10个工作。其原因除了日语能力的欠缺之外，对日本的职场规则和生活习惯的不了解或许是更大的一个要因。

关于动机，在与我们的互动中，S阐述他的归国动机是"我很感激我的养父，但是因为我是日本人，我想回日本"。而在自述中，S更加强调的却是"我是养父的'奴隶'"，以及在中国承受的苦难。这么看来，好似关于动机阐述的一贯性出现了矛盾，但是我们不能因此就单纯地把S的讲述当作是错误的，而是应当考虑谈话的"场域"的差异，尝试去解释这个矛盾。看似矛盾的两个讲述，都是S的真实情感和所思所想。面对身为中国人的我们，S选择了相对委婉地描述自己童年的悲惨生活，而在维权诉讼这种背景下，S则更加强调了自己的苦难史。也就是说，根据谈话的"场域"和对话目的的不同，S在自己多种情感和所思所想中有选择性地进行了讲述，我们可以认为这也是一种生活战略。

（三）小结

从 T 和 S 的生活故事可以看出，访谈的"场域"会对动机的陈述方式产生影响，同时，解释动机的一贯性矛盾，可以生成新的动机。受访者在诉说动机时，面对不同的倾听者，试图倾诉的话语有强弱的区别。我们把在对话过程中首先想要讲述的动机称为"显性动机"，是受访者直接表达出来的；而在人生经历的诉说过程中，不知不觉流露出的动机是"隐性动机"。在与作为中国人留学生的我们的互动过程中，受访者对于回国动机问题的直接回答可称为"显性动机"；而通过其对自身经验的讲述，从上下文的连贯性理解领会出来的动机称为"隐性动机"。这两种动机无关对错，对于叙述者来说都是真实的理由。

以 T 的情况看，对她来说"思乡情切"是显性动机，"在中国不公的经历"是隐性动机。而对 S 来说，"因为自己是日本人，所以想回去"是显性动机，"想从残酷的现实逃脱"是隐性动机。

二、外因促使下的归国

在对日本遗孤进行深度访谈的过程中，我们注意到，部分遗孤与其说是依照自己的意愿归国，不如说他们受到某些外界的影响等外部因素回到日本定居，而这些影响的外在因素往往被口述者描述为他们归国的动机。到目前为止，"对日本经济的憧憬"一直被认为是最重要的一个外在因素。但是，经过深入访谈，可以发现，比起"对日本经济的憧憬"，家庭关系和政府的支持是更加强烈驱使他们回国的原因。

（一）"被朋友和儿子劝说"

M 在 1939 年生于六口之家。因为没有找到日本的亲人，所以不知道自己出身的省市。M 说道："我还记得故乡的模样，但是，细节不记得了。我忘了自己的名字、父母的名字和故乡的名字了"。

1945 年，在 M 6 岁的时候，全家人举家来到中国辽宁省。同年，日本战败。M 的父亲被招兵，M 全家在逃难途中遭遇空袭，只有 M 侥幸逃命，被附近的中国人挽救。M 在 18 岁的时候成为乡村教师，并于同年与中国人结婚，之后共同养育了 6 个子女。

M 在 45 岁的时候成为小学的校长，他骄傲地说："我管理了 140 多名老师"。1986 年，养母离世。在当年的 6 月，M 第一次回到了日本。我询问了他没有更早回日本的原因。

*：1972 年中日两国不就恢复邦交了吗？那您为什么直到 86 年才回来呢？

M：是啊，邦交正常化之后就有人回来了。但是我们当时，交通不便，信息也不能这么快传达，我都不知道可以回日本。而且，因为你也是中国人，所以我说实话，当时我完全没有考虑回日本的事情。在中国的生活相当好，亲属也在，朋友也在，好好地每月工资也能得到，因此生活不是很好吗？虽说不算是特别富有，不过在本地来说，能过上中流以上的生活。因此，完全不想回国。

*：那么，后来是怎么又想到回国呢？

M：是这样的，我周围的几个遗孤通过"寻亲活动"返回了日本。他们说"如果有机会，最好还是尝试回一次国看看。"正好那时，朋友在公安局负责外交事务，他也问我"怎么不试着回国？说不定还能带回来几台电视机，还有钱挣。"

*：那时候还没有电视机？

M：有的，不过是黑白电视机，彩色电视比较新奇。所以我通过那个负责外交事务的朋友提交了申请书。

M没有立即回国的理由，是因为在中国的生活衣食无忧，完全没有返回日本的打算。再次询问他为何归国时，他说是被朋友劝说，由此萌发了去发达国家日本参观的念头。并且，由于所有费用都由日本国家承担，带着"免费去海外旅行的感觉"决定回国去看看。

　　1986年，M回到了日本。虽然最终没有找到亲属，然而日本给他留下了非常深刻和良好的印象。

　　M：那次短期回国后，我们回到北京，在日本驻中国大使馆召开了一次会议，调查我们日本遗孤是否有回国定居的意愿。当时，50位遗孤里面有40多个人都举了手。其实当时的我不想回日本的，但还是和大家一起举了手，哈哈。反正我想，如果我不愿意回去，他们也不能强制要我回国。但没想到，在我不知道的情况下，日本方面为我们办理好了手续。9月10日不是中国的教师节吗？那时，我还召集学校的老师们，庆祝教师节。紧接着，来自日本的差旅费寄到了。

　　＊：是已经办完手续了吗？

　　M：嗯，是的。这个差旅费是从老家到北京的差旅费，不是人民币也不是日元。我拿着去了银行兑换，有1 300元。当时的1 300元不是巨款吗？我才发觉出了大事了，领了这么多钱，想不回去都不行了，哈哈。我从教师节后就没上班，向党委员会书记谎称"目前在中国，孩子们很难就业。带着孩子回去，在日本稳定后马上就会回来"，于是就归国了。来了之后就没回去了。

　　1987年10月15日，M以及其家族四人回到日本定居。1991年开始在搬运公司工作，2004年退职。退休后领取着国民养老金和最低生活保障，与妻子二人生活。

　　当我们问及他的家属时，意外发现，当时，M的儿子是比他们早半年去日本留学的。

＊：我听说您孩子也是千叶大学毕业的呢，原来是我的前辈。

M：哈哈，真的吗？他在中国大学毕业之后，马上作为留学生来这边，攻读硕士课程。

＊：您儿子不是作为归国者，而是作为留学生来的吗？

M：嗯，归国者的子女，如果有高中学历，有优先到日本留学的特权。因此，他比我们早到日本。

＊：原来如此。

M：他进入了千叶大学的大学院。他到了之后，对高度发展的日本社会非常钦佩，每天坚持给我写信劝我："与中国相比，日本确实是发达国家。请快些过来，快些过来"。并且告诉我："试着住下，如果不喜欢可以再回中国。如果喜欢，就一直留下来"。被他这么一说，我想想也是，如果发现不合适，可以马上回中国。因此，我回到日本，与儿子的劝说也有直接关系。

最初对 M 直接提问"归国动机"时，他只说是朋友的推荐，然而随着访谈深入，M 另一个归国动机浮现。当我们问到先到日本留学的 M 儿子，M 才提到了"儿子的强有力的推荐"也是和 M 返回日本"有直接关系"的一个主要动因。而这个动机被阐述的契机则是因为我们与其儿子同属一间大学，由此开始了关于儿子的话题。

总结来日本之后的生活，M 说："我回来日本之后，可是说一步一步全部正确。没有失策。嗯，挺好"。我们试着询问了如今 M 对中国的想法。

＊：现在，您是怎么看待中国的，有故乡的感受吗？

M：是的，还是祖国啊，还是觉得中国的人很亲切啊。我想主要是语言，如果在中国，无论去哪里，虽说有方言，但是只要你说普通话都能沟通，对吧？但是，在日本有些困难。

＊：是啊，那您对中国人有什么感受呢？

M：我现在也把自己当作中国人。

＊：认为自己是中国人吗？

M：是的。

　　至今仍把自己当作是中国人的 M，常常返回中国。他说："在那里有很多好朋友，亲人也都在，还是中国更加有趣"。

　　综上可知，M 的回国动机，不是"思念家乡"，也不仅仅是"对经济的向往"。M 述说的回国动机，不仅仅是熟人的推荐和日本政府的态度，还有在谈话的互动过程中得出的，自己儿子的劝导也是促使 M 的回国的重要动机。动机是多元且动态的过程，通过访谈的内容与话题的转换变得清晰。

（二）"受到朋友劝说"

　　对 Y 的访谈是用日语进行的，Y 在中国期间完全忘记了日语，现在通过自身的努力，Y 已经能够在工作和日常生活中熟练运用日语。

　　Y 出生于鹿儿岛。1943 年，7 岁的 Y 与家人一起移居到中国东北。到了 1945 年 5 月，Y 的父亲应征入伍，母亲因病去世。逃难途中，Y 的妹妹被流弹击中去世，Y 则被中国人收养。由于养父的早逝，家里男性劳动力不足，所以 Y 没有去上学，成为家中干农活的主力。Y 热爱学习，并自学了识字写字。据说养父母是由于遗孤可怜才收留了 Y，对 Y 也非常重视。

　　　　Y：我的生命是被我的中国养父母救回的，他们十分重视，并将我栽培成人。因此，尽管我们是日本人，我不会忘记中国人的恩情。不仅是对养父母，我对中国人民也由衷地感谢。

　　1956 年，Y20 岁，人民公社录用了他。他学习认真刻苦，被推荐至兽医中专学习并取得了兽医的资格。1958 年，他 22 岁时，成为一名兽医。

1961 年,他的养母去世,他四处借钱尽可能地给养母举行了一个盛大的葬礼。同年,他与中国人妻子结婚。20 世纪 60 年代,与在日本的亲属取得联络。1978 年 11 月,他短期回国,在日本逗留了 1 年 3 个月左右。

＊：那时对日本的印象如何?

Y：不太好。

＊：不太好?

Y：真的。嗯,不太习惯。首先,语言不懂。语言不懂的话,无论怎么好,也觉得无趣。短期回国的时候,出门街上很多人,见到很多女性吧,特别是女性,啊,各种各样的化妆打扮,看到觉得很恶心。

＊：哈哈……

Y：觉得挺可怕的。(笑)

＊：真的吗,哈哈……

Y：这是真的。

＊：在中国当时大家都不这样。

Y：是的,在那个时候真的觉得恶心。所以,在环境,或各种建筑,交通等很多方面,日本是真的好,不过我没觉得很好。主要是心境,我的内心还是中国人。

谈到短期归国的感受,Y 直言对语言不通的日本“觉得没趣”。此外,当年的日本女性着装与妆容也与中国女性差异较大,Y 表示不太能接受,整体而言“日本各方面都不错,可是我不觉得好。”然而,1980 年 12 月,他带领全家回国定居,我们尝试询问他回国的动机。

＊：最初,您为什么想回到日本?

Y：为何返回日本,因为自己是日本人。哎,小时候,其实我没有“返回日本”这样的想法。为什么这样说呢,世间的事,因为当时是孩子,所以什么都不明白。成人之后,大家都说我"你是日本人",中国的朋友们都说,"你应该回日本。你在中国是好,但应该考虑孩子们的将来。毕竟日本是世界发达国家,还是发达国家好啊。"那些朋友不是普通农民,他们是大学毕业有文化的人。听到他们这么说,我觉得还是应该回日本。最初为何说没有返回日本的想法,因为在日本已经没有家人了。回到日本生活怎么过?非常不安。所以最初完全没有回日本的意愿。中日邦交恢复之后,很多人回到了日本。我归国的时候是1981年,所以说我是中日邦交正常化10年之后才回去的。是过了10年左右,被中国朋友劝说才打算回国的。

　　＊:可以说是为了孩子和家人的将来?

　　Y:是啊。

　　关于回国,Y最初对在语言不通、且没有亲朋的异国的生活非常担心,说"完全没有回去的意愿",不过被信赖的朋友劝服,考虑到孩子们的教育及将来,最终决定回国。1983年,他迁居到千叶市。同年开始经营一家小中餐厅,一直工作到1994年。随后,Y拿着最低生活保障,与夫人两人一起生活着。

　　Y也同样积极地参加了日本遗孤国家赔偿诉讼。在对Y的访谈中,可以清楚地感受到他对日本政府的愤怒。我们询问他:"回日本对您而言是一个好的选择吗?"。他的回答令人意外,他说"不觉得",究其原因,"日本按道理是自己的祖国,然而,回到日本后,日本政府并没有把我们日本遗孤当作日本人来对待。虽说是日本人,但不能过上普通日本人的生活。"同时,他说对中国的感情非常深厚。

　　＊:现在看来,中国在您心中是怎样的存在?

　　Y:那个,说到底还是祖国。有人称"中国是第二故乡",我觉得对我来说日本才是第二故乡,而且会永远这样认为。就是这样,中国的事到死我也不会忘记。

Y 在自传中这样写道：

> "1978 年前后，那时回国定居的人很多。我语言不通，而且家人大多在中国，所以非常烦恼，但是还是下定决心，不管怎样都试着去日本。"
>
> "为了考虑回日本永久定居的事情，我和阿姨一起去先行回国的遗孤家庭里去打听情况。我注意到，虽然工作和日语会是一个大问题，但是只要努力，还是可以找到体力劳动和单纯劳动的工作，最开始也可以拿到最低生活保障金，并且还有学习日语的机会。于是就下定决心回国定居。"

短期回日本再回到中国后 Y 努力说服了家人。最初，妻子的家人们极力反对，妻子也抱消极的态度。他们担心在日本既没有可靠的亲人朋友可以投靠，又完全不懂日语，一定会无法维持生计，最后还是要回到中国。Y 在自传中说："我告诉他们其他的归国者也在日本，日本政府也会教我们日语，遗孤们都能好好生活，而且日本的经济发达，生活也富足，这才说服了他们。"很多像 Y 一样的遗孤，赌上全部，克服万难，终于回到日本。正因为如此，他们对日本政府的支援和帮助满怀期待。

对于 Y 来说，归国的显性动机可以说是"朋友们的极力推荐"。可是，另一方面，从 Y 对日本政府不满的讲述中可得知，Y 有较强的"日本是自己的国家"的意识。"日本是自己的国家，却不把日本遗孤当作日本人，使得我们在经济上与普通日本人有巨大差距。虽说是日本人，但不能跟普通日本人一样生活。"真正的日本和他期待和幻想的"自己的国家"大相径庭，甚至在日本社会中饱受歧视和差别对待。"对自己国家的感情"与"对政府的不满"同时存在于 Y 的心中。因此，对 Y 来说，"因为日本是自己的国家，所以一定要回国"其实是促使他归国的最重要的动机之一。

(三) 小结

对 M 和 Y 来说，所谓的"对日本的憧憬""想返回祖国"这样的强烈内在动机是不存在的。M 认为"自己是中国人"，同样，Y 也称"从心理上还是中国人"。谈到"真的想回日本吗"这样的问题，事实上很可能并非如此。可是，为了不否定自己所做的决定，他们必须主张自己的选择是正确的。因此，他们会为自己的归国寻找各种各样的理由。这也可以解释为何根据访谈的场域的改变，他们的回答会各不相同。

三、归国与否的纠结与动摇

有一部分遗孤没有固定、明确的归国动机，他们至今仍在寻找"我为什么要回来呢?"的理由，以及"回来对我而言真的是正确的选择吗?"的答案。在此，我们要强调的是对于每一个遗孤来说，他们口中的经历与过往，并不仅仅是在过去的那个时间、那个场所的所感所想。他们的叙事是"站在现在的立场来讲述过去的事情"，是被现状所影响、所投射的一段历史，也是在与访谈者的对话与互动的过程中慢慢建构起来的历史。

回国定居的日本遗孤中有六成以上的人需要依赖最低生活保障金生活，更有近八成的人参加了国家赔偿请求诉讼。这个现状也从侧面反映出他们对目前的生活充满了不满和不安。他们都抱有"回来真的好吗?""是不是留在中国才是正确的?"的矛盾心情，更有人对在中国的生活充满怀念，至今仍然认为自己是中国人。诚然，这些对话或许是因为我们是中国人他们才愿意倾诉或者才能成立，但是我们可以看出生活在日本的遗孤们在努力寻找能够说服自己、能够说服他人的归国动机。

(一)"想归国与不想归国两种想法一直在作斗争"

G 直到 43 岁都不知道自己是日本人。1988 年，养父临终之际才第一次告诉她："你其实是日本人的孩子"。回想起当时的心情,G 说:"大脑轰的一声一片空白,无法相信,无法相信,首先是无法相信的心情。不愿意相信自己是这样的身世,是被遗弃的孩子,当时觉得自己是被扔掉的孩子,非常难过"。

G:我一直以为自己是养父母亲生的,直到知道这个事实之后,心理有很大的变化。原来我不是亲生的孩子,回想起从前有一些被"区别对待"的地方,原来是这样,这就想明白了。但是他们养育了我,我一生都不会忘记这个恩情。

G 回顾过去的人生,她说:"我没有碰到什么不好的事情,现在想想还是很幸福"。父母和姐姐也对她很好,甚至为了让她不受到流言的伤害,搬了 3 次家。1975 年,她从师范专科学校毕业,成为一名小学教师。同年结婚,1976 年儿子出生。1988 年,养父去世,揭开了长期以来被封存的秘密。1989 年,她给日本厚生省寄去了一封信。

＊:您是怎么知道要给日本厚生省寄信呢?

G:我到公安局去打听。他们说,像你这种情况,需要自己与日本政府联系找到亲生父母才行。那时候想,我一定要找到亲生父母,一直幻想着找到了亲生父母会怎么样。

＊:马上就有回复了吗?

G:是的,马上就回复了。不过与日本通信几次之后我就停止了,决定不再写信了。我的内心十分摇摆不定,决定不回去了,不回去了。想归国与不想归国两种想法一直在作斗争。如果当时马上回国的话,那生活就不像现在这样了。当时在中国我们夫妻的工作都挺好。最终,还是觉得"落叶归根"吧,上了年纪以后,这样的想法不断出现。犹犹豫豫所以当时没有立即归国。

谈到与日本的通信联络，G 自然地谈起自己归国的动机。可以说"一定要找到亲生父母"和"落叶归根"的思乡之情是促使她回国的一个动因。7 年后的 1996 年，G 第一次短期归国。说到这，我们决定再问一次归国动机。

*：寄出信件是 89 年，但是直到 96 年才归国，其中过去了很长一段时间啊？

G：是啊，过去了很长时间。

*：是不是一直在犹豫，想着不回来了？

G：嗯。

*：那么，您最终还是归国了，这是为什么呢？

G：并不是不回来，是丈夫一直不想回去。他是市政府的公务员，他不愿意回去。我也不能一个人回去，我还没有想要抛弃家庭来日本。但是，我还是想回来，想找到亲生父母，所以一直与丈夫商量，几年后他终于同意了。

G 的丈夫最初反对她回国，不过最终因为 G 强烈的愿望而赞同了。至此，G 仍旧强调自己的归国动机是"想寻找亲生父母"。短期归国后，虽然非常努力地寻找，但没能找到亲生父母。1998 年，G 一家三口获得了日本国家经费后回国定居。现在，G 与丈夫两人领取着微薄的最低生活保障金生活。说到短期回国的经历时，归国动机再次被提及。

*：短期回国时，在日本逗留了多久呢？

G：不长，大概半个月左右的时间。

*：当时对日本的印象如何？

G：很好！空气也很好，环境也不错，人们都很有礼貌，整个社会先进发达，给我留下了很好的印象。

＊：第一印象很不错呢。

G：是啊。

＊：所以，您告诉了丈夫……

G：是的，是的，因为确实很好，所以开始想在这里生活了，想回来了。

在谈及对日本的印象时，G 自然地说道："因为日本环境非常好，所以想回来了，"可以说这也是 G 归国的一个重要动机。

G 同样也参加了日本遗孤国家赔偿请求诉讼。G 说她没有期待国家的道歉和赔偿，对现在的生活也感到满足。对她来说，最在乎的是能够每年有一次机会回中国去为从小养育自己的养父母扫墓。或许可以说，到43 岁为止都认为自己是中国人的 G，比谁都重视中国养父母。她不同于 Y 和 T 那样，想要全面追究日本政府的责任，G 说："（给养父母扫墓）对我来说是非常重要的事，对国家来说可能就是个小小的事情，只要能让我实现这个愿望，那比什么都好"。

虽然日本的法律没有明确规定，但行政管理方面称："在生活状况不能确定的期间，不予支付最低生活保障金"。换言之，如果离开日本回中国扫墓超过一个月，该月的最低生活保障金就会被全额收回。"在日本生活的人也会去扫墓的，不是吗？养父母对我们来说有救命的恩情，不能去扫墓实在是太过分了。"这是众多日本遗孤的不满和控诉。

关于归国动机，43 岁才第一次知道自己是日本人的 G，抱着无论如何都要找到亲生父母的期望短期归国。如果说"找到亲生父母"是她最大的归国动机的话，那么最终没能找到亲生父母，还是选择回到日本的想法又该如何理解呢？如果从社会地位、经济状况层面来看，对 G 来说，反而在中国的生活更好。我们可以理解为，以短期回国为契机，对日本良好的环境的向往与憧憬，把 G 的归国动机从"对亲生父母的念想"变成"对良好环境的憧憬"。

(二)"如果能自己选择居住的地方,中国还是我的首选"

H于1940年出生在日本石川县。1941年,跟随全家移居到中国内蒙古。此后,父亲被召入伍,他的母亲、姐姐、哥哥、弟弟全部在战火中去世。5岁的H被中国人收养。H虽然患有小儿麻痹后遗症和肺结核等难以治愈的病症,但是被中国养父母善待,很幸运地一直读到中专。毕业后,在一所初中成为一名语文老师,1970年与中国人结婚,之后领养了一名中国女孩。

20世纪80年代初,中国的改革开放开始。H辞掉了教师的工作,下海经商。他经商很成功,成为当时在遗孤中少有的富人。1986年,H回日本寻亲,出乎他自己的预料,他竟与亲生父亲成功再次相见。1998年,他带着全家归国定居。现在,他拿着最低生活保障金,与妻子两人生活着。从他短期回国,顺利找到亲人到最终归国定居之间相隔了12年,对此我们询问了其中的缘由。

＊:第一次归国时,对日本的印象好吗? 当时没想过要回来定居吗?

H:啊,这取决于看哪一方面吧。日本的卫生条件,生活环境或经济状况等当然都比当时的中国好,特别是人们都特别有礼貌,这个方面相当好。但是,从我自身情况考虑的话,首先我不懂日语,而且随着年纪渐增,学习新的语言不是很难吗? 因此,回到中国以后,经过认真考虑,结果还是觉得暂时不要归国定居。如果说什么时候再归国的话,那就是等到明白自己已经无法工作,也不需要太多接触社会,即使不懂日语也不成问题时,就可以归国了。而且,80年代是我工作非常顺利的时期,也是中国改革开放开端的时候,不夸张地说,那时候我赚了很多钱,每月的收入都特别好。你也明白,那时候生意很好做,这也是我没有马上回来的一个原因。再一个,我不是找到亲生父亲了吗？突然多出来一个中国来的儿子，不知道继母会怎么想，我不想给继母添麻烦，说不定也给我亲生父亲带来麻烦。在中国能过上相当不错的生活，只要我们有钱，到哪里都可以好好生活，因此，我没有急着回去。

＊：那12年后您选择回到了日本，这又是为什么呢？

H：这样，如果用一句话解释，还是为了我的养女。来到日本这个环境，对她来说可以增加各种各样的机会不是吗？而且，来到日本还能好好学习日语，为了把日语学好，还是回来更好，想让她多学点知识。当时她马上就要20岁了，差不多就要上大学了，所以为了养女最后还是决定回日本。其实她在中国也考上了大学，男朋友也在中国，她自己并没有很想要来日本。

短期回国的时候，H找到了生父，对日本的印象也很好，但考虑到"语言不通""在中国生活很好""不想给继母添麻烦"，没有选择马上归国。12年后，为了养女的将来，希望有更多机会在日本发展，学好日语，更好地掌握知识，还是最终决定归国。

关于现在的生活，他说"即使每个月不用工作也能领到钱，对经济没有什么担忧，还是很满足。"谈及是否为了"寻求晚年生活的安心才回到日本的？"时，H说道："那是完全没有关系，在中国自己也能努力赚钱，对晚年的生活也没有担忧，我很有信心的"。H也参加了日本遗孤国家赔偿诉讼，他说"同伴们都参加了"是他参加的主要原因。

他还说："如果自己能选择居住的地方，中国仍旧是我的首选。在中国无论在哪里都有自己的朋友，很亲切。其实，日本也只是环境好，经济好，除此之外，对我来说没有什么优点。"对于H而言，既没有"思念家乡"的感情，也不是"后代憧憬日本的繁荣，努力劝说了家人"，无论是从前还是现在，H都认为"在中国的生活更有意思"，可以认为他是为了给家人提供更好的高等教育机会来到了日本。

（三）小结

G 和 H 两人内心都存在是"到日本去?"还是"留在中国?"的矛盾与纠结,同时,也有着"回日本真的是好的选择吗?"的疑惑。他们在中国都有着较好的职业、较高的收入及由此带来的较高的社会地位。来到日本后,由于年岁较大,无法习得日语,也很难适应日本社会的生活习惯和公司文化,最终只能依赖"屈辱的"最低生活保障金为生。对他们而言,与在中国的时期相比,经济水平明显降低,社会地位也肉眼可见地下降。从与他们的对话中也不难看出,为了消除自己内心的矛盾,G 和 H 都在努力寻求能说服自己的归国动机。

第四节　本 章 小 结

在本章中,我们试图通过倾听日本遗孤的人生历史的讲述,并在与他们的对话中分析遗孤们的归国动机,这个视角是与以往研究不同的全新视角。我们关注话语讲述的方式并进行诠释,即关注访谈的场域,重视对话是如何发展的,并重视其逻辑解释。我们认为对于每个访谈都需要以"从现在的时间和立场来讲述和理解过去"为前提进行诠释和解读。讲述者"此时此刻"所处的环境、面临的现状会对他谈论"彼时彼刻"的过去产生巨大的影响。所以我们不仅针对某一过去发生的事件进行访谈,还以了解受访者目前的现实状况为基础,发掘其深度的归国动机。

我们关注关于归国动机话语的连贯性与矛盾,试图把握动机建构的过程,从而提出了显性动机和隐性动机这两个分类标准与概念。对我们有关归国动机提问的直接回答可称为显性动机,在口述历史中通过连贯上下文所得出的动机被称为隐性动机。

在分析的过程中引入了作为中国人留学生的访谈者的立场去诠释动

机构建的过程,从而可以更加深刻地描绘出日本遗孤的归国动机是多元变动的。对他们而言,动机建构不是固定和一成不变的,而是一个多元动态的过程。我们非常重视研究者自身的特性。我们从中国留学生的立场出发,依据他们的需求随机切换中文和日语倾听他们的故事,这是与至今为止的日本学者研究的不同之处。即使用日语进行访谈,也能用中文说明不能用日语充分表现和解释的话语,因此访谈能够更加顺利地进行,也更加容易深入了解被访者的所思所想。此外,因为能够互相理解中国人所拥有的文化背景,也更容易获得共鸣。在访谈中常常出现"我们大家都是中国人,所以我跟你说真话""你也是中国人,所以你也明白"这样的对话,这些情感因素也会对调查结果产生较大的影响。因为我们是中国人的身份,能够让他们讲述一些面对日本研究者所不会讲述的故事。[1] 我们暂且不论这个动机是否真实,但因为作为调查者的我们是中国人这一点有很重要的意义。

在本章中,我们着重对 6 名日本遗孤的访谈进行了分析,其中涉及他们在回到日本后适应的过程中经历的认同的回归与震荡。英国社会学家安东尼·吉登斯(Anthony Giddens)认为自我认同是个体根据自己的亲身经历所反思性地理解到的自我。6 名日本遗孤在访谈中,均提到了他们对日本和中国的态度以及他们对自己身份的看法。T 和 S 属于在归国动机中明确提及"日本人"的认同而回国的,T 认为"因为我是日本人,所以无论多晚,我一定会回来",S 则说"日本是我的祖国,中国是我的第二祖国"。"我是日本人"的认同是促使他们回到日本的一个重要原因,这种

---

1 当然,因为我们是中国人,也有他们不愿意谈论的部分。曾经拜访了一个日本遗孤团体,当我自我介绍:"我是研究日本遗孤问题的中国留学生",一位遗孤起初对我说:"世人不大能了解我们的艰辛,所以请你一定要写好文章,告诉日本人我们的事",表示了非常积极的配合态度。然而,当她得知我们是公费留学生的时候,态度突然发生了变化。私费留学生与日本遗孤一样辛苦,但公费留学生领取留学生奖学金,能在日本轻松地生活,她或许认为这和自己的立场是有差异的。此后,无论如何她都拒绝我们的访谈请求。被拒绝的原因虽然不是因为我们是中国人,而是因为是"公费留学生",但从另一个侧面可以知道受访者不会因为我们是中国人就无话不谈。但在本文中我们想强调的是,我们站在中国留学生的立场,并积极利用这种身份的优势,从而分析他们多元且动态的归国动机。

认同在回日本后不能得到同等的日本人待遇而遭遇危机，从而导致他们坚定地走上国家赔偿请求诉讼之路。M 和 Y 则更多地受到外部因素如"憧憬日本更好的生活"等，他们在"日本人"认同上比较薄弱，M 认为"自己是中国人"，Y 则称"从心理上还是中国人"，存在着双重的认同。但是他们在要求与其他日本人一样的待遇的国家赔偿诉讼方面也是比较活跃的，Y 认为他们需要得到相对应的尊重与对待。G 和 H 则面临更深的困扰。G 直到 43 岁才知道自己是日本人，此前一直以中国人的身份活着，突然得知"日本人"身份的 G 内心复杂纠结。H 是为了养女的教育才回到日本的，在日本的生活与在中国相比，落差很大。他们作为"日本人"的自我身份认同更加薄弱。

第四章　不安与抗争：日本遗孤归国后的生活

　　以 2002 年 12 月的在东京法院提起的第一次诉讼为开端,鹿儿岛、名古屋、京都、广岛、德岛、高知、札幌、大阪、冈山、神户、长野、福冈、仙台、山形等地的遗孤相继提起诉讼。超过八成的回国定居的日本遗孤,其中约 2 201 人[1]参加了国家赔偿请求诉讼。这个数字庞大惊人,反映着日本遗孤回国后的实际生活状态和他们的迫切诉求。在对遗孤的口述访谈中几乎都能听见关于国家赔偿请求诉讼的话题,这也成为我们研究日本遗孤必须面对的问题。然而,目前并没有太多关于遗孤的国家赔偿请求诉讼的研究,[2]日本学者太久保真纪和中国学者潘德昌、潘磊对日本遗孤国家赔偿诉讼问题做出了一些研究。总体来看,两国的研究者都没有将日本遗孤国家赔偿请求诉讼问题作为研究主题,究其原因,应该是国家赔偿请求诉求这个话题过于敏感,研究者进行相关调查非常困难。

　　日本遗孤提起的国家赔偿请求诉讼,可谓是遗孤回国后的生活现状的一个集中体现,也可以说成为影响遗孤自我认同形成的基础和主要因素。对定居归国的日本遗孤来说,回国后的生活会对他们带来了怎样的满足感或者不安感? 如今他们又是如何看待自己归国定居的选择的? 本

1　统计至 2006 年 10 月,来自日本遗孤国家赔偿诉讼团全国联络会资料。
2　大久保真紀「中国残留孤児の生活実態と国家賠償請求集団訴訟」(2006)已经做了一些研究。

章尝试从日本遗孤提起国家赔偿请求诉讼这个侧面来分析探究他们对回国如何评价，并探寻遗孤们为何要诉讼"祖国"、以怎样的心境面临着审判，这背后有怎样的背景以及他们最终的诉求又是什么。同时，我们也持续跟踪关注 2007 年 7 月的新支援策略公布之后的日本遗孤的心境变化。

第一节　抗争爆发：国家赔偿请求诉讼的过程

关于国家赔偿请求诉讼的状况及结果，在第二章中已详细介绍，在此不再赘述，只是简单地说明诉讼的背景。

选择回国定居的日本遗孤约 2 201 人在日本 15 个地方法院，以国家疏怠了对他们早期的回国支援和回国后的生活支援为由，集体对日本政府发起了国家赔偿请求诉讼。日本遗孤据以下理由，主张政府侵害了日本遗孤们"像普通的日本国民一样堂堂正正生活"的基本权利：① 日本政府战后的政策让他们成为在中国的"弃民"；② 日本政府在明知大量日本遗孤存活的情况下，于 1959 年以"战时死亡宣判"制度[1]宣告日本遗孤"法律上的死亡"；③ 对于回到日本定居的日本遗孤，日本政府也没有充分施行支持遗孤在日本生活的保障措施。

基于这些理由，日本遗孤发起了主题为"在祖国日本的土地上，像日本人一样生活的权利"的集体诉讼，要求日本政府支付给每人 3 300 万日元的损害赔偿。

2005 年 7 月在大阪地区做出了本次国家赔偿请求诉讼的第一次审判，结果是日本遗孤全面败诉。大阪原告团不服，向大阪高等法院提出上

1　在日本国内，根据 1959 年 3 月 3 日公布的《未归国者的特别措施法》，未战时被确认死亡的 33 000 人被宣告死亡，其中，大约 13 600 多名日本人的户口被抹去，包括很多遗孤、中国残留妇人的户口。

诉。另一方面,2006 年 10 月 26 日,在东海 3 县等 7 县的遗孤计 207 人起诉名古屋地方法院的审判,其中 168 份审理结束审理(判决日期随后被指定)。

2006 年 12 月 1 日,神户地方法院首次做出不同的地方裁决。桥诘均庭长部分承认了国家的法律责任,指出:"国家制定了阻碍日本遗孤回国的有关违法措施,并下令国家支付赔偿 61 人总额共计 4 亿 6 860 万日元。神户审判作为第一个认定日本有关遗孤的国家政策存

图 4 - 1 "安倍总理大臣,请倾听日本遗孤的声音"日本遗孤进行示威游行(《读卖新闻》,2006 年 12 月 7 日)

在错误的判决,对其他诉讼产生了巨大影响(见图 4 - 1)。2006 年 12 月 11 日,日本政府不服神户地方法院的裁决,向大阪高等法院提出了上诉。东京地方法院于 2007 年 1 月 30 日做出了判决,全面否决了原告的索赔请求,不承认国家有"帮助遗孤尽早回国义务"和"自立支援义务"。

最终,2007 年 7 月 8 日,遗孤的原告和律师团在东京都内召开全国会议,决定接受政府和执政党的支援策略,并结束诉讼。

第二节　新支援政策出台前:日本政府的主张

日本政府主张,访日调查的迟滞是因为中日两国政府间谈判花费了大量时间,并指出他们已经尽可能的提供了最好的自立支持措施。进行全国首次判决的大阪地方法院,否定了国家的责任,"不承认国家违反了让日本遗孤尽早归国的义务,而自立支援策略也是由立法和行政的裁量

决定的"。[1]

此外，对于日本遗孤，没有足够的证据表明政府官员曾经有过如滥用战时死亡宣告、放弃调查等非法措施干涉原告顺利回国的行为，并表示不能采纳遗孤们的"国家阻碍他们归国"的意见。

同时，日本政府主张，日本遗孤陷入不利现状的直接或间接的起因是在战乱中他们被遗弃在中国继而成为孤儿，由于长期未能回国，没有机会习得日语而造成的。归根结底是由于在战乱中被遗留在中国造成的，因此不得不说，这属于战争损害或者战争牺牲。由此，对于他们在定居归国后，在融入新的社会生活环境的过程中出现的劣势，是否需要支援，以及需要何种支援，应该被归类为战争损害赔偿问题。此外，日本政府主张，战中及战后，所有的国民都或多或少被迫忍受战争造成的生命、身体、财产上的各种牺牲，而这种牺牲是所有国民同等接受的，只是损害发生在国内或国外的区别而已。

日本政府同时主张，不能否认日本遗孤是由于国家向"满洲国"移民的国防政策而移居中国东北，并最终成为战争遗留孤儿而长期在中国生活，回国后，由于日语能力不足，在社会生活的各种情况下处于劣势，很多遗孤处于只能依赖最低生活保障金来生活的实际状态。然而，现阶段不存在《宪法》的明文规定需要制定特别法律来保护遗孤的福祉和养老保障，在《宪法》各条文的措词解释中也并不存在明确的立法义务，因此不能认为日本遗孤的情况需要制定特别法律来区别对待。

第三节　对抗国家的"模板叙述"

关于国家赔偿请求诉讼，相对于国家的种种主张，日本遗孤们存在

1　参见《读卖新闻》2005 年 7 月 6 日报道。

"对抗"国家的模板叙述。中国残留妇人铃木则子在国家赔偿请求诉讼的陈述意见书[1]中写道：

请你倾听我们迫切的诉求。我们原告只有 3 人，但是我们代表着众多高龄的中国残留妇人。有太多想参加却无法参加的人都和我有着相同的想法。我们别无选择，只有站出来。我们已经承受了太多苦难，而且我们一直把它深深地埋在心底。我们希望国家能理解我们的心情，解决我们的生活困难。只能祈愿。

战争已经结束了 60 年，马上将是 61 年了。我们不能忍受遗孤问题长期悬而未决且不为世人所知。我们渴望国家恢复我们的权利，给予我们作为日本人的权利和义务。在众多国民和社会的支持下，我们于 2001 年 12 月 7 日提起了诉讼。在战争中，我们曾为国家奉献过自己。我们希望法官明白，在经受了 60 多年的苦难后，我们控告国家是多么痛苦的选择。我们认为国家有责任回顾过去的历史，为何会产生中国归国者这个群体？国家没有责任吗？在这 4 年的审判期间我们也遭受了种种艰辛。

2006 年，判决结果宣布，国家的行为不被认定为非法。我们非常的遗憾和绝望。我们必须恳求到底。我们是如何被遗弃在战场的？在战火中，我们是如何经历了九死一生的？侥幸存活下来的日本遗孤，在中国度过了什么样的日子？我们作为侵略者和施暴者的成员，在"敌人"的国家，中国人民都挽救了我们，让我们住进了他们的家里，给予我们照顾。我在语言习俗不通的情况下挣扎，又因为了解了这段历史而痛苦。如果有羽毛，我想飞回我的祖国，我期待着有一天我的祖国会来接我，因此一直努力地生活。在中国左等右等，却一直没有消息。（笔者译）

1　参见"中国归国者协会"主页。

1943 年，铃木与他的家人一起作为"开拓团"的一员移居中国。1978年回国定居，回国 4 年后，铃木创立了"中国归国者协会"，[1] 一直为日本残留妇人的权益而奔走着。在诉讼中，铃木是一位当之无愧的领导者。

铃木认为"将悲惨的战争经历告知世人是我的使命"，并作为 3 个代表之一站在了法庭上。日本政府主张把 1945 年时 13 岁以上的人认定为"残留妇人"，其依据是超过 13 岁的人具有判断能力，是依照自己的意愿留在中国的。他们反驳称，"我们没有收到集体归国的信息，不得已成为长期滞留者。到回国定居为止一直抱有归国的意愿。"此外，他们指出："在中日邦交正常化以后，返回日本成为可能，但原告人等待多年（也没有实现），因为只有国内的亲属有权利申请归国的差旅费"，他们强调国家的疏忽，对遗孤们返回日本后的支援不力，并指出了日语教育的不足和贫困痛苦的生活现实，他们要求国家承认修订救济策略的必要。

在中国归国者的共同体中流传的各种故事中，这种故事占据着压倒性的优势地位，人们在谈及诉讼时都会不自觉地引用或者参照，因此我们可以把这个故事可以称之为"模板叙述"。然而，共有 2 201 名遗孤参加诉讼，每个遗孤的想法都千差万别。以下我们将从对日本遗孤的访谈中去窥视他们心目中的国家赔偿请求诉讼。

第四节　典型背后：日本遗孤心目中的诉讼

"'模板叙述'在共同体内部具有权威性，看似是事实，也有明确的叙

1　"中国归国者协会"1982 年以中国残留妇人铃木则子为会长，成立初期仅有十余人，如今已有 1 000 名以上的会员和支援者。在他们的参与与合作下，持续进行回国者支援的活动。帮忙解决回国后的遗孤们跨越语言的障碍、就职问题、歧视和欺侮、由文化习惯差异而引发的纠纷等问题。该会的主旨为"建立一个不再产生战争遗孤并且归国者都认为'回国真的是正确的选择'的社会"。

事框架,所以它对新的故事的产生有镇压和遏制作用。"[1]模板叙述不能囊括全部故事,有关遗孤国家赔偿诉讼案也有着不同于模板叙述的声音。

日本遗孤到底是何种心境去状告自己的祖国的? 通过诉讼,他们想向日本政府和日本社会传达什么样的想法? 在这些背后潜伏着什么样的背景? 下面,我们将通过遗孤们的叙述审视他们心中的诉讼,并分析遗孤参加诉讼的三种心境——坚定诉讼者、中间层成员、心理搭便车者。

一、坚定诉讼者: 诉讼的中心成员的诉求

(一)回国后的冷遇: 生活支援不足、日语教育不充分

日本遗孤初回日本时,面临着种种亟需国家支援和帮助的问题,如因为不擅长日语而很难找到工作,即使艰难找到工作也因不适应日本企业文化而被排斥和歧视,又如因为无法描述自己的症状而不能独自去看病等一系列举步维艰的难题。然而实际上,回国之初的遗孤们受到的国家的帮扶和支援可谓寥寥无几。日本遗孤们不得不自寻他法。Y是自费归国的,他比谁都更加明白日本遗孤的艰辛,他 1989 年在 T 县创立了"中国归国家族自立互助会",2003 年为互助会事务局负责人,同年 2 月开始担任会长一职。他说,创立互助会的初衷是"因为国家不帮我们,我们只有互相帮助了"。

> Y: 遗孤在返回日本后语言不通,日常生活也常感到处境艰难,偶尔生病都不能自己去医院,为此,我们就像前辈一样照顾他们的生活。去医院看病啊,还有就是二代和三代回国的事情啊。……遗孤们虽然回来了,但人生地不熟,谁也不认识,也没有亲人。他们想把

---

1 櫻井厚、小林多寿子、『ライフストーリー・インタビュー』、せりか書房、2005 年、第 180 页。

孩子们也带过来，但是去哪儿，怎么找担保人，这些手续他们都不懂。所以我们就成立了这个互助会，大家互相帮助，齐心协力。……大部分归国者都成为我们的会员。

中国归国者家族自立互助会帮助大家寻找工作、在公司面试时作为翻译陪同、做回国定居的身份担保人、帮忙办理回国手续、帮助遗孤们寻找亲人等。此外，租借公租房时需要担保人，而担保人的条件是 60 岁以下的未住在公租房的年收入超过 200 万日元的日本人。这个条件非常苛刻，因此互助会也会帮忙寻找担保人，做得最多的还是帮忙联络孩子的学校，带人去医院看病，以及帮忙安排葬礼。日本遗孤中很多人不会讲日语，日常生活需要依赖他人的帮助。中国归国者家族自立互助会成员庞大，这也反映了从中国归国的遗孤和他们的家人在现实和心理方面面临着重重困难，非常需要帮助的事实。

T 的遭遇更加糟糕。1979 年，T 带着 4 个孩子短期返回日本，她的丈夫在这之前就死于疾病。到达日本之后，一心想着自立的 T 拼命工作，然而祖国对她十分冷漠，令她心灰意冷。

T：我们和二哥一家同时到了日本，二哥立刻就分到了一套房子。可是不知道为什么，我却没有得到房子，连住的地方都没有，没有办法我只能住在我大哥的家里。另外，二哥的孩子全都进入了学校，但我的孩子却无论如何也无法入校。……两家的手续都是我办的，完全一样。就这一点，我一直不能理解。为什么同样是回国，待遇却这么不同？他们跟我说："你一个女人，没有丈夫，带着孩子，没法独自在这里生活。"那时候，我也不懂日语，又有这个事，担心啊，担心啊，有一段时间都失声了。……最终我还是决定回中国，因为我认为孩子必须得上学，那就只得重返中国。我现在也不明白，为什么我的孩子不能入学？如果那个时候国家给我一点点帮助的话，我们可能就不用再回到中国了。二哥就那样在日本永久定居了。没有办法,我们又在中国度过了8年。如果我能在8年前顺利回到日本,我的养老金会不会比现在要多很多?

因为"女人一个人无法在日本自立"这个理由,T没有分到房子,孩子也不能入学,她别无选择,在日本逗留一年之后,无奈再次返回中国。T苦笑着说:"如果日本政府能给我多一点帮助,我就不需要返回中国,如果是那样,就可以工作得更久,就能得到更多养老金"。

日本遗孤成长于中国,人到中年回到日本的他们只会中文,对日语一窍不通,日语教育的需求是非常必要和迫切的。公费归国的日本遗孤原则上可以接受一年的日语教育,自费回国的遗孤则没有这种待遇。然而即使是公费归国的遗孤,在这一年的时间内,也常常会被政府工作人员要求"尽快适应日本社会""尽快自力更生""尽快找工作",也会被劝说"在工作中学习日语""找到工作可以有更多的工资"。彼时的日本遗孤大都已经三四十岁,在短时间内习得一门外语并非易事,然而,在政府的不断催促和诱导之下,众多的日本遗孤在日语水平完全无法满足正常生活和工作的状态下,被迫走上了社会,这直接导致了一部分遗孤因日语不通而生活困难,也为后来超六成的日本遗孤需要依赖最低生活保障金为生的境况埋下了伏笔。

Y:身份未判明的人们,刚刚回国的时候,会马上去所泽中心(注:埼玉县内的日本遗孤支援中心),接受4个月的日语教育,再被派遣到各地,去同意接收他们的城市。然后在各地市再学习8个月日语,然后,就会被要求"请尽快自力更生""请尽早开始工作"。这就是日本政府冷酷的政策。

*:也就是全部加在一起,大约一年。

Y:是,一年左右。大部分人都上了年纪,让他们在大约一年中学习日语不是很困难吗？因此，生活中也存在着不安，要在大约一年的时间里记住日语是不可能的。头脑灵活一点的人会记得多一点，但是有的人只能记住片假名和汉字注音。我们虽然也是日本人，但在择业时却会受到歧视。他们常常说"你是中国人""你不会日语"，导致很难找到工作。谁会雇用不懂日语的人？即使你最终找到了工作，在那样的工作岗位中，也有许多事情会使你受到欺负和歧视。

在中国长大的 Y 曾经完全忘记了日语。但现在，他像土生土长的日本人一样说着流利的日语。Y 骄傲地说："这是我努力的结果"。回到日本定居的 Y 并没有机会接受完整的日语教育，因此，他利用上下班途中、工作间隙，除了洗澡和吃饭，在家里的时间都一直拼命在学习日语。

正如 Y 所言，日本遗孤回国后有一年接受日语教育的机会。然而一年后，他们被要求"自力更生""尽快找到工作"，有的最低生活保障金工作人员提出"一边工作一边学习"做为指导政策，强迫不会说日语的人马上工作。然而，由于语言障碍和年龄偏大，找到工作谈何容易。而最终不得不依赖于由税金而来的"最低生活保障金"，对于"被税金赡养"很多日本遗孤也感到内疚和不安。

S 有在东京的夜校学习一年半日语的机会。

＊：那是专门为遗孤们办的学校吗？

S：不是不是，那是为了那些没有初中毕业，未完成义务教育的人办的学校，不是为遗孤们办的。

＊：现在，您能这么流利地说日语，大约花了多长时间呢？

S：直到离开了夜校，也几乎还是完全不会。三四年过去了，看电视机有一半不明白。去学校总共也不到两年，而是被迫立刻开始工作。我最初是从二年级开始学习的,那时,生活辅导员说:"进入二年级吧,那样可以学习一年半就毕业,可以更快速地工作"。起初我什么都不知道啊,因此,就选择进入了二年级。如果我能从一年级学习的话,我就能学得更多。……白天我去上班,晚上就拼命学习日语。4年后,终于能听懂电视节目的六七成。边工作边学习,花了六七年才终于能够与人简单交谈。在最初的两三年,我什么都不懂,在办公室也没法儿和任何人说话。

S也被敦促"尽早工作",从而只接受了一年半的日语教育。由于听不懂上级的指示,在工作中常常被苛责,也受尽歧视。他说:"有人告诉我,你还是不明白日本的规则。在日本,下级一定要服从上级的"。在回到日本的20多年里,S换了十多次工作。这是众多艰难步入社会的日本遗孤们普遍面临的问题,这不仅仅是由于日语能力的不足,更多的还是日本遗孤们不明白和不理解日本的企业文化及生活习惯。

在中国,有"授人以鱼,三餐之需;授人以渔,终身之事"的谚语,指的就是直接给予物质帮助不如教会他自立的本领。就日本遗孤这件事情上来说,日本政府可能也有诸如"比起依靠政府救助资金,自己勤劳地工作更令人钦佩"这样的想法。然而,没有考虑到遗孤们的实际情况的政策到底是行不通的。难以习得日语,和日本人思维存在差异,不熟悉日本社会的工作生活习惯,这些困难阻碍了日本遗孤融入日本社会、实现自立。而且,对于越来越高龄的遗孤们来说,一味强迫他们"尽早开始工作"显然是不合情理的。

(二)"弃民"政策与被当作外国人对待

中国和日本于1972年恢复了外交关系,但日本政府直到1981年才开始对遗留在华的日本人展开寻亲调查。Y认为日本没有积极地进行寻亲调查,使日本遗孤成为"弃民"。他作为诉讼中心成员非常积极地参加

诉讼,呼吁日本国民在签名书[1]上签名。关于诉讼他是这样阐述的:

> Y:(日本政府)从 1972 年到 1981 年的 9 年时间里什么都没做。此前以没有和中国建立邦交为由,27 年什么都没做。但是,两国恢复邦交以后,还是没有马上把遗弃在中国的孤儿们接回来。中日恢复邦交 9 年以后,9 年过去了,才开始寻亲调查。找到亲人的遗孤,比如我,即使是日本人,如果没有担保人就不能回国。完全把我们当作外国人对待和处置。回国后,日语教育、社会教育、就业支持、经济支持和社会生活支援也很不充分。

"第一次被抛弃是在 1945 年 4 月,关东军召集了从 18 周岁到 45 周岁的男性,然而却留下其他平民逃跑了。第二次被抛弃是中断救助和'宣告战时死亡'。中日邦交恢复以后的忽视是第三次抛弃",Y 一边查阅诉讼声明,一边回忆着这段历史。此外,Y 对于没有担保人就不能归国的这种被当作外国人对待的处置感到愤怒。

同样,S 也控诉着政府调查的迟滞不力。"我记得我父母的名字和家乡,但不知道日本的归途。国家说全面地调查了,那是谎言!至少,一次也没来我们村。可能他们调查了主要的地方,但并没有全面调查。我想回家,但我找不到办法,也没有可以商量的人,晚上一个人躲在被子里偷偷地哭,很难过。14 岁的时候,我还曾有一次试图自杀。"他一边说着,一边流下眼泪。

此外,由于 S 当时已加入中国国籍,只有先办理"归化"手续才能加入日本国籍。"1972 后出生的孩子必须归化,1972 前出生的孩子在归国后马上就是日本国籍。但是这些孩子的爸爸却需要先'归化'才可以,这种制度实在是太奇怪了。我最小的孩子是 1972 年以后出生的,所以他和我

---

1 "为了日本遗孤人性的复苏的请求"的目标是收集 100 万份日本国民的签名。据市民联络会事务局(东京)的统计,到 2006 年 3 月 6 日为止,已经累计收集 1 002 262 份。

一起办了'归化'手续。我们花了大约一年时间才拿到日本国籍,这还算是快的"。类似这样,有一部分遗孤尽管被判明是日本人,但回国时他们却被当作外国人一样对待,这让他们非常愤怒。

(三)屈辱的最低生活保障

虽然参加了此次国家赔偿请求诉讼,但 T 从未拿过国家的最低生活保障金,"我靠自己奋斗,我不想依赖任何人",坚强的 T 回日本后的第二个月便开始工作了,做了 14 年的保洁工作直到退休。日本厚生劳动省的遗孤政策是"如果不能维持生活,可以领取最低生活保障金"。最低生活保障金制度是一项面向日本全部国民的政策,旨在支援无法维持生计的人群。

由于最低生活保障金的来源是国民税收,所以在实际操作和管理过程中,有非常严苛的标准。这本无可厚非,可是这种政策显然并不适用于日本遗孤的情况。如果一个遗孤回中国给中国养父母扫墓,那这期间的保障金就会停止发放;再比如,如果在家里留宿他人,也会被视为生活有富余而削减保障金;由于最低生活保障金不能支付给子女或其他家人,老人们不能和自己的子女同居。一旦领取了最低生活保障金,连生活方式都会受到限制,比如私家车甚至空调都被认为不是生活必需品,而是奢侈品,不被允许拥有。在采访中,认为最低生活保障金制度"限制性太强""太具屈辱性"的遗孤不在少数。

> T:如果判明是日本人,为什么不让我们早点回家呢?又是担保人,又是证明,人为地制造各种难关,就没有打算让我们尽快归国。这就是国家不对了。因此,这就是为什么我们要提起诉讼的原因。如果让我们早点归国,我们也能加入保险,养老金不是也会更多点吗?还会需要最低生活保障金之类吗?拿着最低生活保障金的人,如果能早点回来,能说日语和能正常工作,就不需要国家的最低生活

保障金。有谁真的想要最低生活保障金？谁都不想，只是因为没有其他办法。如果接受了最低生活保障金，就会像犯人一样地被监视。……如果你回中国，你的生活费立刻被没收；如果你的孩子在家住一段时间，孩子也会被说"怎么总是在妈妈的家里？妈妈的钱足够吗？你交给她钱了吗？"；如果你买了点东西，就会被问"你怎么能买这么贵的东西？钱从哪里来的？"

＊：自己孩子的钱也不行吗？

T：嗯。我的一个朋友也是日本遗孤，现在住在京都。每次她来东京看望她的儿子，都会被质疑："你为什么去东京？钱从哪里来？你怎么去的？谁买的票？"。

靠每月 37 000 日元（人民币 2 200 元左右）的养老金生活的 T，没有申请最低生活保障金。

T：不要。我不想用日本政府的一分钱。日本人经常说："喏，你们拿的最低生活保障金，那都是我们拼命工作上缴的税金"。谁想用这样的税金？我们的父母、兄弟姐妹都死在了中国，我们也被遗弃在那边，为什么没有人提这个呢？如果我们从小一直在日本，我们也能像普通日本人一样好好地生活的吧！如果日本政府能懂这个道理，我们也不想搞诉讼之类的。正是因为这些不合理的事情，我们才加入（诉讼）。我不想要其他的东西，只是为了提高我的养老金，不要说最低生活保障之类的。

T 因为不想领取最低生活保障，所以一开始并没有加入诉讼。但是，每当看到领取屈辱的最低生活保障金的遗孤同胞们时，与不合理的制度进行斗争的心情变得愈发强烈，所以 T 最后也加入了国家赔偿请求诉讼。

从 Y 那儿,我们也听到了类似叙述。

当我在办理最低生活保障手续的过程中,我受到了严重的侮辱。我与 A 老师一起在办理最低生活保障金的手续时,偶然遇到 A 老师的熟人,A 老师向他解释说我是个日本遗孤,正在办理最低生活保障手续。于是,那个人说:"这就是为什么我要被征收这么多税金的原因了"。我感到出离愤怒。我们之所以不得不办理最低生活保障,归根结底的原因是这个国家把我们整个家庭送到了中国,并把我们遗弃在了中国。这个国家将我的父母亲人送去战场送死。国家必须补偿父母兄弟的性命。尽管如此,唯一留给我的是紧紧巴巴维持生活的这一点钱,这根本不足以弥补什么。我对那个素不相识的人大喊:"就这点生活保障金远远不够! 这是我的父母、兄妹的命!"。

最低生活保障金是没有工作、储蓄、养老保障金的遗孤们的重要收入来源。可是,很多遗孤都体会着"受国家恩惠""经常被监视"的屈辱感。国家称"遗孤的生活是由最低生活保障金来保障的",当遗孤接受津贴时,会相应减少最低生活保障金的支付额,所以遗孤们的实质收入不会改变。遗孤们痛诉他们想要从被压制的生活中解放出来:"钱不是问题,我们只是想为自己的日本人身份感到骄傲。"

另一方面,T 也并非不担心晚年的生活。她说:"我想从我能工作的那一年开始领取养老金,所以我参加了这次诉讼。"对她来说,向祖国日本提出国家赔偿的要求,不是为了金钱,是为了有尊严的晚年的生活保障。

可以说遗孤必须依赖最低生活保障金来生存的这一现实,与国家对遗孤只采用既有的最低生活保障制度来应对的这种态度,是促使遗孤们提起国家诉讼的原动力。国家认为最低生活保障是国民的权利,但遗孤们感到它损害了他们作为"日本人"的尊严。

(四) 小结

Y、T、S 积极地参加国家赔偿请求诉讼案,可以说是诉讼案的核心成员,属于坚定的诉讼者。归国后的日本遗孤有对现状的不满,也有对未来的不安和苦恼。在采访中,只要谈及国家赔偿请求诉讼案,几乎所有的人都表示"被遗弃了""被当作外国人一样对待""希望更多的支援与保护""想像日本人一样过着日本人的生活",等等。

樱井厚认为,"个人的生命历史,有自己的特定用语,也有共同体群体通用的语言,[1] 还有共同体内部的'模板叙述',及包含更广社会含义的'社会故事'。人们在讲述自己的生命历史时,往往会考虑自己与共同体或社会的关联性,从而确立自我过往的历史。"[2] 日本遗孤在讲述自己的生活历史时,会把自己置于日本遗孤这个共同体中,使用共同体的群体语言。在此次的国家赔偿请求诉讼的这个大背景下,作为日本遗孤一员的他们会考虑诉讼的语境与文脉,更多地强调自己的悲惨经历。另一方面,我们认为这样的模板叙述的形成也与国家赔偿请求诉讼的大背景直接相关,日本遗孤们不得不生成自己的模板叙述,以"对抗"国家话语。

当然,这并不意味着参加国家赔偿请求诉讼的 2 201 名遗孤都有同样的想法。与模板叙述不同的声音也是存在的,其背后的原因也多种多样,下文将聚焦于这些与核心成员的叙述不同的声音。

二、中间参与者:我们只有一些小小的愿望

1998 年,时年 53 岁的 G 回到了日本,她这样谈论遗孤的国家赔偿请

---

1 樱井厚指出,讲述者会使用聆听者能听懂和理解的话语,所以"用语法"是指在对话中讲述者和倾听者(包括可以预见的其他倾听者)所共有的同一共同体的文化群体的话语方式"。参见樱井厚、小林多寿子、『ライフストーリー・インタビエー』、せりか書房、2005 年、第181 页。
2 参见樱井厚、小林多寿子、『ライフストーリー・インタビエー』、せりか書房、2005 年、第178 页。

求诉讼。

＊：您常常回中国为养父母扫墓吗？

G：扫墓是不行的。如果去扫墓的话，最低生活保障金就会被取消，我想回去，可是不能回去。不被知道还好，一旦被知道了，就算已经拿到的补助金也要还回去。

＊：是吗，这么严格吗？

G：是啊，非常不自由。养父母辛辛苦苦地把我养大，培养我，不能回去探望和扫墓，我们于心不安啊。只要能帮我们解决这个问题就好了。钱这些都是其次的，我只要能维持现在的生活就满足了。如果能够给我们一年回一次中国的机会，去扫扫墓，去和相伴长大的朋友们见见面，这样我们也能轻松点。在这里过得很压抑。赔偿啊，谢罪啊，这些都是历史问题，我不期望能全部解决，我只希望国家能为我们解决一些现实问题。……养父母的恩情我一生难忘。虽然我有日本的亲生父母，但是中国养父母把我拉扯大，从很小的时候，我的记忆都是和中国有关的，是中国那片土地养育了我。日本只是在物质上比中国好点，但说到感情，人的感情是轻易改变不了的。

G 对国家赔偿、谢罪之类的要求不高，对现在的生活现状也比较满意，但对于作为女儿的她而言，为从小养育她长大的养父母扫墓是最为重要的诉求，她希望能一年有一次返回中国扫墓的机会。在 43 岁以前一直以为自己是中国人的 G 视中国养父母为亲生父母，她认为不能去为养父母扫墓是极其不孝的。不像 Y 和 T 那样全面问责日本政府的责任，G说："对国家而言是个小事，对我来说却是一等一的大事，只要能帮我实现这个愿望我就满足了。"像 G 这样的我们称之为"中间参与者"。

虽说日本法律没有明确规定，但是，一般认为"没在日本生活期间，是不能发放最低生活补助金的"。众多的遗孤们控诉："救我一命的养父母对我来说有偌大的恩情，连养父母的墓都不能祭拜，怎么都说不过去。无论我们去哪儿都被监视。"有这样经历的日本遗孤比比皆是，一旦领取了最低生活保障金，他们不能过富裕的生活，不能为养父母扫墓。不能去中国扫墓这个问题在整个日本遗孤群体中普遍存在。毫无疑问，把生活在中国多年的遗孤们并入最低生活保障制度是不合理的。

三、心理搭便车者：我的"生活战略"

H 也参加了国家赔偿诉讼案，谈及诉讼案，他也没法隐藏对政府援助政策的不满。

（在诉讼中）日本遗孤们要求日本政府谢罪道歉。谢罪都是形式上的问题，我们实际上是要求经济方面的补偿。像我们这样的日本遗孤，为了祖国而被送到中国，又被抛弃了，只得到了一家离散的悲惨结局。可当我们回到日本的时候，政府为我们做了什么？生活费少得可怜，只能维持最低的生活水平。实际上，我们的待遇就和难民一样。换言之，我们就和那些从马来西亚、印度尼西亚来的难民一样，没有任何特殊待遇。

到这里，H 的讲述好像与"模板叙述"差不多。但在采访最后，他和妻子闲聊的时候，我们听到了关于国家赔偿请求诉讼案的一些其他想法。

＊：H 先生没有工作，闲暇时间做着什么呢？

H：平时从早到晚看电视。

H 夫人[1]：每天喝酒、喝茶、吃饭。

1　在采访 H 先生的时候，H 的夫人也陪同在一旁。

H：喝酒、喝茶、看电视，每天晃悠着，无事可做，哈哈。

H夫人：睡懒觉，看电视，我不怎么做饭，所以都是他去买东西。

H：年纪大了，对什么事都没什么野心。保持中庸就好，没有什么追求了，就这样过着每天的生活。

＊：这样也挺好的，每天都很轻松快乐。

H：对啊。

＊：从国家那里获得的生活费够生活吗？

H：没什么问题。我就和你说，虽说不能过分浪费，但维持一般的生活是没有一点问题的。

＊：只要不是富裕的生活，普通的日子靠补助金是足够的吗？

H：嗯。政府的补助金不能过富裕的生活，但是普通的日子没有问题。如果生病了，医疗费都是免费的，住房也是免费提供的，养老金什么的也有，没有什么晚年生活的担心。

H夫人：晚年是没有必要担心的，但是也不能过奢侈的生活，也没有存款之类的，节约就好。

当聊到H的闲暇生活时，我们听到了意料之外的话语。"虽说不能过太富裕的生活，但其实我们没有什么需要担心的。"过着节俭日子的H笑着说："这是我们的生存战略。"

樱井认为："'模板叙述'在共同体内部有一种权威作用，它遏制着新的故事的产生。"[1]一开始说到国家赔偿诉讼案的时候，H也理所当然地说着类似"对政府的不满"这样的模板叙述，可仔细深入了解之后，我们便会发现与之不同的声音。在M这儿我们也听到了类似的叙述。

＊：对您来说，来日本以后最好的事情和最坏的事情分别是什

1　樱井厚、小林多寿子、『ライフストーリー・インタビュー』、せりか書房、2005年、第180页。

么呢？

M：最不好的事就是不会日语，没有其他的了。

＊：经济和生活方面没有什么苦恼吗？

M：没有。

＊：也就是现在的生活没有什么问题？

M：对啊，没有什么问题。

＊：钱也足够吗？

M：足够，以前工作有些积蓄，现在还能担负得起生活。

＊：如果生病了呢？

M：住院什么都是免费的，生了病去区政府的话就会带我去医院的。

＊：现在不是很多日本遗孤都在参加国家赔偿请求诉讼案吗？

M：啊，那个，我也参加了，因为大家都参加了，所以我也让他们加上了我。但我觉得那都是可有可无的，原本就不可能实现的。

＊：为什么这样想呢？

M：因为日本政府输的可能性是零，它会输吗，对不对？

　　M 参加国家赔偿诉讼案并不是出于对政府的不满，而是因为"大家都参加"，是出于对日本遗孤本身群体合群的认知。H 和 M 虽然都参加了国家赔偿诉讼案，但都持比较消极的态度。这是因为，H 对现在的生活比较满意，而 M 对生活满意之外也认为遗孤不会在国家赔偿请求诉讼案中胜诉，只是作为群体中的一员参加。在此我们将这类心理命名为"心理搭便车"。[1]

1　"心理搭便车"出自《集合行为论》(1965)，书中定义："即使存在共同利益，利己主义的个人，如果没有强制和报酬，就会逃避责任，导致集体行为不能成立。"在本文中，我们的搭便车与此意思稍有不同。H 是出于群体意识而参加诉讼，在心理上接近搭便车，所以在本文中借用这个定义。

第五节　本　章　小　结

回到日本永久居住的日本遗孤中,大概有 2 201 人参加了国家赔偿请求诉讼,约占当时中遗孤总数的八成。很多日本国民不理解他们,"他们费尽千辛万苦回到祖国,起诉自己的祖国是为了什么呢?"甚至会有一些质疑:"说到底还是为了钱吧?"在国家层面,直到 2006 年 12 月 1 日第一次神户胜诉为止,国家一直反驳遗孤的观点,认为"访日调查的延迟,是由于中日两国商讨时间长,而国家也尽可能地提供了各种支援"。

在本章中,我们从诉讼的社会背景、国家的态度和日本遗孤自身的讲述三个方面入手,试图探明日本遗孤国家赔偿请求诉讼的真相。在此基础上,我们分析了日本遗孤选择回到日本定居的意义。

一、参加诉讼的三种心境: 坚定诉讼者、中间参与者、心理搭便车者

承受着日本社会的种种非议与质疑参加国家赔偿请求诉讼案的日本遗孤们,他们的诉求与期望也是各种各样的。

有像 T 和 S 这样的,经历过战败后的修罗场,"在中国作为日本人活着",在异国生活中遭遇磨难和煎熬时,"总有一天我会回到日本""落叶归根"的念头是他们活下去的唯一信念和精神支柱。也正因为如此,他们期盼和幻想着自己的祖国一定会热情地迎接自己的归来。"落叶归根"是典型的中国式传统思维,日本与中国相同,国籍的获取是以血统作为认定依据的。[1] 在中国长大成人的日本遗孤们深受中国文化的影响,认为"有日本人的血统,所以自己是日本人"的他们,抱着"死后一定要葬在自己的家

1　中国和日本一样,把父母双方的血统作为国籍辨认标准,只要父母中有任何一方是中国血统就可以被认为是中国公民。

乡"的心愿。

像 Y 一样，有些遗孤付出一切，克服了种种艰难困苦才回到了日本。正因这样，他们对日本政府的态度充满了期待和憧憬。但当他们回国后，发现现实与自己预想的大相径庭，日本政府非但没有热情地迎接他们的归来，甚至态度非常冷漠。对此他们愤慨不已，他们和日本政府对立起来，积极地参加全国的国家赔偿诉讼案。

还有像 G 一样的遗孤，他们依然留恋着中国的生活，拥有作为中国人的自我认同。他们只有一个诉求，就是"能每年回一次中国，去为中国养父母扫墓"，我们将这类遗孤称为中间层成员。

也有像 H 和 M 这样的，在中国原本有着不错的生活，从事着教师或者医生等社会地位较高的职业。他们回到日本既不是出于"思乡之情"，也不是对"日本经济的憧憬"。他们至今还在寻找着来日的动机，对日本政府也没抱着太大的期待，对现在的生活也比较满足。他们参加国家赔偿请求诉讼没有非常明确的动机，只是出于集体意识，追求赔偿的意识也不强烈，在心理层面"搭便车"，所以我们称这类遗孤为心理搭便车者。

二、随状况改变而变化的不安感及满足感

参加国家赔偿请求诉讼案的日本遗孤达到了总数的八成，这在一定程度上反映出了日本遗孤们的不安和不满，也是过去悲惨生活的反映。他们主张，他们及家人因为日本侵略中国时的移民政策被送到中国，最终被抛弃；而祖国长年没有采取帮助他们回国的措施，使得他们沦为"弃民"；此外，归国后日本政府未采取合适的措施帮助他们尽快适应日本的生活环境和协助他们自立。不难看出他们对于今后的生活、子女们的未来都怀着强烈的不安。

2007 年国家赔偿请求诉讼的结束后，遗孤们接受了日本政府出台的新援助政策，他们的生活状态有了新的变化。根据日本厚生劳动省最新

发布的《2015年关于日本遗孤的生活现状调查结果报告书》[1]显示,归国的日本遗孤的不安情绪主要是对"健康的不安""晚年生活的不安(经济)"以及"晚年生活的不安(没有照顾我的人)";而他们也对政府新支援政策表示出一定的满意度,其中配偶支援金一项满意度较高,有75.3％的归国者和其配偶对配偶支援金持积极态度,满意的原因主要是能够帮助缓解老年生活的压力以及不用担心孤身一人的配偶的生活。

同时,无论是对之前的支援政策感到不满而奋起抗争,还是之后抗争胜利收获了日本政府的新支援政策,日本遗孤们都并非只是被动地接受这些安排与政策,他们充分展示了在逆境中强有力的生存姿态。他们有对日本政府的不满,也有对未来生活的不安,但是在一定程度上对现有生活是满足的,他们用自己的"生存战略"柔软地适应了在日本社会的生活。日本遗孤不只作为在日本社会中受到差别和不公平对待的弱势群体生活。虽然困难重重,他们仍然顽强生存,成为超越了中国和日本的国家框架,活跃在中日两国之间的顽强生命体。

三、与模板叙述不同的新故事的诞生

如上所述,日本遗孤们对国家赔偿请求诉讼有着各自的诉求和主张。有如"'弃民'政策和像外国人一样被对待""不完备的生活支援和日语教学支持""屈辱的最低生活保障"等这类模板叙述,这些是遗孤们在讲述时会不由自主地模仿和参照的故事。虽然对日本政府有各种不满,对老年生活也有各种担心,但大部分日本遗孤们对选择回到日本并不后悔。

> 回来还是不错的。毕竟这里是我的祖国,很安心。困难有很多,
> 压力也很大,但想到这里是我的根,我还是很安心。也有想回中国的

---

1 日本厚生劳动省救援局、「平成27年度：中国残留邦人等実態調査結果報告書」、日本厚生劳动省、2017年。

时候，不过现在还是想留在日本。

　虽然有对日本政府的不满，但日本终究是我的祖国，日本人还是我的同胞。这是养育母亲的地方，所以仍然觉得回来是正确的。

模板叙述在遗孤共同体内部具有权威性，有明确的叙事框架便于参考与借鉴，所以它的存在往往对新的故事的叙述有遏制作用。但是，我们也可以发现，模板叙述不能囊括全部故事。关于遗孤国家赔偿请求诉讼案也有不同于模板叙述的声音，例如 G 所说的"不求道歉什么的，只想能够自由地回到中国"，也有 H 所说的"虽说参加了诉讼案，但实际上生活没有问题"这类新的声音的出现。

第五章 创伤与危机：日本遗孤的自我认同

在第三章与第四章中我们探讨了日本遗孤的归国动机以及他们归国后的生活境遇，分析了他们对永住归国这一抉择的评价。在本章中，我们将通过剖析他们在叙述中反复出现的价值观和行为决策的判断标准，以及他们内心深处对"祖国"意义的理解，借此来思考他们的自我认同。

第一节 日本遗孤自我认同的研究状况

以往对中国归国者身份认同的研究中，往往强调他们对于身份认同的纠葛、动摇、丧失和危机。其中最具代表性的言论是"在那边，孩子们会因为父母是日本人而被欺负；但回到这边，却又被认为是中国人。什么时候才能安稳下来呢？我们到底是什么？"。[1]

时津分析了中国残留妇人身份认同的困惑。首先，对她们来说，在中国作为日本人生活，意味着她们时时要求自己是一个"优秀的日本人"，同时也背负着"小日本鬼子"的烙印。尽管回国后她们希望以"日本人"的身份生活，却往往不被认可，被视为"从中国回来的日本人"（或"外国人"）。[2]

---

[1] 時津倫子、「「中国残留婦人」の生活世界」『「中国帰国者」の生活世界』、行路社、2002 年、第68 页。

[2] 時津倫子、「「中国残留婦人」の生活世界」『「中国帰国者」の生活世界』行路社、2002 年、第68 页。

同样，有关日本遗孤二代的研究中也指出，身为"日本遗孤"的子女的遗孤二代也成为日本社会的"越境者"，他们大多面临身份认同危机。[1][2][3] 在中国，他们被称为"小日本鬼子"而遭受欺凌，来到日本后反而被骂作"中国人，滚回中国去"，成为在中国和日本都不被接受的"局外人"，而这种痛苦的境遇使得一部分青年遗孤二代走向了暴力和犯罪。在日本和中国社会都被视为异类的日本遗孤二代有时会向社会发出："我到底是日本人，还是中国人？"的痛切自问。[4] 有研究指出，自我认同的危机是促使一部分遗孤二代走上反社会行为的背后的重要动机之一。[5]

此外，日本学者蘭信三主张日本遗孤的经历对他们的自我认同有深远的影响：或是在日常生活中被戏称或被辱骂为"小日本鬼子"，或是在养父母家中更多的被当作劳动力、或是因为日本遗孤的身份在"文化大革命"时期遭受过一些冷遇，这些经历都成为他们内心的创伤，导致了他们产生了对自我的不安和身份认同的动摇。[6] 对于日本遗孤而言，中国虽然是"祖国"，但也或多或少遭遇过歧视和偏见，而这种歧视和偏见比语言壁垒和文化差异给他们带来了更大的痛苦、孤独和不安，并导致他们陷入"我是日本人还是中国人"的身份认同危机。

综上所述，对日本遗孤、中国残留妇人以及遗孤二代的身份认同的研究，几乎都集中在身份认同纠葛和动摇上。这种"纠葛和动摇"，主要是源于无论在中国还是日本都不被社会所接受，导致他们产生了"我到底是中国人还是日本人？""我既不是中国人，也不是日本人"的归属感

1　江畑敬介、曽文星、箕口雅博、『移住と適応　中国帰国者の適応過程と援助体制に関する研究』、日本評論社、1996 年、第 134－135 页。

2　筑波大学社会学研究室、『中国帰国者二世・三世—中国と日本のはざまで』、筑波大学社会学類、1995 年。

3　大久保明男、「アイデンティティ・クライシスを越えて—「中国日裔青年」というアイデンティティをもとめて—」『「中国帰国者」の生活世界』、行路社、2000 年、第 326 页。

4　《朝日新闻》，1996 年 9 月 5 日。

5　山本徹美、「暴走族「怒羅権」の十年」『中央公論』、1999 年 8 月号、第 252—263 页。

6　蘭信三、「中国帰国者とは誰なのか、彼らをどう捉えたらよいのか」『「中国帰国者」の生活世界』、行路社、2000 年、第 413 页。

和自我认知上的动摇和困惑。作为一类特殊的移民，无论在哪里都被当作外国人看待，这种情况也常常可以在美国的日裔移民二代[1][2]和在日韩国人、朝鲜人[3]中看到。尽管他们认同自己的社会集体身份，但如果得不到周围的承认，就无法获得稳定感，并由此感到强烈的愤怒和不满。

然而，仅以这些来解释中国归国者的身份认同是否足够呢？在日韩国人、朝鲜人研究者福冈安从在日韩国人年轻一代、朝鲜人年轻一代身份认同中总结了主要的几种类型，包括"回避冲突"型、"冲突"型、"共生志向"型、"同胞志向"型、"祖国志向"型、"个人志向"型、"归化志向"型。[4]他指出在日韩国人年轻一代、朝鲜年轻一代的身份认同的多样化，"在日韩国人一代、朝鲜人一代是带着对日本的怨恨和对祖国的思乡之情活着，二代则经历了抗争歧视与贫困，努力在日本社会立足的过程，而三代则已完全适应了日本社会"。

在日本遗孤中，我们也能听到一些不同于以往研究的日本遗孤二代的声音。

"长期以来，我一直在中国和日本之间苦苦挣扎。但在审视自己后，认为虽然执着于身份认同的生活方式很好，但不必放弃其中一方，可以两者兼得，缺少的部分可以通过学习来补足。大学毕业时，我决定放弃使用来日后一直使用的日本名字，恢复中国名字。这不是因为我是中国人，而是因为恢复本名是自然的，并包含了不屈服于各种歧视的意义。"

虽然日本遗孤确实存在身份认同的纠葛和动摇，但是否存在与这种模板叙事不一样的身份认同呢？日本遗孤的身份认同，虽然可能和福冈的分类有所不同，但是否也会多元和多样化呢？对于日本遗孤来说，"自

1　竹沢泰子、『日系アメリカ人のエスニシティ』、東京大学出版会、1994 年。
2　Murphy-Shigematsu, S. Voice of Amerasians; Ethnisity, Identity and Empowerment in Interracial Japanese Americans[D]. Harvard University, 1986.
3　野村進、『コリアン世界の旅』、講談社、1996 年。
4　福岡安則、『在日韓国・朝鮮人　若い世代のアイデンティティ』、中央公論社、1998 年。

己"是什么,"祖国"又是什么? 本章将从日本遗孤的"祖国"意识来探讨他们的身份认同。

第二节　日本遗孤自我认同的多样性与复杂性

在本研究中,我们注重在与他者的关系中,即在互动过程中去思考自我建构。自我建构是在与他人的互动中被讲述的,如何自我定义依赖于社会互动。[1] 日本遗孤作为日本人永住归国,他们是否将自己定位为日本人呢? 随着访谈的不断深入,我们越发深刻地感觉到并非如何简单。T 和 S 说着"我是日本人"的同时,也会时不时说"他们日本人"将自己置于与日本人对立的立场。Y 和 G 根据对方是日本人还是中国人,灵活地改变说法。M 和 H 则直截了当地对笔者说"我是中国人"。为什么日本遗孤会这样说呢? 通过详细分析他们的生活故事,我们希望展示日本遗孤的自我认同建构过程,从而提供一种理解日本遗孤身份认同的新视角。

一、双重的自我

T 和 S 都提到"在中国作为日本人活着"。T 说:"我一直知道自己是日本人。因为一直想着有一天我一定会回去,所以当时结婚坚决要找日本人。即使是死,或是孤独终老,也不打算和中国人结婚。当时只想着要回去、要回去,一定要回去。因为我是日本人,不管多晚,一定要回日本。结婚对象只要是日本人就足够了。"而二战结束时已经 9 岁的 S 则说:"从小被当做'养父的劳动力',长大后在工作中被选为县代表,但要想往上走还是不行,因为我是日本人。"他还自嘲说结婚时"(妻子)嫌弃我是日本

1　片桐雅隆、『過去と記憶の社会学—自己論からの展開』、世界思想社、2003 年、第 9 頁。

人，个子又小，不乐意。幸好当时是父母决定一切，最终是父母决定的。"

T所在的村庄，当年有十多个日本遗孤，其中包括她的两个哥哥。因此，T一直比较幸运地生活在哥哥的庇佑之下，从未被任何人欺负过。在日本人众多的环境中长大的T，从小就对日本人的身份有着深刻的认同感。而S则一直背负着"日本人"的烙印，受到歧视和欺凌。就像S说的"别的孩子都去上学了。我白天干完农活回家的路上会经过学校，看到学生们在校园里玩得很起劲，我的眼泪就扑簌簌地掉下来""和别的孩子玩的时候，每当吵架的时候他们就会说'小日本鬼子''小日本'，所以后来我就不出去玩了"。他作为"失败者"、"敌国的孩子"，作为留在中国的没有祖国的人，作为"日本人"在中国生活。这种经历从侧面促成了他对日本人身份的认同。

当我问及："中国对你们来说算什么?"，T和S如是说：

＊：您现在对中国有什么感觉? 是祖国的感觉还是其他感觉?

T：我现在有两个"家"。日本是我的家，中国也是我的家。中国人养育了我，这不能忘记。我在中国生活了四十多年，一生都不能忘记。

＊：那您对中国人有什么感觉?

T：还是很亲，有亲近感，哈哈。听到有人说中国的坏话我会生气。看比赛时，希望中国赢，日本也不要输，哈哈。心情非常复杂，有时候自己也不太明白。

＊：如果有人问您是中国人还是日本人，您会怎么回答?

T：我是日本人。但是，我有一颗中国心。这颗中国心一生都不能忘记。我在中国生活了四十五年，怎么可能忘记呢? 每一朵花、每一棵草我都记得。日本是我的血缘故乡，是流淌着我父母血液的地方。

＊：现在对您来说中国是什么？中国是您的祖国吗？

S：对中国的事情到今天依旧还是忘不了。对我来说，日本是祖国，中国是第二祖国。

＊：那被问到是日本人还是中国人时您会怎么回答？

S：熟悉我的人知道我是日本人。对于问东问西的人，我会解释我是日本人。曾经有人问我"你恨中国吗？"，我说"怎么会恨中国？！中国人救了我，那是最大的恩情。怎么会恨中国人呢？"

如上所述，当问及对于中国的看法时，T 和 S 异口同声地说道："日本是我的祖国，我是日本人。同时我一辈子也忘不了中国，中国是我的第二故乡"。此情此景下，两人都主张认为"自己是日本人"。

然而，当问及回国后在日本社会的生活状况和境遇时，他们的话语突然发生了变化。T 积极地参与了"中国残留孤儿国家赔偿请求诉讼"，对她当年短期返乡时遭受的冷漠待遇和现在的"屈辱性"的生活保障制度非常不满，痛诉"日本政府太不讲道理了"。

T：日本人常说"你们用的最低生活保障金，那是我们辛苦工作所缴纳的税金"。但谁想用这种钱呢？我们的父母、兄妹都死在了那边，我们也被抛弃，为什么没人提这事？如果我们从小生活在日本，我们也会过上普通日本人的生活。他们现在能如此幸福地生活，不是我们父母的牺牲和鲜血换来的吗？

＊：（您在回到日本以后）工作中没有被欺负吧？

T：我工作认真，他们没法欺负我。但确实有别有用心的坏人。有人叫我"中国人……"的话，我会生气地说"别叫我中国人，我是日本人！"如果你像我一样从小被抛弃在中国，现在你们能做到像我这样吗？绝对不能！你们没有我这种坚强的意志。日本人总是瞧不起中国人，说中国人如何如何，我反驳说"中国人哪里不好？他们连敌国的孩子都会救,并且养大成人! 坏的是你们日本人吧? 抛弃我们的是你们日本人吧?"

S 和 T 一样也积极参加了"中国残留孤儿国家赔偿请求诉讼"。回国时,他不断地被生活指导员催促"要尽快开始工作"、"要尽早自立"。

S:回来以后上学学日语不到两年,马上就被迫开始工作了。一来就进了二年级的班级,生活指导员说"从二年级开始,一年半后就可以毕业,尽快独立,开始工作吧",一开始我什么也不懂,所以进了二年级。明明如果从一年级开始,我能学到更多日语和工作技能。

S:工作中间休息的时候,他们日本人一起聊天,但我只能一个人坐在远处,因为我什么也不会说。

S:工作时和日本人吵架,课长说"你还是不懂日本的规矩,日本人下级一定要服从上级的。"明明是日本人的错,却因为是上级就要服从? 太不公平了。

这里值得注意的是他们用词的变化,比如说"你们日本人"、"他们日本人"。虽然他们希望能作为"日本人"生活,然而事与愿违,大多数归国的日本遗孤都被视为"从中国回来的日本人(外国人)"。对他们而言,经历了战后的混乱和逃亡,在异国的生活中忍受着日常的歧视和排斥,在"文化大革命"这样的政治运动中遭受冲击也没有气馁,背负着悲惨的命运活到现在的信念支柱就是"总有一天我会回日本"。这样我们也不难理解为何他们会对日本政府抱有极高的期望,他们盼望日本政府和国民会张开怀抱热烈地欢迎流落在外的游子的归来,他们期待日本政府会积极有效地帮助他们尽快适应和融入日本社会,像一个"真正的日本人"一样生活。然而,事与愿违,冰冷的现实辜负了他们的热切期待。语言障碍、文化差异、就业难、生活苦等困境,加上政府贫乏的应对措施和整个社会的冷漠态度,成为阻碍他们适应日本社会的重要因素,甚至成为孕育悲剧的温床。他们不懂日语,难以适应日本的习惯,常常被周围的"日本人"排斥和欺负。在这种情境下,他们往往会把自己置于与"他们日本人""你们日本人"对立的立场。

T和S口中的"他们日本人""你们日本人"这些表述,反映着他们的复杂心情。我们可以从两个角度去理解。一方面是"我和你们不同,不是你们那种日本人"的愤怒,一方面则是"你们在日本幸福生活,我们却吃尽苦头,我们是被祖国抛弃的日本人"的愤懑。

片桐主张"自我的构建与角色取得是不可分的。我们思考自我的构建的时候需要在与他人的关系,即在相互交往中去考察"[1]。G. H. 米德主张人类只有在与之相关的关系中能够认识他者时,才能实现自我[2]。即个人的自我实现的前提是需要获得他者的态度。米德认为,自我的构建是自我对象化的结果,这种对象化通过取得他者的角色,即站在他者的立场上审视自我才得以实现。

因此,作为反思性、认知性构建物的自我并不是先天存在的,其构建是在角色取得这种与他人的互动中进行的。因此,自我的构建需要以他者的角色取得这种互动为前提来讨论。T和S清楚地意识到"我是日本人",并有着日本人的自我定义。然而,在"个人通过取得他者的态度才能实现自我"这一过程中,在与"日本人"的交流中,他们却站在了与日本人对立的"我与日本人不同"的立场上。他们自己甚至都并未意识到这一点,存在于他们的潜意识中,我们将其定义为"双重自我"。

1　片桐雅隆、『過去と記憶の社会学—自己論からの展開』、世界思想社、2003 年、第 7 页。
2　乔治・H. 米德:《心灵、自我与社会》,赵月瑟译,上海译文出版社,1992。

二、灵活的自我

Y是"中国残留孤儿国家赔偿诉讼"的核心成员，他非常积极地投身其中。他向日本政府抗争，要求"作为一个普通的日本人"生活的权利。虽然日本遗孤回到了"祖国"日本，但对回国后的生活境遇他们往往存在着不满，虽然国籍上是日本人，但实际上与普通日本人的生活存在着较大差距。

> Y：日本其实是我的国家，但回到日本，日本政府并不把我当作日本人。我们是日本人，但不能过普通日本人的生活。现在老了，不能工作，也没有养老金。日本人只要认真工作，最低也能拿到20万日元的养老金，我们一个月只有2万多日元。生活与普通日本人相比，差距很大，是数倍以上的差距。现在我们依靠低保生活着，就像乞丐一样。虽然羞耻，但也只能如此，我还不想死（苦笑）。

Y主张日本遗孤"虽然是日本人，但不能过普通日本人的生活"，批评日本政府不充分的支援措施。在诉讼的语境背景下，Y强调的是自己作为日本人的身份。在访谈不断深入后，我们又听到了更多不同的故事。

> ＊：对现在的您来说，中国意味着什么？
>
> Y：说到底那是祖国。有人说"中国是第二故乡"，但我认为日本才是我的第二故乡。对我来说永远如此，中国是一辈子都无法忘记的。
>
> ＊：如果问"您是日本人还是中国人"，您会怎么回答？
>
> Y：嗯，我会说两者都是。看情况，因人而定吧。90年代前后，我曾多次去中国出差。当时是为了中日交流和中国技术开发，我和

日本公司的社长一起去中国签订合同，准备建立公司，因此多次去了中国。住酒店的时候，因为那时中国人都穿得比较朴素，和日本人的穿着不同。我穿着西装、打领带，当时中国人很少穿这种衣服。住酒店时，我去厕所的时候，厕所里有一个做清洁的爷爷。因为我的穿着不同，他一直不停地盯着我看。我用中文跟他道歉："我是日本人，但是我是中国人民把我救活的。日本过去曾经给中国人带来了很大的伤害，杀害了很多中国人，实在对不起。当时我很小，不是我做的，我也同样痛恨他们。"这样一说人家很高兴，他们很高兴，就不是那个眼神看我了，那个眼神哪。我到每个旅馆啊，我都首先这样说。我说的也确实是事实。

在诉讼的语境下，Y 主张"希望作为普通日本人生活"。而在与笔者的对话中，他又说"说到底中国是我的祖国"。进一步，在与中国清洁工交流时，他又说"我虽然是日本人，但我也痛恨日本人所做过的事情"。Y 的言论看似矛盾，但如果我们去深度思考，就会发现它其实并不矛盾。格根指出故事在自我建构中的重要性，他认为把对自己而言重要的事件，从时间上进行说明，这就是故事，而通过讲述故事，人们的生命被赋予了意义和方向的感觉。[1] 我们生命中发生的各种各样的事情，在个体看来并非具有同样的重要性，其重要性的程度根据诠释的不同而产生差异。在诉讼的语境下，Y 需要强调自己作为日本人的身份。在与中国留学生的笔者的对话中，他或许是考虑到笔者的感受，才会更加强调"自己的故乡是中国"的立场。而作为日本公司职员去中国出差时，才会出现他以日本人的身份向中国人道歉的场景。

自我虽然是由符号构成的建构物，但它并非封闭固化和一成不变，而是在互动中变化的。Y 的故事很好地说明了自我的灵活性，他展现了不

1　Gergen K. J. & Gergen M. M., "Narratives of the self," in *Studies of Social Identity*, ed. T. Sarbin & K. E. Scheibe (New York: Praeger Publishers, 1983), p. 225.

拘泥身份认同的生活态度。

　　另一位日本遗孤 G，人到中年才知道自己是日本人，对于日本和中国是这样说的：

　　＊：现在怎么看待日本和中国，哪个更像是祖国？

　　G：在根本上，还有内心里面，我认为日本是祖国。回到根儿，心理上会稳定一些。虽然困难重重，压力也大，但想到根在这里，还是安心。虽然偶尔想回中国，但还是更想待在日本。这里是我的家，有"想回家"的心情。

　　＊：原来是这样啊

　　G：真的，这是我的真实感受。

　　＊：四十多岁才知道自己是日本人，也会有这种感觉吗？

　　G：是的。

　　＊：如果被问到是中国人还是日本人时您会怎么回答？

　　G：在日本，绝对会说自己是日本人。回中国时，根据朋友的感受，可能会改变说法。不说自己是日本人时，会说自己在中国长大，习惯也一样。但也实际上也没有人问过我这样的问题，只是我自己认为，作为日本人并没什么特别的地方，中国的朋友永远都是朋友。

　　＊：现在您是如何看待中国的呢？

　　G：我对中国的感情一辈子都不会改变。在我的心中的天秤上，中国和日本永远是一样的。不是说中国好，日本好，中国是养育了我的大地，在中国生活了近 50 年，感情上中国可能更亲近，但是从深度上来说，日本是我的根，所以在不知不觉中，自然觉得"这里是我的家"。她们对我都很重要。

　　G 一方面说"因为日本是我的根源，所以很安心"，另一方面又说"在我心中，中国和日本永远都一样"、"其实中国人、日本人只是地域不同，大家都是黄种人、亚洲人，外表看不出区别，我不太在意"，展示了不拘泥于身份认同的生活姿态。根据对方的身份，如是日本人还是中国人等不同情况灵活改变的自我我们称之为"灵活的自我"。

三、稳定的自我

在与笔者的访谈中，M 和 H 坚定地认为自己是中国人。关于自我，M 和 H 如是说。

＊：现在对中国有什么感觉？是故乡的感觉吗？

M：是的，还是觉得是祖国，还是觉得中国更亲近。我觉得可能主要还是语言。在中国，无论去哪里，可能会有方言，但是只要说普通话，总能沟通。但在日本就不行。

＊：那您对中国人有什么感觉呢？

M：我觉得自己是中国人，现在也是这样想的。

＊：您觉得自己是中国人？

M：是的。

＊：被问到是日本人还是中国人时您会怎么回答？

H：嗯，可以说是日本人，因为有日本血统。但也可以说是中国人。从小到 58 岁都在中国，中国是我的故乡。生活习惯、饮食习惯都完全是中国人，唯一不同的是血统是日本人。除此之外，与日本人完全无关。

＊：中国对你来说是祖国吗？

H：是的。每次回中国，回到生活多年的故乡，感觉非常地怀念和亲切。就连以前住过的那间破破烂烂的土房也让人感到亲切。虽然与日本的高楼大厦无法相比，但还是想去看看，还想一起合个影。

过去的朋友、熟人都很亲切。如果能自己选择居住地的话,我还是想住在中国,第一选择是中国。在中国,无论在哪里,都有朋友,感觉很亲近。其实,日本只是环境好、经济好。对我来说,其他方面没什么很好的地方的。

M 和 H 异口同声地说道"虽然血统上是日本人,但我认为自己是中国人",他们经常回中国,"亲戚和朋友都在那边,还是觉得中国好"。

问及他们的归国动机时,M 说"我在中国生活得很好,开始完全没有回日本的打算"。进一步询问原因,他说是因为儿子和朋友的建议。"大家都说日本不错,那我说我去看看吧。反正所有的费用都是日本政府负担,感觉像是'免费海外旅行'的感觉,决定去看看。结果从日本回来以后,日本政府开始非常积极地帮我们推进永住归国的手续,后来就回来了。"

H 短期回国时找到了亲生父亲,对日本印象不错,但最初,由于"担心语言不通""在中国生活得很好""不想让中国养母伤心"等原因,他没有选择立即回国。在短期回国 12 年之后,为了女儿的教育和未来,他才最终决定回国。

两人都没有因为"作为日本人而回国"的"思乡之情"。M 和 H 也参加了"中国残留孤儿国家赔偿请求诉讼",但态度较为消极,属于"搭便车"类型。M 参与诉讼不是因为对政府的不满,而是因为"大家都参加了,我也就参加吧",可以理解为对日本遗孤群体的合群意识。而 H 则表示"拿着政府补贴虽然不能过上富裕生活,但其实生活没问题。生病时有免费治疗,又提供住房,养老金也按时发放,老年生活无忧。虽然不能过很奢侈的生活,但足够生活了",他总结说参加诉讼"这是我们的'生活策略'"。在中国的时候,M 是学校校长,H 经商成功,是少有的较为富裕的日本遗孤。也可能正因为如此,他们并没有对日本政府的援助抱有过高的期望,对生活现状也较为满意。

当然，我们也需要考虑到访谈者的中国留学生的身份。自我符号的构建与社会互动密不可分，我们需要在社会互动的语境下去思考对方的叙事和记忆。面对中国留学生，他们可能才会更容易地说出"我认为自己是中国人"。我们称 M 和 H 属于"稳定的自我"类型。

第三节 本 章 小 结

关于日本遗孤、中国残留妇人以及遗孤二代的身份认同研究，几乎都集中在他们的身份认同纠葛和动摇上。这种"纠葛和动摇"，主要体现在"在中国被称为日本人，在日本被称为中国人"，无法被周围人接受，导致"我到底是中国人，还是日本人？""我既不是中国人，也不是日本人"的归属感和自我认知的动摇和困惑。

本文尝试从"自我建构主义"视角出发，在与他者的关系中，即从采访者和被访者的互动关系中去理解和诠释日本遗孤的自我建构。不同于以往的研究，我们通过细致分析当事者完整的生活史，去理解日本遗孤的身份认同，同时，从中国留学生的采访者的立场，分析了身份认同构建的多样化和动态过程。

身份认同包含个体同一性和集体（社会）同一性两个方面。个体同一性指个体在过去和未来都认为自己是同一个人，而集体同一性指个体认为自己与集体其他成员一样，认可自己是集体的一员。个体同一性和集体同一性需要平衡，身份认同才能得以维持。本研究中，日本遗孤的个体同一性危机较为少见，而对于日本和中国这两个不同集体的同一性的危机更为突出。本章重点分析了日本遗孤在集体同一性方面的困惑与危机。

通过本章研究，我们发现日本遗孤对于自我的认知比以往研究所呈现的更为多样和多层次。通过细致的分析日本遗孤的生命叙事，可以总结为以下三类自我叙事：

第一类，如 T 和 S，他们有着非常清晰的"我是日本人""在中国作为日本人生活"的自我定义，但是另一方面在日本社会中遭受欺凌和歧视，在与日本人的交往中，不知不觉中将自己置于像"你们日本人""他们日本人"这样与日本人对立的立场。我们称之为"双重自我"。

第二类，如 Y 和 G，他们不过度拘泥于身份认同。"面对不同的对象，有时候是中国人，有时候是日本人"，对于自我的认知，根据相互行为的对象灵活变动。我们认为这并非对自我认同的消极理解，而更多是一种生活战略，我们称之为"灵活的自我"。

第三类，虽然不排除是面对中国人的笔者才如此叙述，如 M 和 H，他们没有明显的自我认同的动摇，有着较为稳定的"我是中国人"的自我认知，我们称之为"稳定的自我"。

如何自我定义依赖于互动行为，自我建构不能脱离对互动行为的理解。每个日本遗孤的自我认同的建构，都与他们在中国社会的经历、在日本社会所处的状况息息相关。当然，他们的身份认同不是受经历与境况的影响单方面被动形成的。自我认同受他者的规定和自我的规定两个要素的影响，在两个要素及其相互作用的过程中动态形成。我们不能忽视他们的身份认同的形成不仅受对过往人生的理解的影响，还受他们未来生活的策略和志向的影响。进而，日本遗孤的身份认同不仅是在日本人或中国人两极之间的简单动摇，还包括类似像在日韩国人、朝鲜人表现出来的"既不是日本人也不是韩国、朝鲜人"的第三类存在范畴，我们应该注意到"既不是日本人也不是中国人"的新范畴的主体的创造性，同时也不能无视"既是日本人也是中国人"或者对中国人身份认同没有动摇的多种身份认同的存在。通过本章的研究，确认了日本遗孤的身份认同是在与日本社会和中国社会的相互作用中，在他们的生存策略中动态地形成的。

第六章　归属与游离：遗孤二代的自我认同

第一节　日本遗孤二代的来日

在对日本遗孤一代进行长期的跟踪调查时，他们经常谈到他们是为了给孩子提供更好的教育环境和未来发展而选择回到了日本。由此大量的日本遗孤配偶及遗孤二代跟随日本遗孤回到了日本。背负着父母的沉甸甸的希望和期盼的日本遗孤二代，在日本这个"异国"是怎样生活的？他们面临着怎样的难题？他们是如何克服的？在中国和日本的夹缝间成长的他们又是如何自我定义的？要想从整体上把握日本遗孤的群像，对遗孤二代的调查必不可少，而且是极其重要的。

本章中，我们通过对日本遗孤二代进行生命叙事深度访谈，剖析探究他们所面临的问题及由此而来的困惑、迷茫，以及他们为此所付出的努力和他们的应对策略。并在此基础上，分析在中日两国生活、受着中日两国文化影响的他们的自我认同的状态。

遗孤二代在中国社会被贴上"日本人"的标签，甚至被个别人戴着有色眼镜对待、排斥于共同体之外，只能作为外来者生活。回到日本后，他们作为日本社会"越境者"——日本遗孤的后代，又被当作"中国人"而难以融入日本社会。既往研究显示大多数日本遗孤二代都存在着自我认同的危机。"在中国被别人骂作'日本鬼子'，到了日本反而被骂'中国人，回中国去'，无论在中国还是在日本都被排斥，到哪儿都不被接受。"[1]无法融入日本社会的部分遗孤二代甚至把自己对社会的不满发泄于暴力。日本遗孤二代中出现了一个准暴力组织，名为"怒罗权 member"，曾多次因为引发社会问题，甚至对民众进行人身伤害而登上新闻。而"怒罗权"一词是被视为中国人图腾的"龙"的日语的音译，且他们特意选择了"怒"与"权"这两个汉字来表达他们的主张。从这些较为极端的行为中我们也不难看出日本遗孤二代生活在中日两国的夹缝中，面临着种种自我认同的困境。他们在中日两国社会都被看作局外者或外来者，有时候面对社会，对自己发出深刻的质疑："我到底是中国人还是日本人？"[2][3]有研究指出这个问题是一部分日本遗孤二代走向犯罪及反社会行为的一个重要原因。[4]

20 世纪 80 年代的日本遗孤回国高峰[5]距今已经过去了 30 多年，彼时十几、二十几岁来到日本的遗孤二代，此时已逾不惑或者知天命之年，他们在日本生活的时间已经超过在中国生活的时间。除去极少一部分是在幼年或成人后来到日本，大部分的日本遗孤二代都是在青春期或青年期来到日本。这个时期是人的主要生长期，也是个性形成的重要时期。对在中国土生土长的日本遗孤二代来说，移居到完全未知的日本，这个生活环境的突变会给他们的个性形成造成不可估量的影响。对日本遗孤二代进行细致的、全面的生命叙事深度访谈，可以勾勒出非单一的、非表面化的、生动且有深度的、多方面多层次的自我认同的图景。

1　大久保明男，「アイデンティティ・クライシスを越えて―『中国日裔青年』というアイデンティティをもとめて―」『「中国帰国者」の生活世界』、行路社、2000 年、第 334 页。

2　参见《朝日新闻》1996 年 9 月 5 日报道。

3　在中国被称作"日本人"，在日本被视作和外国人同等的"回来的中国人"。无论在日本还是在外国都被看作外国人的例子在美国的日本移民二代，在日朝鲜人和在日韩国人中也常常可以看到。自己认为拥有社会共同体的自我认同，然而得不到周围人的认可，因而得不到安全感，感到强烈的愤怒和不满。

4　山本徹美，「暴走族『怒羅権』の十年」、『中央公論』、1999 年 8 月号。

5　整理日本厚生劳动省的有关日本滞留国民的年度归国状况（2008 年 3 月 31 日），可以发现从 1972 年至 1979 年的归国人数为 79 户、288 名。1980 年至 1989 年为 1 136 户、4 636 名。1990 年至 1999 年为 1 129 户、3 587 名。2000 年至 2007 年为 176 户、746 名。可以说进入20 世纪 80 年代后，日本滞留国民的回国高潮开始了。

本章不是对日本遗孤二代的自我认同进行一般化、模式化的分析，而是旨在通过深入访谈，描绘出个体的独特的自我认同构建过程，并对这一变化的过程进行解释和分析。同样，调查者，即我们，以中国人留学生的身份对日本遗孤进行采访。我们与遗孤二代共享中国特有的语言、文化，用日语很难表达的词语也可以用中文进行交流，这就使我们可以抓住他们字里行间的还没有整理好的心境，从他们的叙述的文脉中捕捉到他们微妙的心路历程。

第二节　访谈调查的基本情况

本章的调研对象（见表6-1）均为"日本遗孤二代/三代之会"[1]的成员，该组织是以东京都、千叶县、神奈川县为中心的日本遗孤二代/三代的协会。在多年的跟踪调研中，我们接触到了大量的日本遗孤二代，本章选取9名遗孤二代进行重点分析的原因是考虑到他们叙述的生活历史比较完整全面，并且我们重视叙述的文脉，不拘泥于调查对象的数目。访谈的提问内容是被访者从出生至今的生活历史。访谈时不拘泥于问题的顺序，顺应谈话的走向。采访全部用日语进行。

表6-1　遗孤二代调查对象一览表

姓名	性别	出生年份	永久归国	来日年龄	现在的职业
MK	女	1975	1992	17	博士生、大学非常勤教师
KN	女	1977	1985	8	公司职员（中国）
MR	女	1960	1981	21	出版社职员

1　"日本遗孤二代/三代之会"由以下目的而结成。① 以有着相似的出身和生活体验为纽带，一致团结，探究共同感兴趣的问题，加深友谊，促进交流；② 加深对自我及社会环境的理解和认识，提高自身的自信和能力，克服由历史出身和异文化体验而引发的各种困难，保障正当权益和促进社会地位的提升；③ 充分发挥遗孤二代/三代的拥有中日两国文化背景的独特性、未来性和潜能，努力成为多文化社会的领头人和中日两国友好的桥梁，努力成为在亚洲及世界活跃的人才，为国际社会作贡献。摘自"日本遗孤二代/三代之会"主页。

姓名	性别	出生年份	永久归国	来日年龄	现 在 的 职 业
FT	男	1969	1990	20	教师
FN	女	1972	1990	17	编导
WN	女	1957	1988	30	公司职员
NH	女	1971	1992	20	教师
XL	女	1978	2005	26	日语学校学生
KT	男	1966	1990	23	废弃物回收公司社长

第三节　日本遗孤二代的自我认同的困境与突破

一、"在中国和日本都只有一半"

MK 的母亲是日本遗孤。MK1975 年生于黑龙江省,上有 4 个兄姐。MK 在中国初中毕业后,考入了师范学校,17 岁时休学半年,与家人一同来到了日本。日本的老家在长野县饭田市的农村,地处偏僻,MK 说与想象中的日本完全是两个样子,当初非常失望。但是,当时自己只是抱着来日本旅游的打算,半年后还要回中国继续学业,所以也没怎么在意。然而,回中国前,MK 不幸遇到交通事故,不得已住了一个月的院,由此也不得不中止了在中国师范学校的学业。回想那段在中国的时光,MK 说:"我并不是因为希望留在日本而留在日本的。所以那段时间心情非常抑郁。我留在日本,未来会怎样,心里非常惶恐。当时想回中国的心情非常强烈"。

留在日本的 MK,在 17 岁的年纪,重新进入初中学习,2 年后升入高中。学习上,MK 一直名列前茅,非常轻松。MK 擅长画画,在中国的师范学校读书时经常获奖。关于高中生活,MK 说:"没有很痛苦的事情,但是也没有什么令我很开心的事情。"

MK：当时画画获得的奖状和作为奖品的相册，我到现在还收藏着。因为在中国的生活非常快乐，所以来到日本后，特别是刚开始，又是车祸，又不懂语言，很多事情都不顺利，说实话，最初的印象非常不好。在中国的时光太快乐了，人总是喜欢做比较嘛，一对比，觉得日本这边的生活真的非常乏味。

高中毕业后，日本的叔叔要求 MK 马上工作，不顾叔叔的反对，MK 考上了东京的某所大学。"当时非常高兴，当时有那种心情，就是我一定要考上大学给你瞧瞧，有一种我一定能考上大学的信念。考上以后，全家都松了一口气。"然而，期待已久的大学生活与想象中的完全不一样，MK 品尝到了强烈的受挫感。

MK：没有属于我的地方，谁也不认识我，谁也不把我当回事儿。有问题了该问谁也不知道，突然变成了孤零零的一个人，非常不安。我到底算什么？我开始想找属于自己的地方。最初的一年真的是很有挫败感。和自己想象的完全不一样。虽然是同班同学，但是下了课，大家都各干各的，最终还是自己一个人。第一年，真的是很受挫折。（中略）在我心中我认为自己是中国人，当然从语言上来讲，说中文对我来说也容易得多。所以，我很想同中国留学生一起行动。但是，反过来，中国留学生对我的态度好像是"你是日本人"，和日本人的朋友在一起，又感觉有点不对，他们会说"你是从中国来的"。就好像，两边都不是，我意识到没有属于自己的地方。在高中的时候没有这种感觉，并且我一直认为自己是中国人，反而进了大学，意识到自己也不完全是中国人，因此在大学的第一年真的是很痛苦，不知道自己要干什么。

对 MK 来说,离开家人,独自来到大都市东京生活的第一年充满了孤独和不安。突然成为孤零零的一个人,有什么困难也没有人可以商量。MK 自认为是中国人,然而中国留学生却不这么认为。与此同时,她也找不到日本朋友。认识到自己与中国人不是完全相同这件事,对 MK 来说是一个重大打击。找不到自己的归属,她尝到了深深的挫败感。

转机在 MK 读大二的时候到来了。她参加了一个据称非常严厉的韩国老师的研讨会,课程非常难,大部分的学生都中途放弃了。MK 也准备放弃时老师说:"我听了你想要放弃的理由,你这是在逃避,遗孤二代巧妙地利用自己不会日语这个理由,只不过是在逃避而已。"听了这席话,MK 非常不服气,一直坚持上完了一年的课程,最终被这位老师大加赞赏"有毅力"。

> MK:当时上那堂课,那位老师说,你们这种情况当然有很多不利的地方,但是换位思考一下,你有很多别人没有的长处。你知道两国的情况,两方的优点缺点你也都明白。所以从那之后,我自己也开始慢慢接受了。能够正视自己拥有的背景了。从那以后,渐渐有了"我不是别人,我就是我"这种自信的想法。

老师的一句"你有很多别人没有的长处",令长期以来困扰 MK 的烦恼烟消云散。"我不是别人,我就是我",MK 变得能够坦然地接受自己至今为止的经历和背景。之前,MK 对变得既不是日本人,又不是中国人的自己感到非常不安,然而此后她开始尝试"不拘泥于自己是日本人还是中国人,自己就是自己"的这种生活方式。与此同时,她开始逐渐意识到自己懂得中日两国文化的这一大优势。

大学毕业后,MK 选择了读研究生。MK 的专业是语言学,在硕士一年级的时候,MK 选择去北京大学留学 3 年。选择中国的理由是想更加系统地学习语言学,"毕竟中国是自己的祖国,去中国,我没有语言上的障碍,只需要学习知识就可以了,所以决定去留学。"

阔别几年的中国发生了巨大的变化,北京变得和东京没有什么区别,这令 MK 非常惊讶的同时也感到很新鲜。然而,随着在北京的生活的深入,她的思想再次受到了一些冲击。

回到阔别多年的中国,MK 一有时间就会出去旅游,她希望通过自己的双眼重新认识中国。知晓了很多以前从来都不知道的中国社会有待进步的一面,但是 MK 说这绝不是坏事,收获同样丰富。

在北京留学的 3 年,对 MK 来说是人生一大转机,不仅令她能够重新认识中国的现状,也给了她重新审视日本的机会。MK 开始更全面、更客观地看待中日两国及其优缺点。原本对日本的一切都很排斥的 MK,开始慢慢敞开心扉,接受日本。

MK 正在攻读博士学位,她说:"希望今后能够拿到博士学位,在大学成为正式教师,这是我最大的心愿"。最后我向她询问,日本遗孤二代这个身份对她来说到底意味着什么。

＊：现在想一想,身为日本遗孤二代对你来说意味着什么?

MK：我是受害者。

＊：受害者? 怎么讲?

MK：当然我没有直接经历过战争,但是,我成了这种不完整的人,我觉得因为那场战争,我成了不完整的人。

＊：不完整是指?

MK：也就是说,在中国的时候还没有完全成人,只是一半,到了日本以后,又是一半,在哪儿都是一半。就这种意义上来说,我觉得自己是受害者。哪边都不完整,都有缺陷。另外,来日本以后心理上的负担一直比较沉重。因为家里我年纪最小,学日语也最快,所以家里人都认为"你会日语,所以这些事情你做是理所当然的"。家里来电话了,肯定是我接电话;出了什么事情,比如父母上班出了什么事情，都必须是我去应对；家里人生病，去医院都是我去当翻译。说实话，真的累了。到现在为止，这些全都是我做的，所以属于孩子的那种乐趣，在来日本以后已经完全没有了。所以，从这种意义上来说，来日本对我来说一点也不快乐。我不知道别人怎么样，反正我没有快乐。有的只是很沉重的话题、不好的事情，还必须照顾所有人。实际上，我也什么都不知道，我也想问别人。大家在感到不安的时候都是回家寻求温暖和保护，但是我完全不行。即使回到家还是感到很不安，找不到一个让心灵休息的场所，心理负担真的很重。从这种意义上讲，我是受害者，对我来说没有什么好事。

＊：那反过来，身为日本遗孤二代，有没有对你来说好的地方呢？

MK：没有！对我来说没有。真的很抱歉，但是没有。也没有人给你任何特别对待，就算进公司，都是和日本人一样，都要竞争。

语言作为交流的工具在人际沟通上起着十分重要的作用，但语言问题是遗孤二代所面临的最大问题之一。由于年纪小，接受能力强，遗孤二代在习得日语上比父母快很多。然而，正如 MK 所说，成为家中最快掌握日语的人这件事反而给她带来了沉重的负担。因为她懂日语，所以从 17 岁开始就必须照顾全家，这让她感到巨大的压力。17 岁原本还是个想依赖他人，想被人保护的年龄，而来到日本以后，那种依偎在父母怀里和父母撒娇的身为孩子的乐趣全都没有了，也找不到一个能让自己全身心放松的场所。对 MK 来说日本遗孤的身份没有任何好处，她对这个身份有着非常消极的评价。

2014 年 10 月 3 日，《朝日新闻》的一篇报道中曾谈到了语言问题给遗孤二代带来的另一种问题："在日本长大的他们不会中文，无法与不会日语的父母顺利交流。"因此，遗孤二代极有可能与家人产生情感上的隔阂。

在 MK 看来，身为日本遗孤二代，她与母亲一样也是战争的牺牲品。日本侵华战争使她成为无论在中国还是在日本都只有一半的、不完整的人。MK 希望今后能有机会写写母亲的故事。她说："我母亲是战争的牺牲品，她的一生很可怜。在中国的时候吃尽了苦头，回到日本，又不懂日语。现在她在生活方面虽然没有什么可担心的地方，但是，精神方面一点也不快乐。真的很可怜。"

另一方面，她对中国的感情，就算过去了十多年仍旧没有褪色。在中国生活的 17 年，对 MK 来说是非常珍贵的。她说："那段时光很美，很快乐。如果连那部分都否定了，我就什么都没有了。"在日本面临各种困难时，因为有了中国那段时光的美好回忆，她才得以跨越。

我们问 MK："你觉得你是中国人还是日本人？"MK 答道："还是两种都不是，都不完整。但是我已经不拘泥于这个问题了，也没有什么意义。两方的优点我都知道，两方的缺点我也知道，就看我怎样去积极利用这些了，我已经不在意了"。回顾过去的人生，MK 笑着说："有过很多挫折，但是我想这些苦难肯定不会白受的，肯定有它的意义。人还是要积极地向前看。今后的人生应该没有太大的波折了吧。"

二、"我不是 half，我是 double"

在 KN 八岁那年，跟随着作为日本遗孤的父亲，他们全家五口来到了日本。KN 是少数年幼时期就来到日本的遗孤二代，她不知不觉中就学会了日语，在语言方面完全没有问题。然而，她在小学时期常年受到同学们的欺负和排斥。

> KN：为什么？不知道为什么自己会被欺负，为什么会被排挤，当时不明白原因。
>
> ＊：你当时也被霸凌了吗？

KN：被霸凌了。其实很多遗孤二代都被霸凌了，我的朋友中没被霸凌的是少数。

＊：那应该不是不会日语这种原因吧？

KN：嗯，首先，我们家的情况，当时刚刚来的时候，我们是中国非常偏僻穷苦的农村过来的，这种情况在遗孤中也很多，很农村，所以卫生习惯这些都不太好。生活习惯也不太一样，比如我们都不泡澡的，你也知道日本人是天天要泡澡的。还有，每天穿着运动服去学校，日本人都是每天换衣服的，我们有时候三天都穿着一样的衣服去，又不泡澡，然后有一些日本女孩子不会做的事情可能我们就会很平常地去做，自己不懂。然后就会被人说"中国人好脏""你好脏，不要坐在我旁边"。但是当时自己都不知道原因。

＊：日本女孩子不会做的事情？

KN：比如，你也知道啦，日本小朋友上小学生一年级以前，家人会给送给他们一份礼物，就是那种皮质的书包。这种书包很贵，好的要100万日元，便宜的也要几十万日元。我们家当然是买不起的。有朋友送给了我们一个他们家哥哥用剩下的，那个书包是黑色的。我当时高高兴兴地背着去上学了。到了学校，同学们用很奇怪的眼神看着我，窃窃私语："她怎么用这种书包？"我当时都不明白哪里不对，直到后来才明白，原来黑色的书包是男孩子背的，女孩子一般用红色或者粉色的。但这些没有人教过我，我父母当然也不懂。

＊：嗯，这真的很让人心酸。

KN：对啊，所以我周围的很多遗孤二代朋友不愿意别人知道他们的这种身份。嗯，想和其他人相处融洽，想有面子，所以有的人甚至会买一些自己负担不起的名牌啊这些。毕竟不是所有的人都是好人，很多人都曾经被欺负过。

＊：那你当时是如何解决的呢？

KN：没有，无法解决。你跟老师说，老师也没有办法，而且他们也很忙，往往也很难理解你的难处。回忆起当时，我只有非常孤独无助的记忆。在中国的时候完全没有这种情况，大家都是好朋友，没有过这种经历。

KN至今讲起来这段心酸的经历依然会潸然泪下，在小学毕业前她最终也没能融入班级生活。回忆起小学时光，唯一的光亮是短暂的"日本学级班"。"日本学级班"是学校针对刚刚回国的日本遗孤的孩子，专门开设的日语提高班。在20世纪八九十年代，日本遗孤回国高峰时期，在东京等遗孤大量聚集的城市，部分学校导入了这种帮扶制度。回到日本的KN，由于完全不懂日语，跟不上上课的进度，也无法融入班级，"日本学级班"虽然只有短短半年的时间，但是对年幼的KN来说已经是莫大的慰藉了。

　　KN：去了"日本学级"，几十个孩子，像我这样的也有，像假小子的女孩子也有很多，哈哈，交了很多的好朋友。对我来说真的是救命稻草。在"日本学级"学习了半年以后，大家就被分到各个普通班，跟日本人一起上课。去了普通班，大家果然都是很难适应，把自己封闭起来。这个时候大家就可以回到"日本学级"来，一起打扑克啊，一起跳绳啊，真的很好。有的学校没有这个制度，在那里的孩子就很痛苦，有的开始逃学，有的变成了不出门"蛰居族"[1]，有的反过来拼命把自己和日本人同化。所以从这种意义上来说，我们是很幸运的，直到现在，"日本学级"的同学们的关系都非常好。

升入初中以后，KN逃学的日子越来越多。她说："我也知道逃学是不对的，但是还是逃学了。"她升入高中的唯一原因就是不想让父母伤心。

_____

1　指长时间待在家中或者自己房间内，不能参与社会活动的一种状态。

"学习上一直就跟不上，自己也很明白。"

*：刚刚你说在小学受到了欺负，那从什么时候开始能够融入日本人的班级了呢？

KN：啊，说实话，一直到高中毕业，我都很讨厌学校。怎么说呢，并不是说遗孤二代怎么样，当然也有可能是外国人的原因，但是我从来都不喜欢日本学校的氛围。日本人，你也知道，大家必须做同样的事情，必须去迎合大家，不管你自己本身是什么样子。而且，我自身也有点，怎么说呢，自卑感吧，毕竟我不懂的东西很多。这种是显而易见的，我的父母和他们的父母相比差距太大了。跟同学们聊天，很多东西都不懂，跟不上他们的节奏，很强的劣等感，自卑感，所以一直也没能融入。

*：一般的话，大家都是快 20 岁的时候来日本，日语很难学会，会有很多地方不习惯，像你 8 岁过来，日语很快学会了也会这样吗？

KN：怎么说好呢？像我这样，还没有形成完整的自我认同，什么是正确的，什么是不行的，都不是特别的明白。如果是在中国待到一定的年龄过来，自己已经有了健全的常识认知，比如，学校应该是这样的，与人交往应该是这样的。但我不是，小时候在中国只是开心地玩，到了日本，突然被人告知你的所有都是"不对"的。然后就会变得很卑微，融入不了，也没有人教你如何去融入。所以也想不明白，到底是这些人怪异，还是自己很有问题，是不是因为自己不了解日本所以怪异。所以觉得一定是自己不好，自己不开朗，才会被人排斥，才会没有朋友。自己想尽办法想要融入，小心翼翼，结果依旧被人排斥，人就会失去信心，慢慢变得恐惧与人交往。因为害怕而拼命讨好他人，结果还是被忽视，所以就慢慢地蜷缩在自己的世界里了。

直到高中毕业为止，KN 也没能融入学校生活。究其原因有两方面，第一是因为 KN 不喜欢日本学校的"大家必须做同样的事情"这种氛围，另一方面是生活的各个方面的知识和习惯的欠缺，让她很难与日本人同步。她把不能与同学和睦相处看作是自己的原因，也因此越来越没有自信。KN 在八岁就来到日本，很轻松就掌握了日语，但对她来说，仅仅能说日语却并不能令所有的难题都迎刃而解。幼年的 KN 还没有形成坚定的价值观和世界观，突然间她所认知的事情被完全否定，这令她分辨不了孰是孰非。所以，当她被周围的同学排斥欺负时，都认为是自己的原因。到了二十四五岁，KN 才终于有了"无论我是中国人还是日本人都没有关系"这种想法。产生这种想法的契机是一次去泰国的旅游。

　　*：24、25 岁是发生了什么吗？

　　KN：嗯，感觉取得了一种平衡。我很多朋友都跟我一样，对自己没有什么自信。因为很难融入周围的日本人的圈子，也没有什么能让我们保持自信的东西。24、25 岁的时候，我去泰国旅行了一趟。去了泰国那种地方，你会发现混血儿呀，会两国外语呀，这种都是太稀松平常的事情了。随处可见美国和泰国的混血儿，各种各样的混血儿，就会有一种"是混血儿又怎么样"的感觉，世界本就应是这样辽阔的。之前很长时间我一直纠结"我到底是哪里人"，突然我就豁然开朗了，无所谓了。

　　这趟泰国之旅，不仅让 KN 获得了一次重新审视自己的机会，让她能够更加正面地看待自己，也让她得以重新思考她与父母的关系。KN 的父亲虽然不善言辞，但是是一个非常严谨认真、踏实肯干的人。正因为如此，在中国的时候，父亲受到了全村人的拥护和爱戴，当了 18 年的村长。KN 说自己从小学六年级左右就不能和父母很好地交流。她说："（当时）什么都不跟父母说，反正说了他们也不能理解我。"

＊：你有过叛逆期吗？

KN：叛逆期，有过有过。因为我爸爸不是在健全的家庭里长大的，他没有一个固定的养父母家庭，从小在各个家庭里长大的，小时候都是睡柴房，所以他对孩子特别严格。

＊：是不是望子成龙？

KN：什么叫望子成龙？

＊：就是类似盼望自己的子女有所成就，比自己更好。

KN：啊啊，这个叫做望子成龙。这个也有一些吧，更多的是因为他没有自己的父母，不知道为人父母应该怎么做吧。所以他就会说："我是你爸，你得这么说话。""我是长辈，你必须尊重我。"他认为他的想法是正确的，就会强加给我们，但是有的时候我们不认同他的观点，就会吵架，然后他就会打人。所以后来我们就什么都不跟他说，反正说了他也不会理解的。因为想法完全不同，我大约从小学六年级开始就什么都不跟父母说了。

＊：跟妈妈也是吗？

KN：妈妈基本上和爸爸是一伙儿的，虽然很爱孩子，但是都拿不了主意。

然而，在国外旅游，自己亲身体验到语言不通的痛苦，KN 开始明白父母的难处。

KN：在国外旅游，因为不懂外语，需要拼命去表达。那个时候突然能够体会我父母的感受了。我当时和父母很久没有好好交流了。我八岁来的日本，父母的很多想法我理解不了，他们会说这样这样这样，但是和我的生活离得太远，所以无法有效地沟通。去了国外，你就会深刻体会到语言不通是如此的不方便啊，就连简单地说明自己的病情都做不到。那个时候，我才意识到，父母在日本把我养育成人是多么辛苦和艰难。

KN 高中毕业后,没有选择读大学,而是去了天津的南开大学学习了七个月的中文,之后回日本进入公司工作。在泰国工作了两年之后,KN选择在北京与友人一同创办企业。我询问了 KN 对现在的自己的看法。

　　＊：如果问你是日本人还是中国人你怎么回答?

　　KN：被问到是哪国人,我会怎么回答呢,嗯,这个问题很难回答啊。我可能会回答一半吧(笑)。其实原来我不愿意承认自己是中国人,拼命想隐藏那一部分经历。但是,我的好朋友们会说:"你还是有中国的思维习惯。"之后我自己也分析了一下,毕竟,我从父母那继承来的文化血脉是中国的。所以我觉得我应该是基础文化是中国人,生活方式是日本人。

　　＊：如果问到你的故乡在哪儿,你会怎么说?

　　KN：唔,很难回答,非常难回答。故乡(沉默 2 秒),我现在可能还回答不了。故乡,老家,嗯。我回中国的时候会觉得很亲切,像我回东北听到二人转,因为小时候一直听,会觉得很怀念。但是也仅此而已。如果问我,你想在这儿生活吗,我不愿意也不习惯,那能称之为故乡吗,我不知道。反过来,至于日本东京,也仅仅是我生活的场所。嗯,这个问题很难答,我可能需要考虑一段时间,可能要再过些年才能知道。

KN 对我们的提问,犹豫再三才给出了答案。从前,KN 有一段时间拼命想要掩盖自己年幼时曾在中国生活的经历,然而现在她觉得自己继承的文化血脉仍旧是中国的。中国是 KN 的文化根基,而日本是她生活方式。对于我们提出的"故乡在哪儿"这个问题,KN 长时间思考也给不出答案。回到中国农村会觉得很亲切,但是不认为那儿是故乡,然而日本东京也仅仅是生活的场所。自己的故乡到底在哪里？这个问题似乎还没有答案。

　　＊：身为遗孤二代，对你来说意味着什么？
　　KN：我原来有一位老师跟我说过："你不是 half，你是 double。"我现在也真的认为我不是一半而是双倍。我们不是完美的，但是我们比日本人更懂中国，又比中国人更懂日本，所以，与生俱来的会两种语言懂两国的文化，我认为很幸运。

　　日语中用"half"来形容混血儿，KN 强调她们遗孤二代不是"一半"的"half"，而是懂两国文化会两国语言的，"双重"的"double"。到目前为止，虽然受到过各种各样的歧视，但是 KN 很积极地看待作为遗孤二代的身份。现在她在中国经营着中日贸易公司，充分发挥着她作为"double"的优势。

三、"有的时候是中国人，有的时候是日本人"

　　1960 年出生于黑龙江省的 MR，一直到 21 岁都生活在中国。她的祖母是中国残留妇人，日本战败后，祖母得知作为军人先行回国的祖父已在日本再婚，便放弃了回国，带着包括 MR 的父亲的 4 个孩子，嫁给了中国人。祖母的长子，也就是 MR 的伯父于 1959 年回到了日本，所以他们一直和日本保持着联系。1972 年，中日邦交正常化，MR 的祖母回到了日本。"邦交正常化以后，中国对日本人有很多优惠政策，生活得很好。"同时，父亲不确定能否在日本养活全家，全家对回日本犹豫不决。父亲单独在日本尝试工作了半年，觉得可以生存下去。最终，1982 年，除了在中国已婚的 MR 的姐姐之外，全家回到了日本。MR 在朋友的介绍下，在大学学习了一年日语后，开始在该大学当临时工。现在，她作为正式员工在出版社工作。28 岁时，MR 与在大学认识的日本人结婚，育有两个女儿。

MR 一家在中国并没有因为是日本人而受到过什么苛待。

MR：我的爸爸虽然没有读过什么书，但是非常聪明，是当时镇上级别最高的电工，到他回日本之前，已经是技术者里工资最高的了，还收了很多徒弟。所以我从来没有觉得因为是日本人还受到过区别对待。我父亲可能有一些感受吧，但是我完全没有感到过。

＊：你当时在学校呢？有没有遭受过一些什么？

MR：嗯，被人欺负总会有点难过，应该谁都是一样的。不过，我当时是"五好学生"，又被选拔到了宣传队，一直比较优秀。所以最多也就是被人叫叫"小日本鬼子"，其他没有什么难受的经历。我朋友也很多，不过当时没怎么学习，哈哈哈。到了小学高年级的时候，就是在宣传队，慰问演出，每个星期都是出去慰问演出。

＊：回想一下，你会觉得在中国受苦了吗？

MR：没有，没有，没有那种受苦的感受。虽然不富裕，但是中国那会儿大家都不富裕，在那种环境下，我们全家还是被照顾的。

1976 年，初中毕业后，MR 开始了工作。此时中日两国已经恢复邦交，她们一家作为外国人受到了国家的照顾，MR 也从 16 岁开始就被安排了正式工作。

MR：在那个工会。非常的幸运。我毕业的时候，中日两国不是已经都恢复邦交了嘛。就好像是说毕业了之后，就给你个正式工作嘛，照顾你。

＊：哦，照顾日本人？

MR：对，照顾日本人。恢复邦交以后，1972 年恢复邦交以后，不就是照顾外国人嘛，是不是啊？人家都吃高粱米的时候，我们家都是吃大白米。那时候还是发那个，你都不知道，发那个票，（＊：粮票？）对，粮票，人家发那个，我们就是油什么的，豆油啦，大米啥的都比一般的中国人要好。所以说我们家受了很多关照，我毕业以后也有了正式工作。

21 岁时，MR 一家举家回到日本。回去之前，她和中国的朋友们依依惜别。

  MR：最后和大家分别的时候，大家都来送我，我说着"谢谢，谢谢！"和每一个人拥抱。小时候宣传队的老师也来送我了。那位老师真的是一位非常优秀的老师，因为他的存在，我有很多小时候的美好回忆。在宣传队的时候，去哪儿大家都是吃在一起，住在一起。虽然学习没怎么上心，哈哈，但是当时的经历特别清晰地留在了我的脑海里。最后我抱着那位老师嚎啕大哭，老师也跟着哭了。

MR 在中国生活到 21 岁，那个年代的一般的年轻人在这个年纪都已经谈恋爱或者结婚。我们问了问她关于对婚姻的想法。

  ＊：21 岁，在中国大家一般都已经谈恋爱了吧？（笑）。
  MR：我母亲告诉我一定不可以谈恋爱。从我们决定回国的时候开始，我母亲就一直说"一定不可以""如果你要去日本，就不要谈恋爱""不然你就会像你父亲一样"。如果我结了婚，对方和我一起去了日本，那他最终也会像我父亲一样，把自己的爸爸妈妈扔掉了，是不是啊？（＊：是，是。）所以，我就是知道自己爸爸的那个情况，我自己也决定不能那样，所以坚决没有找男朋友。
  ＊：会不会有一些焦虑？像当时那个年代，21 岁生孩子都是很正常的啊。

MR：对啊。当时很多人都劝我早点结婚,亲戚啊上司啊都劝。

＊：还是说很有自信?

MR：自信还是有的,哈哈哈。其实我有喜欢的人。(＊：真的吗?)是啊,虽然有,但是没有说出口,或者说,我认为不能说。

＊：是公司的同事吗?

MR：公司的前辈。

＊：对方呢?

MR：他也没说过,我们都没说。但是,20年后我回去的时候,因为大家都人到中年,很成熟了嘛,我问了他,哈哈哈。"你当时怎么看我的?"因为是我第一个喜欢的人,所以一直很在意。他说:"我当时很喜欢你。"哈哈哈,好笑吧。但是,因为大家都成人了,所以我就问了。感觉不问清楚总是会有点遗憾。

＊：是啊,那你现在会认为,如果当时谈恋爱了会更好吗?

MR：不会,我觉得现在这样很好。因为他也有自己的父母,如果和我在一起,被我带去了日本,他和他的父母都很可怜。我这个方面真的很……(＊：冷静?)嗯,与其说冷静,我被朋友说是冷酷,哈哈,我的朋友知道我有喜欢的人,她说:"你真的很冷酷啊。"哈哈哈。但是,冷静地考虑一下,日本遗孤们为什么这么想要回日本? 还是因为那是生他养他的祖国,不管怎样,大家都会有想见自己父母的愿望。日本遗孤是因为战争而产生的,对比那些因自己的意志去了国外的人,日本遗孤在一些事情上可能会更加能忍耐一些,但我想这种辛酸的心情是一样的。想到这些,我决定一定不能谈恋爱,不能让别人承受这种痛苦。所以在喜欢的人面前,也绝对不会表示出一点意思来。当时有好几个男生喜欢我,哈哈哈,但是我都是很公平地和他们正常地交往,即使来了日本以后也是如此,当时还有人给我写信,让我回去。我要去日本就会和日本人结婚,这我在中国的时候就已经决定了。我不愿意我自己孩子感受这种心情,所以现在我的孩子完全没有自己是遗孤三代的意识，觉得自己就是普通的日本孩子。

目睹与祖国和亲人分离的父亲的痛苦，MR 在中国的时候就决定：
"如果我去日本，我就会和日本人结婚。"MR 不希望自己的孩子和自己一
样经历这些痛苦，所以即使有心仪的对象也从未向对方表示过。

初到日本，MR 先在大学学习了一年日文。

　　＊：大学生活怎么样？

　　MR：当时心情很复杂，因为我年纪比大家都大很多嘛，而且也
不会日语，所以最开始很难融入。不过我从小喜欢打羽毛球，所以加
入了他们的羽毛球社团，有时间就去打球，打球也不用说话，哈哈。

　　＊：那认识了很多朋友吧？

　　MR：怎么说呢，你也知道，日本人虽然表面上很礼貌，但是真正
要融入不是那么容易的。而且当时，怎么说呢，我们家刚刚去，工作
也没有定，没有钱。你也知道当时中国和日本的差距非常大。日本
同学们打羽毛球都是装备齐全，运动服啊运动鞋啊啥的，我们那会儿
哪有那种啊。我买不起那种运动服，就是打球的那种运动服。对我
来说太贵了，我去商店看过很多次，最终还是没有买。现在想想都觉
得很心酸，很心酸，太难了（哽咽）。

一年学习结束后，MR 留在了大学临时从事事务性工作。在工作中
认识了当时还是学生，后来成为丈夫的人。

　　＊：最开始和日本人交往是什么感受？

　　MR：不喜欢，我一直拒绝他。

　　＊：为什么呢？

　　MR：当时刚来日本没多久，还是觉得很孤独寂寞，我一直说：

"我要回中国。"（笑）虽然来之前就决定了要和日本人结婚，可是来了以后总觉得不太对劲。当时完全没有心情去谈恋爱，也不着急，而且他还比我小，比我小了3岁，我当时觉得和比自己小的男生交往简直是不可能的，哈哈。所以一直对他说不行。

采访当时，MR作为义工参加了"日本遗孤二代/三代之会"，这个协会的目的是在支援日本遗孤国家赔偿请求诉讼的同时，加强遗孤二代/三代的交流。其实，直到参加这个协会之前的两年，MR连诉讼的事情都不知道，她讲述了她参加这个协会的心情。

MR：到目前为止，我对日本遗孤的事情都不怎么关心，甚至于两年前，我连这个诉讼的事情都不知道。所以，有时候我也想事到如今再说日本遗孤有什么意义。为什么时至今日，我会做这些事情？我自己也不知道。我不做一点问题也没有，我自己过着很普通的幸福生活。但是，总有一种力量让我去参与这些活动，我自己也不明白，这非常不可思议。

＊：那在您内心深处会不会有这种"有没有和我一样的人"这种想法，这种想法是不是很强烈？

MR：对，对。当然为诉讼做斗争很重要，但对我来说，不是那么宏伟的目标。我想和我有过相同经历的人能偶尔聚一聚，一起聊聊过去我们东北的酸菜很好吃啊，回忆一下小时候玩的这种游戏啊，一起唱唱小时候在中国唱的歌啊，就这些我就很满足了。为什么我这么想呢，你也知道，日本人经常开同窗会，比如说小学的同窗会，但是我没有这些。这让我非常寂寞。所以，遗孤二代能这样聚一聚，就像同窗会的感觉，一起聊聊往事。

＊：对，也就是说能共享记忆的人吧。

MR：对，我们就没有这种人。一个人小时候的记忆是永远不会消失的,不论多么贫困,多么辛苦,这些记忆等你长大了,也就变成笑料谈资了。我在日本没有能够一起聊这种话题的人,所以一直感到很寂寞。

直到两年前连国家赔偿请求诉讼都不知道的 MR,现在很积极地参与"日本遗孤二代/三代之会"的活动,义务地加入了诉讼的翻译和统计工作。"我不做一点问题也没有,我自己过着很普通的幸福生活。"对自己也感到不可思议的 MR,实际上是在寻求属于自己的场所。对她来说,"日本遗孤二代/三代之会"就如同日本人的同窗会一样,是能够共享往昔回忆、放松身心的地方。

在中国的时候,因为是日本人的缘故,MR 一家受到过很多优待,她说:"我们非常幸运。"当被问道:"那当时是不是觉得作为日本人很好?"MR 不假思索地答道:"对! 应该这么想过。"我们进一步询问了她在中国时对自我是如何考虑的。

　　＊:您说的话和中国人完全没有区别,长相也差不多,在中国的时候,您觉得您是中国人还是日本人?

　　MR:唔,这些问题都很难回答,即使是现在,我也不太愿意考虑这个问题。现在有人问我:"你是哪国人?"我都回答不了,我自己也不知道,到现在也是这样。如果执着于这个问题,自己会变得很痛苦,所以,我想有的时候是中国人,有的时候是日本人,选取好的方面生活下去。当被问到是哪国人时,我真的回答不了,可能有些圆滑。

在访谈调查的最后,关于自我问题我们又再次询问了 MR。

　　＊:刚刚您也说了,你既不是中国人也不是日本人,您对此有过烦恼的时期吗?

　　MR:我现在也还在烦恼。

＊：现在仍旧在吗？

MR：对，我们成不了完全的日本人，但是又不是中国人，所以，即使我想在此问题上纠结，但是始终不会有结果的。没有办法的，对我来说，我体内流着一半中国人的血，一半日本人的血，文化上也是一半中国一半日本。现在我在日本生活，我也喜欢日本，但是你要说我讨厌中国吗？我也不讨厌。

＊：现在想想，你认为身为日本遗孤二代对你而言意味着什么？是好事吗？还是坏事？

MR：我觉得是命运。我跟你说一件昨天的事吧，昨天工作结束，我参加了一个宴会。我参加了一个研习班，为期两个月，一共七次课，昨天是最后一天，所以有一个结束晚宴。宴会上都是参加过研习班的人，其中有的很厉害，比如瑞穗银行的人，明治安田生命保险的人。其中有一个环节是讨论环节，需要介绍自己的公司的工作内容。到了我的时候，我说："在介绍工作内容之前，请允许我做一下自我介绍。"我没有说我是日本遗孤，我说我是从中国回来的"归国者"。我说："我听没有什么问题，但是并不是很擅长说话，可能会有一些难听懂的地方，请多多包涵。"之后才开始介绍我的工作内容。然后，在宴会上，果然因为我说了这么一番话，很多年长的人都过来和我说话。有人说："其实我是在大连出生的。"他是一个公司的社长，出生在大连，小学五年级的时候回的日本。我就问他："那你会说中国话吗？"他说不会（笑），全部忘记了。他是五几年最后的那次集体归国的时候回来的。在大连出生，在青岛长大，应该家境很富裕，所以能够回来。我问他："您看了前天的NHK的关于集体归国的那个节目吗？"他说没看，旁边的一位老者说他看了。"您就是坐那艘船回来的吧？"他说是的。我说："我的父亲因为没有坐上那艘船，所以我出生了。"然后大家都笑了。事实如此，如果我爸爸上了那艘船，就没有我了呀，对吧，如果回来了，就不会在中国结婚，也就不会有我了。完全是另外一种人生了。所以,这不是一种讽刺,我不想否定我活着的这个事实,因为我诞生在这个世上,赋予了我很多宝贵的经历,我很感恩。如果没有那场战争,当然也不会有我,我的父亲那一辈也不用受那么多的苦难,所以我不去想身为遗孤是好是坏,我希望没有战争,但是我认为我活着是一件好事。无论在什么环境,经历了什么,活在这个世界,体验百味人生。我认为这都是命运,不是我们个人能够左右的,所以我愿意接受所有,然后自然地活着。

MR 对我们的"你是中国人还是日本人?"这个问题表露出非常犯难的神情。她成不了完全的日本人,但是又不是完整的中国人,所以决定不再纠结于这个问题。她向我们展示了"有时候是中国人,有时候是日本人,选取好的方面活下去"的生活策略。关于子女的教育,她说:"我希望我的孩子能够成为可以为自己负责任,不给别人添麻烦的人。"

MR:每个人都像我有这种想法,遗孤的子孙都有这种想法,大家都想着努力往上再往上,日本社会也会对你刮目相看的不是吗?大家都说"不愿意,不想干",结果全社会都会认为遗孤不行。只要你努力,不可能没有工作,我说这话可能会是歧视用语,但是自己必须要努力。当然在日本社会,会有很多你觉得讨厌的地方,但是你既然都已经来到日本,就要"入乡随俗""久居自安",你到了哪儿,就要把那儿当作自己的家乡去努力。这两句话是我的座右铭。

＊:对现在的您来说中国算什么?

MR:我的故乡啊。

＊:故乡?

MR:对,中国是我的原点。

＊:那日本呢?

MR:日本是生活的场所。不知道,顺口就说出来了,这样说可以吗？哈哈哈哈，很轻率。嗯，但是日本只是我生活的场所。

　　＊：故乡、自己的原点还是中国？

　　MR：原点是中国。

　　＊：你刚刚说几年前曾经带着两个孩子回去过？

　　MR：对，对，想让她们看看。

　　＊：妈妈曾经生活过的地方。

　　把"入乡随俗"和"久居自安"作为座右铭的 MR 表明了"来日本了就要靠自己努力"的坚定的意志。她不假思索地说出了"日本是生活的场所"，把中国看作是她的原点和故乡。关于"我是中国人还是日本人"这个问题，MR 到现在也还在烦恼，但是她决定了选取两国的优势，积极地生活下去。

第四节　本 章 小 结

　　本章剖析了日本遗孤二代直面的困境，他们的努力及他们的生活策略，分析了在中日两国夹缝中生存，受中日两国文化影响的他们的自我认同。当然，遗孤二代不是千篇一律的，同是遗孤二代，由于来日年龄或在中国的出身、阶层的不同，都会造成他们的语言能力及文化条件的差异。

一、幻想中的中国

　　一个人自我认同的形成与变化与其所处的社会环境有着密不可分的关联。因为所属共同体的变化，我们的生活环境和社会环境也随之发生改变。当一个人交叉从属于多个社会共同体时，往往容易发生归属意识的迷惑和纠结。由此而引发混乱，并经历惊慌、苦恼、摸索、适应等一系列的冲突过程后，人们确认自我认同，然后再修正自我意识。这个过程会在人的一生中反复发生，并且是随着年龄的变化"渐进地、综合地发展"[1]，青年期是自我认同容易发生危机的时期。

伴随着日本遗孤一代的父母的回国，日本遗孤二代在青春期到青年期的时候来到异国日本。他们中的大部分人都在生活方式、价值观、社会习惯完全不同于中国的日本社会经历着各种挫折，同时拼命奋斗。其中，有像 MK 那样出生在中国的遗孤二代，他们把中国的一切都加以美化。与现实中不完美的日本相对照，他们在无意识中把中国美化成"完美的中国"，充满思乡之情，这种美化和思乡有时会超出现实。不能否认，这种想法往往是他们在日本奋斗的力量的来源之一。比如，MK 在非常苦恼困顿的时候，因为有了在中国的美好回忆才渡过了难关。

而与此同时，这种想法导致他们长时间把日本作为"完美的中国"的对立面来对看待。这种观点深深地控制着他们，阻碍他们主动地融入日本社会，积极地学习日语及日本文化。MK 就在很长一段时间不能接受日本，"来日本以后心理上的负担一直比较沉重"，产生"找不到属于自己的场所"的感觉，认为自己成为"不完整的人"。而这种观点使得他们无法融入日本社会，无法体会到快乐，于是在中国生活的回忆便在遗孤二代的心里被美化了，当他们重返故里，了解到中国的真实情况，不如想象中"完美"，并且在外国文化的熏陶下，在日本生活岁月所培养出来的多元价值观，以及成年后更客观地审视中国的视点，让他们意识到自己此前盲目的民族主义和存在过度的美化，也促使他们重新审视日本，改变对日本的看法和观点，渐渐地接受日本。

二、让人思考"我到底是谁"的日本社会

在访谈过程中，有一个现象让我们觉得非常有趣和不可思议。那就

1　Erik H. Erikson, "Identity and the Life Cycle," *Psychological Issues* 1(1959): 18-164.

是,对于我们所提出的"你是中国人还是日本人"这个非常简单直接的问题,几乎所有的遗孤二代都不假思索地给出了大段的答案,并且连原因都解释得非常细致。也就是说,叙述的容量非常大。可是,仔细想一想,其实这个问题并不是我们日常生活中需要常常考虑的问题。在日本居住的普通日本人,很少有人会常常考虑"我是哪国人",被询问到国民意识的机会也很少。像我自己,谈话之中就能察觉我是外国人留学生,虽然经常会被问到国籍,我只需要简单地回答"是中国人"就可以了。也就是说,一般人都不需要准备这么长的答案。而遗孤二代们,对于我们的这个提问都一边摆明理由一边给了细致的答案。这是为什么呢?

我们认为形成这种现象的原因有两个。第一,伴随着对日本异文化的适应的过程,日本遗孤二代时时处于必须考虑自己的国民意识、并不断反省自身的立场。遗孤二代所需要适应的差异,不只是中国文化与日本文化这两种不同国家的文化差异,还包括农村文化与都市文化的巨大差异。日本遗孤二代的大多数都来自中国的农村,而来到日本后大都在繁华的大都市定居。从社会发展进步的程度上来讲,当年中国的农村社会比日本的都市社会至少晚了几十年。从中国农村社会出身,为了让自己适应日本的都市社会生活,他们必须要求自己在短时间内尽可能迅速地习惯这个社会。如同大久保所指出的,从衣食住行等日常生活,到学习、工作、公共事务等社会生活,从作为生活支柱的经济,到生活中各个方面的知识,习惯,大部分的遗孤二代都几乎是从零开始一步步学习、适应。[1]其中,他们必须克服由语言、文化和意识形态的差异而引发的各种各样的矛盾。像 KN 一样,在幼年来到日本,语言上完全没有障碍的遗孤二代,也同样面临着棘手的问题,他们对日本的文化、习俗等大部分从家庭传承来的知识缺乏了解。

第二,由于日本社会排斥日本遗孤的社会氛围和遗孤少数人群化所

---

1 大久保明男、「アイデソテイテイ・クライシスを越えて―『中国日裔青年』というアイデソテイテイをもとねて―」『「中国帰国者」の生活世界』、行路社、2000 年、第 337 页。

引起的。遗孤二代即使掌握了语言，但是从日本遗孤那里继承的文化和生活习惯与周围环境大不相同，这成为他们在学校受到欺负、排挤、忽视的一大原因，这又进一步导致他们在日本社会产生局外感、劣等感和自卑感，从而在某种程度上陷入恶性循环。日本社会对日本遗孤二代的印象，和他们对遗孤一代的印象一样，都能用"非常可怜"这个词来概括，是充满了"轻蔑的同情"的被差别化的少数人群[1]。遗孤二代在日本社会被视作少数人群，而被置于社会的边缘。例如，在大学里不管是日本人还是中国人都不把 MK 当作同类，她找不到自己的归属，非常痛苦。又比如 KN，从小学开始就无法融入班级，被同学们排斥，对自己越来越没有自信，抱有深深的自卑感。自我认同由两部分组成，即由他人决定形成的部分和由自己决定形成的部分。而遗孤二代的自我认同大部分是在被视作少数人群的日本社会环境的作用下，被动地形成的。由主流人群的"权力"而形成的对遗孤二代的负面印象，迫使属于社会少数人群的遗孤二代不断地思考"我到底是什么人"。

三、摆脱"我是中国人还是日本人"的束缚

自己到底是属于日本还属于中国？ 大多数的日本遗孤二代都有过类似的烦恼。然而，很多遗孤二代都认为，以"选择中国人的自我认同，还是选择日本人的自我认同"这种非此即彼形式来界定自己的存在是很困难的。遗孤二代的自我认同经过变迁，表现出了更加多层次、多样化的倾向。

自我认同被认为具有多重性，流动性等性质。千田指出自我认同是一个不断建构的过程，它不是一个一成不变的实体，而是如同在被不断记

1　大久保明男、「アイデソテイテイ・クライシスを越えて—『中国日裔青年』というアイデソテイテイをもとぬて—」『「中国帰国者」の生活世界』、行路社、2000 年、第 338 页。

录的录像中截取的一小节片段。[1]

对日本遗孤二代来说，作为国家的中国和日本，作为现实社会的中国和日本，还有作为故乡的中国和作为生活场所的日本，这三者是区分开来的。正如 MR 揭示的生活策略"有时候是中国人，有时候是日本人，选取好的方面生活下去"，亦如 KN 的自我定义"我不是 half，我是 double"。他们不是悲观地被动承受对他们不利的现状和立场，而是尝试着积极地捕捉他们同时拥有中国和日本两个国家、民族、语言、文化背景的优势。众多的遗孤二代，伴随着自己的成长，都曾经陷入"我到底是谁"或者"我该怎么办"这样的自我认同危机和苦恼。再建构的自我认同会因人而异，但是他们都抱有积极地跨越自我认同的危机，努力发挥自己作为遗孤二代的作用的乐观心态。值得关注的是，大部分遗孤二代都开始不执着于国籍，拥有跨越国界的复合型自我认同。通过生命叙事深度访谈调查，我们发现，与以往研究中所提到的单一的自我认同不同，遗孤二代具有更加丰富的自我认同。

日本遗孤二代的自我认同的形成，受到他们在中国社会中生活的经历和回到日本之后的生活状况的影响。遗孤二代这个身份使得他们有着不同于其他人的经历，生于中国的他们，在度过幼年的时光之后，到了一个语言和文化都陌生的国度。中国的经历对他们的影响，以及日本陌生的社会环境的冲击，使日本遗孤二代的自我认同被重新塑造，呈现出不同于他人的特征。然而，他们的自我认同，绝不仅仅是在社会状况和经历下完全被动地形成的。遗孤二代来到日本之后常常陷入"我到底是谁"的迷茫当中，但是他们并不是被动地接受，他们在日本社会的生活中不断挣扎、不断找寻自我。我们不能忘记，遗孤二代的自我认同，不仅是对至今为止的人生体验的解释，也受到他们对未来生活的理想和策略的影响。

1　千田有紀、「アイデンティティとポジショナリティ　1960 年代の『女』の問題の複合性をめぐって」、上野千鶴子編『脱アイデンティティ』、劲草书房、2005 年、第 285 页。

并且，我们应该持有新的观点，即他们的自我认同不再是在日本人自我认同与中国人自我认同的这两者之间单纯地摇摆不定。他们拥有着"既不是日本人也不是中国人"这种崭新的、主动的、富有创造性的自我认同。这种自我认同是遗孤二代在中日两国社会的动态作用的影响下，在他们对生存策略的思考中形成的。同时，我们也不能忽略，"既是日本人又是中国人"的这种自我认同的多样性。

第三篇
留华日本遗孤与浩荡养恩

第七章 徘徊与期待：身居异国"故乡"的日本遗孤

《人民日报》曾报道了一位名为乌云的日本遗孤的故事。乌云的日本名字叫做立花珠美，她在 3 岁时随着父母来到中国。在 1945 年 8 月 15 日日本投降前夕，日军指挥官下令所有的将士和家属自杀，而乌云幸运地活了下来，并被一对没有孩子的中国夫妻收养。后来，她成了一名人民教师。1972 年中日恢复邦交后，日本遗孤纷纷回日本寻亲，乌云也于 1981 年回到了日本，找到了在日本的亲哥哥。然而，乌云并没有留在日本，而是选择回到中国。像乌云这样留在中国的日本遗孤还有很多，那么，他们究竟是出于怎样的心境和处于什么样的环境下选择留在中国的呢？这将是本章探寻的主要内容。

根据日本厚生劳动省社会援助局 2023 年 1 月 31 日发布的"遗孤相关统计一览"，到目前为止被日本政府认定的日本遗孤是 2 818 人，其中的 2 557 名遗孤（约占总数的 90.7％）归国定居。约有 10％身份已经认定的遗孤仍然居住在中国。除此以外，集体访日未判明者 71 人，访华未判明者 12 人，由中日共同调查认定的未判明者是 14 人，这些人也留在中国。

除了有身份认定后自己选择不回国定居的遗孤外，还有一部分遗孤是有回国的意愿，但因各种原因不能回国的。根据中国有关部门 2000 年发布的数据显示，现留居于中国的日本遗孤中，黑龙江省有 2 010 人，吉林省有 750 人，辽宁省有 850 人，内蒙古自治区东部有 158 人，在东北各省市的共计 3 768 人。再加上中国其他省、自治区、直辖市,总数应该超过 4 000 人。[1] 从这个数据中我们可以知道,日本和中国之间就有关留华的日本遗孤人数的认定没有达成一致意见。其中的一个原因是部分日本遗孤的身份被中国政府认定,但没有被日本政府判明,而未能判明的原因并未公布。我们在中国做调研期间,曾遇到一位日本遗孤,尽管她的日本生母曾经来中国和她相见,但由于种种原因,直到现在她都没能踏上她所谓的"祖国"——日本的国土上一步。此外,我们还遇到了两位即将前往日本定居的日本遗孤。他们对今后在日本的生活有着什么期待? 现在又有什么不安? 在中国生活了 60 多年的他们,在离开中国后会以什么样的心境回想中国呢? 本章将通过生命叙事访谈,探明至今仍然生活在中国的日本遗孤的生活境况和他们的心境。

如前述,在日本学界关于归国后的日本遗孤有着众多的研究,然而,日本遗孤的相关问题始终被认为是关于归国遗孤的课题,对留华的日本遗孤的研究几乎处于空白的状态。而在中国方面,伪满洲国移民往往被看作是日本帝国主义侵略中的一环,中国有关的研究大都集中在战前和战时的研究,对战后研究有所不足。所以,本章研究的留华日本遗孤的问题,是无论在中国还是在日本均不太被关注到的问题。

在研究日本国内的遗孤群体的基础上,关注和研究留华日本遗孤的境况,我们可以探明日本遗孤的全貌。本章将在对比研究归日定居的遗孤和留华遗孤的基础上,从生活历史和民族的归属意识等方面切入,以期全方位掌握日本遗孤这个特殊的群体的群像。

1　张志坤、关亚新著、田建国、岩城浩幸、董燕译、『中国残留日本人孤儿』、五州传播出版社、2006 年、第 56 页。

第一节 中国东北三省的日本遗孤——
数目和受教育水平

日本遗孤在中国最为集中的地域为东北三省（黑龙江省、吉林省、辽宁省），在该节中我们将汇总日本遗孤的数量及其受教育水平。关亚新、张志坤所著《日本遗孤调查研究》一书中，对 3 800 名日本遗孤的个人档案进行了细致的调查。在参考了该数据并对东北三省的日本遗孤做了实际的调查后，我们将在下文对东北三省的日本遗孤做详细介绍。

一、黑龙江省的日本遗孤

中国黑龙江省是当年日本"开拓团"抵达人数最多的一个省份，同时也是现在留华日本遗孤最为集中的一个省份。直到 2000 年，在黑龙江省的日本遗孤有 2 010 人，占到了全部留华日本遗孤总数的一半。黑龙江省日本遗孤的地区分布、性别及家庭出身情况见表 7-1。

表 7-1　黑龙江省日本遗孤地区分布、性别和家庭出身一览表（1996 年至今）[1]

地区	总数	男性	女性	移民	商人	军人	职员	其他
哈尔滨	869	411	458	372	1	4	1	491
牡丹江	299	147	152	52	4	9	10	224
齐齐哈尔	136	77	59	56			3	77
佳木斯	107	56	51	40		2		65
绥化	68	26	42	36				32
双鸭山	34	26	8	2				32

---

[1]　参考关亚新、张志坤：《日本遗孤调查研究》，社会科学文献出版社，2005，第 117 页。

地区	总数	男性	女性	移民	商人	军人	职员	其他
鹤岗	29	8	21	3				26
大庆	10	4	6			1	1	8
伊春	70	34	36	27		1	1	41
七台河	94	46	48	20				74
鸡西	89	39	50	10				79
大兴安岭	8	2	6	5				3
黑河	31	16	15	10			1	20
合计	1 844	892	952	633	5	17	17	1 172

从档案资料来看,在黑龙江省,"开拓团"移民留下的日本遗孤比较多,有 633 人。其中,职员家庭出身的遗孤有 17 人,军人家庭出身的遗孤有 17 人,商人家庭出身的遗孤是 5 人。而因为年幼,被中国家庭领养后不知道家庭出身的孤儿有 1 300 多人。[1] 另一方面,黑龙江省的日本遗孤的受教育程度在地区分布上有所不同。[2] 大中城市的日本遗孤的受教育水平在中等教育水平以上,偏远地区的日本遗孤则在小学教育水平。其中,也存在因为家庭经济状况或年龄等因素而没有受过教育的遗孤。在黑龙江省日本遗孤受教育水平的档案资料统计中可以看到,受小学教育的日本遗孤有 443 人,初中教育的有 590 人,高中教育的有 206 人,中专教育的有 52 人,短期大学的有 22 人,大学教育的有 21 人,文盲 174 人。此外,还有 336 人在档案资料中没有明确记载受教育情况(见表 7-2)。关指出:"与黑龙江省同时期的中国儿童的受教育水平相比,日本遗孤的受教育水平相对更高"。[3]

1　关亚新、张志坤:《日本遗孤调查研究》,社会科学文献出版社,2005,第 115—116 页。
2　关亚新、张志坤:《日本遗孤调查研究》,社会科学文献出版社,2005,第 116 页。
3　关亚新、张志坤:《日本遗孤调查研究》,社会科学文献出版社,2005,第 116 页。

表7-2　黑龙江省日本遗孤受教育水平一览表(1996年至今)[1]

地区	总数	小学教育	初中教育	高中	中专学校	短期大学	大学	文盲	不详
哈尔滨	869	215	207	102	17	9	7	60	252
牡丹江	299	76	116	43	15	5	7	20	17
齐齐哈尔	136	32	57	13	8	2	1	18	5
佳木斯	107	18	41	5	2	2		26	13
绥化	68	22	15	5	2		1	16	7
双鸭山	34	5	13	2		2		4	8
鹤岗	29	9	10	4		2	1	3	
大庆	10		3	1	3			1	2
伊春	70	17	29	8	1		3	5	7
七台河	94	22	37	6	1			16	12
鸡西	89	17	43	14	1		1	3	10
大兴安岭	8	4	2	1	1				
黑河	31	6	17	2	1			2	3
合计	1 844	443	590	206	52	22	21	174	336

二、吉林省的日本遗孤

吉林省是当年伪满洲国的"首都"新京市(即长春市)的所在地,也是日本帝国主义统治东北的大本营。日本战败后,吉林省留下了很多日本移民。据不完全统计,直到2000年,吉林省的日本遗孤有750人,绝大部分集中在长春、吉林、敦化、延吉等大中城市,还有一部分留在了农村。[2]

表7-3展示了吉林省日本遗孤地区分布和家庭出身情况,数据显示,吉林省日本遗孤出身"开拓团"的有116人,职员家庭出身有16人,军人家庭2人,商人家庭4人,另有608人出身不明。

1　参考关亚新、张志坤:《日本遗孤调查研究》,社会科学文献出版社,2005,第117页。
2　关亚新、张志坤:《日本遗孤调查研究》,社会科学文献出版社,2005,第249页。

表7-3　吉林省日本遗孤地区分布和家庭出身一览表(1996年至今)[1]

地区	总数	男性	女性	移民	商人	军人	职员	其他
长春	182	71	111	19	1		1	161
吉林	199	95	104	30			10	159
延吉	32	16	16	1				31
图们	25	11	14	3	2	1	1	18
珲春	46	22	24	17				29
敦化	72	34	38	19			1	52
汪清	24	11	13	10			1	13
安图	9	6	3	2			7	
和龙	9	1	8	2		1		6
龙井	18	5	13					18
浑江	24	11	13	3				21
通化	29	7	22		1			28
四平	14	7	7	2				12
辽源	12	6	6					12
白城	36	12	24	7			2	27
死亡	12	9	3	1				11
移出	3		3					3
合计	746	324	422	116	4	2	16	608

而吉林省日本遗孤的受教育水平情况如表7-4所记载的那样,文盲37人(5%),小学教育74人(10%),中学教育229人(30.6%),110人(14.7%),中专教育64人(8.6%),短期大学12人(1.6%),大学教育19人(2.54%),另有记录不详的201人。[2]

表7-4　吉林省日本遗孤受教育水平一览表(1996年至今)[3]

地区	总数	小学教育	初中教育	高中	中专学校	短期大学	大学	文盲	不详
长春	182	6	60	32	21	9	8	4	42
吉林	199	22	65	26	20		6	5	37

1　参考关亚新、张志坤:《日本遗孤调查研究》,社会科学文献出版社,2005,第241页。

2　关亚新、张志坤:《日本遗孤调查研究》,社会科学文献出版社,2005,第240页。

3　参考关亚新、张志坤:《日本遗孤调查研究》,社会科学文献出版社,2005,第241页。

地区	总数	小学教育	初中教育	高中	中专学校	短期大学	大学	文盲	不详
延吉	32	5	6	3	3	1	3	1	10
图们	25		9	6	1				9
珲春	46	16	16	9				8	11
敦化	72	13	23	5	7			9	15
汪清	24	4	6	1	1				12
安图	9		6	2					1
和龙	9		2	3	2				2
龙井	18	1	6	5	1				5
浑江	24	4	3	8	1		1		7
通化	29	3	10	4	2	2		2	6
四平	14	2	3	1	1		1	2	4
辽源	12	3	2	1	1				5
白城	36	8	9	2	1			5	11
死亡	12	3	2	1					6
移出	3		1						2
合计	746	74	229	110	64	12	19	37	201

三、辽宁省的日本遗孤

辽宁省是日军侵华最开始进入的地区，也是伪满洲国统治时期重要的工业基地，是日本移民较为集中的地域。九一八事变之后，辽宁省的日本移民的人数急速上升，最多的时候达到了 824 728 人，占到了东北的日本移民总人数 1 662 234 人中的 49.6%。[1] 辽宁省不仅是日本移民人数最多的地方，也是日本遗孤较多的省份之一。直到 2000 年，辽宁省的日本遗孤有 850 人，多集中于沈阳、抚顺、大连、丹东这几个城

1　关亚新、张志坤：《日本遗孤调查研究》，社会科学文献出版社，2005，第 297 页。

市,其他城市也有部分遗孤生活(见表7-5)。"辽宁省的大多数日本遗孤集中于大中城市,因此遗孤的受教育程度比其他地区高"。[1]

表7-5 辽宁省日本遗孤地区分布和家庭出身一览表(1996年至今)[2]

地区	总数	男性	女性	移民	商人	军人	职员	其他
沈阳	304	149	155	39	1	1	1	262
大连	146	46	100	1	1	1	6	137
鞍山	15	8	7				3	12
抚顺	193	68	125	19	1	1	10	162
本溪	14	4	10	1	1		1	11
丹东	45	15	30	4	1	2	2	36
锦州	12	5	7	1		1		10
营口	13	4	9	1				12
阜新	20	7	13				3	17
辽阳	15	8	7	2				13
朝阳	9	3	6			1	2	6
锦西	12	5	7	2			1	9
盘锦	2	1	1					2
铁岭	34	17	17	5		1	2	26
死亡	11	4	7				1	10
合计	845	344	501	75	5	8	32	724

另外,如表7-6所示,辽宁省日本遗孤受教育水平各类别人数占比情况如下,小学教育101人(11.8%),初中教育300人(35%),高中180人(21%),中专教育76人(9%),短期大学8人(0.94%),大学教育18人(2.1%),文盲21人(2.4%),另有教育记录不详者141人,占总人数的16%。[3]

1 关亚新、张志坤:《日本遗孤调查研究》,社会科学文献出版社,2005,第298页。
2 参考关亚新、张志坤:《日本遗孤调查研究》,社会科学文献出版社,2005,第299页。
3 关亚新、张志坤:《日本遗孤调查研究》,社会科学文献出版社,2005,第298页。

表 7 - 6　辽宁省日本遗孤受教育水平一览表(1996 年至今)[1]

地区	总数	小学教育	初中教育	高中	中专学校	短期大学	大学	文盲	不详
沈阳	304	35	101	47	34	3	7	7	70
大连	146	10	48	61	8	1	2	1	15
鞍山	15	2	7	3		1			2
抚顺	193	21	86	28	20	1	4	8	25
本溪	14	3	3	4	2				2
丹东	45	4	20	13	2				6
锦州	12	3		3	1				5
营口	13	1	3	3				1	5
阜新	20	7	7	3	1	1	1		
辽阳	15	3	2	6	1		1		1
朝阳	9	2	3	1	2		1		
锦西	12	3	2	2	2	1			2
盘锦	2	1	1						
铁岭	34	4	15	4	2		2	4	3
死亡	11	2	2	2					5
合计	845	101	300	180	75	8	18	21	141

第二节　对留华日本遗孤的生命叙事深度访谈

在本节中我们主要以 6 名留华日本遗孤为研究对象。其中，5 名遗孤居住在黑龙江省哈尔滨市，另外 1 名居住在辽宁省沈阳市。之所以选择 5 名居住于黑龙江省哈尔滨市的日本遗孤，是因为他们是黑龙江省哈尔滨市红十字会所掌握的哈尔滨市全部留华遗孤，而居住于辽宁省沈阳市的这位日本遗孤是目前沈阳市仅剩的唯一一名被日本政府认定身份的遗孤。采访内容包括日本遗孤从出生到现在的全部经历，采访使用的语言是中文。

1　参考关亚新、张志坤：《日本遗孤调查研究》，社会科学文献出版社，2005，第 299 页。

表 7 - 7 调查对象基本信息表

姓名	出生年份	性别	在中国的职业	学历	是否被日本方面认定	是否被中国方面认定	身份是否判明	能否永久归国	是否永久归国
WZ	1939	男	林业厅公务员	大学	认定	认定	判明	能	否
GF	1943	女	无固定职业	小学	未定	认定	判明	不能	否
LY	1938	女	中医师	技校	未定	认定	未判明	不能	否
BK	1943	男	工人	初中	未定	认定	未判明	能	未定
ZJ	1941	男	小学校长	高中	认定	认定	未判明	能	是
CF	1940	女	工人	小学	认定	认定	未判明	能	是

第三节　留华日本遗孤的生活现状——坚决与遗憾并存

一、"在我心中,中国占的比例更大"

2008 年,69 岁的 WZ 是当时辽宁省沈阳市仅剩的被日本政府认定身份的日本遗孤。WZ 是依照自己的意愿选择留在中国继续生活的。

WZ 找到了日本的亲生父母,并从亲生父母那里了解了自己是如何来到中国并成为遗孤的全部过程。1937 年,WZ 一家 7 口人跟随日本"开拓团"从日本长野县到了中国黑龙江省的密山县,WZ 的父亲在"开拓团"中做教师。1940 年,作为家中的幺子,WZ 在中国出生。1945 年日本战败后,WZ 一家人从哈尔滨市徒步一个月到达了沈阳市,并在沈阳南站的日本难民收容所避难。在这段苦难的逃难过程中,WZ 和姐姐患上了伤寒病,WZ 的亲生父母为了让姐弟两人活下去将他们分别送给了不同的中国家庭抚养。当时年仅 5 岁的 WZ 到了语言、文化完全不同的新的环境中,对亲生父母、兄弟姐妹的记忆也逐渐淡忘了。

WZ 从很小的时候就知道自己是日本人。这是因为每次他和近邻的孩子们发生冲突、争吵的时候，他们就会叫他"小日本鬼子"。他说："我印象非常深刻，自己从那个时候就知道自己是日本人的孩子，从来没有忘过。"

但另一方面，在几十年间，没有孩子的中国养父母对待 WZ 视如己出，百般呵护。为了能让他一心一意地读书学习，身为农民的中国养父母从没有让他做过农活。WZ 也不负众望考上了大学，成为养父母的骄傲。

在生活方面，1957 年，17 岁的 WZ 在上高中一年级的时候听从养父母的意见结了婚。他笑着说："与现在的年轻人不同，那时的孩子对父母说的话十分顺从，这是非常普遍的事。"1958 年长女出生，随后陆陆续续又生育了两个孩子。WZ 说："我现在已经是曾爷爷了，孙女的女儿也出生了，可以说是四世同堂了。"儿孙满堂，其乐融融，WZ 的生活非常幸福。

大学毕业后，WZ 在辽宁省林业厅工作。1981 年成为工程师，1984 年加入了中国共产党。他的仕途非常顺利，1985 年 6 月，WZ 成为造林绿化管理处处长。1989 年，又成为森林公安局局长，同时担任了林业厅某党支部书记。WZ 对他的职业感到非常自豪。在"文化大革命"时期，WZ 有幸遇到了一个好上司，WZ 的日本人身份没有让他遭受什么打击和迫害。

1972 年中日邦交正常化之后，WZ 向中国公安局提交了自己想要寻找日本的亲生父母的申请。1982 年，WZ 参加了第 2 次日本遗孤赴日寻亲团，第一次来到日本。WZ 对日本的印象非常好。"日本到处都非常整洁干净，环境状况非常好，建筑、卫生情况、人的礼仪等都和中国有所不同。"返回中国半年后，日本找到了 WZ 的亲生父母，由此他的身份被判明，被认定为是日本长野县向田先生的儿子。

1983 年，WZ 和二女儿再次前往日本，去了长野县亲生父母的家。全村对 WZ 的归来非常高兴，举村为 WZ 举办了一个隆重的欢迎会。WZ 的亲生父亲仿佛在等着他远在中国的儿子一样，在 WZ 回到家里的 18 天后就去世了。WZ说："我没能在父亲身边长大，但能在父亲临终前回到家里，这样已经很好了"。

WZ的身份被判明后，如果他有回日定居的意愿，可以选择回日，但他没有这样做。我们询问了他不选择回到日本居住的原因。

＊：第一次到日本的印象不错，日本的亲人也很亲切，为什么没有想回到日本永久住下呢？

WZ：啊，为什么不回到日本啊。是的，我去了日本。但如果我回到日本，我要在日本做什么呢？最大的挑战是语言难关，我从来都没有在中国学过日语。这难道不是很大的问题吗？如果你想在日本工作，那不会日语怎么办呢？我和聋哑人有什么区别？所以我认为在日本生活应该会很困难。而当时我在中国有一份安稳的职业，还是公务员。虽然收入不多，但在当时是非常好的职业。这份职业已经比工厂劳动者、农民好多了。因此，我觉得不需要很着急考虑是否回到日本永久居住。

WZ当时做着令人羡慕的公务员工作，对生活状态很满意，而且对回日本以后如何谋生完全没有头绪，语言问题也不是一时能解决的问题，所以对是否回到日本永久居住的问题并不着急，打算慢慢考虑。

此后，WZ的长子决定在1991年到日本留学。长子在日本留学的时候，日本的亲戚们对他的态度非常冷淡。最初，WZ的亲兄弟没有一个人愿意成为长子的保证人。无奈之下，长子在日本遗孤支援团体"彩虹之会"（"虹の会"）的支持下才得以留学日本。关于这件事，WZ这样说道。

WZ：（当长子打算留学时）我在日本的哥哥姐姐，谁都不想牵扯上这件事。我的孩子是个好孩子，不是坏孩子。他们好像担心我会不会在经济困难时让他们帮忙。日本人不想牵扯上这些事，不想出钱什么的。这和我们中国人不一样，中国人在有困难的时候会互相帮助，经济困难的时候也会出钱帮助对方。日本人认为这是种肤浅的认识，对此似乎很有恶意，亲人之间的感情也不深，家人之间的言行也不大一致。我觉得中国人更加真诚、诚实。当家人之间有困难时大家都会伸出援手，尽可能地帮一把。咱们中国人更加注重大家族之间的感情，家庭联系更亲密。日本人的家庭观念很淡漠。

对于长子赴日本留学之际，日本亲戚的冷漠对待，WZ 没能隐藏自己的失望。他不禁对比中国的家族关系，多次说道："我们中国人更重视家人之间的关系"。

最后 WZ 决定每隔几年以国家提供的经费往返日本探亲。到目前为止，他分别在 1994 年、1996 年、1998 年、2003 年数次来到日本。现在，WZ 的长子作为出租车司机在东京生活。两个女儿结婚后在中国生活。

在和日本亲人相认后的 25 年里，WZ 一直在中国生活着。而现在，WZ 退休多年，对去日本定居的事依旧深有顾虑。为何退休后仍然选择不回到日本永久居住，对此，我们询问了其原因。

＊：退休后，您也拿到了中国的退休金，不用工作了。考虑去日本享受一下的大有人在。那您为什么还是选择不回到日本呢？

WZ：我之所以选择不回到日本，是因为我也去过日本几次，我一直强烈地觉得在日本的生活非常单调、无趣。家住在乡下，空闲时到东京走一走，看一看。这样也能看到日本的方方面面。……看日本老年人的生活，特别是农村的老人们，处理家事也是老人的工作，照顾孩子也是老人的工作，再没有什么其他事可以做了。而在中国，老人们可以打打麻将、跳跳舞、耍太极拳、唱唱歌，生活多姿多彩啊。在日本，只有亲戚聚会时或者去赌博时才会打麻将，邻里之间不会享受打麻将的乐趣。

＊：您觉得那样的生活无聊吗？

WZ：是的，我觉得无聊！如果我去日本的话，我既能获得中国的退休金，也可以得到日本的最低生活保障。可是精神方面会很空虚，不像在这边这样有趣。

WZ曾多次去日本，在体验日本生活的过程中，WZ不禁与在中国的老年人的生活相对比，他认为"日本老年人的生活很无聊"。与中国丰富多彩的老年生活相比，日本的老年人生活精神状态充满空虚感，所以最后WZ决定在中国度过他的晚年生活。访谈的过程中，WZ激动地和我们说起他刚刚作为老年模特代表参加了沈阳市的时装展，从他洋溢着自豪和喜悦的神情中，我们也能真切地感受到他对在中国的老年生活的满足和愉悦。

WZ身为日本遗孤，却决定在中国终老，这在遗孤中非常罕见。那么，中国和日本对他而言到底意味着什么呢？

＊：您有没有想过自己的祖国究竟是哪里呢？

WZ：我的祖国当然是中国了。我在中国出生，在中国被养育成人，吃着中国的食物长大，接受中国的教育。对我来说，当然是与我人生有巨大联系的中国是我的根。

＊：那对于您来说，日本又是什么呢？

WZ：日本可以说是我的第二祖国。

＊：第二祖国？

WZ：嗯，嘿嘿。对我来说，在我心中中国占的地方更大点，日本也有，但没有那么重要。日本似乎也没有把我们当作日本人那样关心我们，但当我去日本的时候，他们就会说"我们日本人"。

WZ到日本的时候，无论日本人是不是认可，他都会堂堂正正地说自己是日本人。但他还说"在自己心中,中国占的比例更大",并且声称中国是自己的祖国。

二、"有生之年,我只想去一次日本"

现在居住在黑龙江省哈尔滨市的 GF 在 1944 年抗日战争结束前夕在中国出生。5 岁时,GF 的亲生母亲和中国男人结婚,并将他托付给了中国养父母。说起这段经历,GF 神情落寞:"很多年以后,我见到了我的母亲。她说那时候她生病了,身体很弱,快要死了,实在是没有能力抚养我。继父带走了我的母亲,而把我交给了中国养父母养育成人。"

养父母的家庭本来已经有了一个儿子,但因为想要个女孩子,所以才会领养 GF。此后,家里又生了两个儿子。养父母是经营餐厅的,家境还算殷实,GF 笑着说道:"现在想想,自己还是喝着糖水长大的呢,没受过什么苦,没有受到什么人的欺负。我的养母非常可爱。"

小的时候,GF 并不知道自己是日本人,有时也会被邻居说:"她是小日本鬼子",甚至有人会出言不逊。"每次听到'小日本'这样的词语的时候都非常伤心。那个时候,我认为日本人是坏人。当被叫做'小日本'的时候不就是在说我是坏人吗?"养母是缠着小脚的女人,但是每当知道 GF 被人欺负的时候,都会颠着小脚去和邻居据理力争。久而久之,就再也没有人敢叫 GF"小日本鬼子"了。

GF 14 岁时开始从事修理电器的工作。十七八岁时正逢"文化大革命",她被下放到了农村。19 岁时经人介绍,在农村和当时的丈夫结婚了。"那个时候食物非常匮乏,如果嫁给农村人食物方面可能比较充足。最开始到农村时,怀里还揣着养父母捎给我的食物。我真的非常感激他们,因为在城市长大,我从来没有缺过吃的和穿的,在食物、衣服方面没有过烦恼。我是突然被下放到农村的,因为吃不饱饭过得很辛苦,这种辛苦可能我弟弟他们都没办法理解。"她总结道:"不过总而言之,我人生的前半部分是非常幸福的。"

19 岁时她生下了女儿,23 岁时又生了儿子。后来,她和农村丈夫离婚,离开了生活了 14 年的农村,回到了哈尔滨市。35 岁时,她和现在的丈夫结婚了,一晃 30 年过去了。

GF 再婚后,她第一次从养父那里知道自己是日本人的孩子。GF 再婚的对象已经有了 5 个孩子还要抚养一个老母亲,这样的生活并不轻松。看着为生活劳苦的 GF,她的养父忍不住第一次对她说:"你太辛苦了,你快回去吧,其实你是日本人的孩子。"从小的经历,让 GF 已经隐隐约约有这个猜测,所以她也并没有特别震惊。彼时中日已经恢复正常邦交,GF 踏上了去日本寻找亲生母亲之旅。

＊:您是什么时候去找妈妈的呢?

GF:七七或七八年秋天的时候。养父当时给了我一张收养我时类似证明书那样的纸,他收藏了整整 28 年。他交给我时说:"28 年了! 今天终于交给你了"。证明书还和 28 年前一模一样,崭新崭新的,从来没有打开过,一直存放在那里。当我拿到这份文件的时候,我就开始去寻亲,把可以去的地方都去了。……我去了很多地方,但没有人知道我的妈妈叫什么,没有人有关于她的印象,我找了很长很长时间。不过就算什么都没有找到,只要在寻找我就感到很安心。中国公安局也帮助了我很多,我也有许多公安局的资料文件。

功夫不负有心人,GF 终于找到了她的生母当年在中国再婚的地方。母亲和继父在那里生活了 8 年,两人还生了一个女儿。当 GF 知道自己还有一个同母异父的妹妹的时候非常震惊,"当时都愣了,自己竟然在中国还有一个妹妹。"她见了自己的继父,和妹妹也相见了,还得到了母亲的照片。不过当时母亲已经和这位继父离婚,回到了日本,也没有了联络。

1982 年 6 月 3 日,外事事务局突然打来了一通电话,电话里说找到了 GF 的生母。此时的 GF 已经 38 岁了。

＊：时隔 30 多年了，再次和妈妈见面是什么样的感觉？

GF：当我到酒店的时候，妈妈正好从楼梯上下来。我手里有妈妈的照片，所以马上就知道那是我的妈妈。我和我妈妈长得非常像，我妈妈很快也反应过来了。我们跑过去抱在一起，一直抱着，好像感受不到时间的流逝。两人抱着抱着然后跪在地上痛哭，哭到好像快要断气了……

＊：太不容易了。那你妈妈在中国停留了多长时间呢？

GF：多长时间啊……她 6 月 3 日到中国，6 日就离开了。这期间我们一起吃饭，全部加起来见面的时间是 2 个小时，那期间我们还一起做了饺子。然后她坐了当天下午两点的飞机走的。

＊：这样就回去了吗？

GF：是啊。就这样就回去了。

GF 的生母在中国逗留了 4 天。从 5 岁被寄养到了养父母家，33 年后她终于见到了自己的生母，虽然只有短短的几天她也觉得非常幸福。

然后，如同黄粱一梦一般，生母回国后 GF 就再也联系不上她了，寄过去的信也如同石沉大海，杳无音信。在伤心和焦急的双重心情下，迫于无奈，GF 不得不向日本厚生省请求帮助，但厚生省以"原籍不明，无法调查"为由没有同意。

GF：今年，日本电视台上海分站来采访了我，我和他们说了这些情况。上海分站的人说，日本厚生省的福祉部在调查之后发现我的妈妈 3 年前就去世了。据说日本厚生省之前去找过我的妈妈，她也承认了我是她的女儿。

＊：是八二年的时候来的吗？

GF：日本厚生省的福祉部想进一步调查的时候，我妈妈拒绝了。具体的情况我不清楚，不过厚生省推测，当时妈妈回到日本又组建了新的家庭。她没有和新的丈夫说在中国的事情，当然她的家人不知道她在中国还有两个女儿。突然冒出一个女儿，她可能害怕会对当时的生活造成不好的影响吧，她承受不了这种巨大的改变，我觉得这应该是她不和丈夫说的最主要的原因吧。

＊：这种情况确实挺多的，很多人回去之后都不敢说在中国曾经有过家庭甚至有过孩子。但是……

GF：据说，她82年来的时候是当时的丈夫去世了，所以她才能来中国看看我。回去之后她又和别人结婚了。日本电视台的翻译跟我说，之前妈妈为什么不到中国找我，"可能我会是母亲的劫难，当时的丈夫去世后她觉得时机到了。"唉……

1982年那次短短的相见之后，GF的生母再没有任何消息。回到日本的生母在重新组建家庭后，害怕GF的存在会破坏她当时的生活，直至去世也从来没有告诉家人任何关于GF的事情。

根据日本厚生省福祉部的政策规定，如果日本遗孤已经找到亲人，他们的回国首先需要获得日本亲人的同意，如果对方因为种种原因不同意则日本遗孤就不能回到日本。这种政策的初衷当然是为了尊重当事人的意愿，维护他们回国后的现有生活和家庭。然而在调查中我们发现，众多的日本妇女战后从中国回国后重新组建了家庭，为了生存，一部分人选择了对新的家庭隐瞒了过去的那一段经历。这也导致像GF这种与生母相认了却不能回日本的遗孤的出现成为必然。对此，哈尔滨红十字会的工作人员说："如果八二年的时候GF的生母没有来中国和她相认，GF自己办理回国手续的话可能早就回到日本了。"GF有人证又有物证，证明自己是日本遗孤并非难事，然而，她找到了生母，而生母又不同意她回去，那她就无法回去。

GF：我也是一个女人，我能理解我的生母这样做的原因。回到日本时，妈妈才二十几岁，当然会再婚。结婚后我们就会成为她的负担。只是，如果说恨的话，三年前她去世的时候如果能和我说的话，一点点联系就好了，信件也好啊……她没有把我抚养成人，我在中国长大。我的愤怒可能是这个吧。（沉默2秒）但，我和她都是女人，我能理解她的选择。

同为女人，GF表示理解生母的难处。1982年短暂相见，直到2005年生母去世，期间有23年的时间，然而，生母没有和她有过任何的联系，这是最令她伤心和难过的地方。

GF：无论如何，我都想去一次日本，见到日本，我死的时候才能瞑目。现在我想清楚了，我是完完全全日本人的血统，但我在中国生活了这么多年。在中国，作为外国人的我都能被接受、被领养、被抚养成人，可是作为我的祖国的日本却弃我于不顾。真的，很难说出口，高下立见，没错吧？我从来没有说过假话，我妈妈也承认了我是他的女儿，我们也相认了，可是她不说，这有什么用呢？

GF：不管怎么说，我有着日本的血统，可是因为日本归国政策的关系，我不能回日本。我只想去一次日本，不求改变国籍，也不想变成日本人。我没有什么所求的，只是有个名分，只是那样而已。

GF：我想去一次日本，不是想做什么。我的孩子也不去日本的，谁都不去。我不要求解决什么问题，不求什么东西，金钱什么的都不要的。我只是想说明一下，我真的很想去。我想我的生母误会了，她以为我有很多孩子，其实我只有两个，其他的孩子都是丈夫和前妻生的，他们都不去日本的。

GF 说"我只是想要一个作为日本人的名分而已"。她身为一个外国人,在中国被中国养父母呵护着长大,中国教育和培养了她,也从来没有因为是日本人而受到过不公平的待遇。而作为祖国的日本却对她不闻不问,弃之不理,这是她最难接受的地方。对于受到历史原因阻挠、不能回到日本的 GF 来说,如今,"日本遗孤"这一身份的存在反而给她带来了一丝安慰。

＊：对于您来说,身为日本遗孤是一件好事还是坏事呢?

GF：我想是好事吧,在中国成为一个日本人也是很骄傲的。(笑)

＊：为什么这么说呢?

GF：要说原因的话,在这么大的中国,有我这个日本人存在,觉得很自豪。现在,大家不用"小日本"称呼我了,都叫我"日本的姐姐",这让我觉得很开心。

＊：如果被问到是中国人还是日本人呢?

GF：当然是日本人。现在留下的日本遗孤越来越少,大部分都回到了日本。我还是想回一次日本,越早越好。60 年过去了。去年,我一个遗孤朋友因为心脏病去世了。我还活着,留给我的时间也不多了,真的想回一趟祖国。

＊：日本对您来说是祖国吗?

GF：是啊,人都有那种想法,不是叫"落叶归根"吗?无论如何我还是想回去一次的。

＊：您从小生活在中国,在中国长大成人,但为什么会对日本有这么强烈的情感呢?

GF：我想一想啊,可能是因为是祖国吧。你在外国的时候不想中国吗?不看中国的天气预报,不想知道中国发生什么事吗?同样的道理,当日本发生地震的时候我会很担心。日本的事就像是我自己的事一样，我会担心这些事。（笑）如果有洪水、地震啊，我就会很担心。

＊：日本对您来说是祖国，那中国意味着什么呢？

GF：中国是我的第二故乡，我就是喝着松花江的水长大的。

小时候，GF 因为被人叫"小日本"而觉得备受侮辱常常哭泣，现在却因为被叫做"日本的姐姐"而感到高兴和自豪。她以日本人自居，为周围人称她为日本人而感到开心。对于自己的故乡在哪里的问题，她毫不犹豫地选择了日本。

＊：回顾一下您目前为止的人生，你觉得最幸福的事是什么？

GF：最高兴的事是生母来见我的时候，我这一生终于见到了自己的亲生母亲。但是渐渐地，母亲不再和我联系，连一封信都没有。在母亲来之前，我抱着"我是日本人，我一定会回到日本"这样简单的念头，想着可以去日本去见一见我的母亲……

＊：从母亲来的那时算起已经 30 多年过去了吧。

GF：是啊，30 多年过去了。以前我一想起的时候还会难过、哭，后来连哭也不会了。对于母亲，我已经不知道那是恨，还是爱了，我自己都搞不清楚了。

＊：最难过的是什么时候呢？

GF：最难过的瞬间就是得知母亲在 3 年前去世的那个时候。心中的悲伤、遗憾都随着她 3 年前的去世而消散了。（叹息）

＊：这是近年来才释怀的吗？

GF：是啊，是近来不知不觉明白的。半个月前。我还没说我妹妹的事呢。我和妹妹偶尔打电话、偶尔写信，两个人有时候就在电话中哭。妹妹说："我的姐姐真好。可我没能和你见一面呢。"我的妹妹虽然比我小 3 岁，但因为是同一个妈妈生的，觉得特别亲切。

＊：如果能有机会去一次日本，最想做的是什么呢？

　　GF：最想做的事嘛。我很想和我之前遇到的日本遗孤朋友们在一起，学习下日语。他们几乎都回去了。

　　回首人生，GF 的一生中最幸福和最悲伤的事情都和生母有关。最后，我们试着询问 GF："今后最大的心愿是什么？"，她仍旧毫不犹豫地说"想去日本走一趟"。她哭着说道："我不想去日本定居，也不想做什么特别的事。我只是想去观光一下，想亲眼看看自己的国家。"

　　GF 从来没有过稳定的工作，所以现在也没有退休金。她的丈夫几年前因病瘫痪在床，女儿也不幸死于交通事故。经济困顿，难以支持她完成自费去日本的心愿。如果一定要去只能向儿子求助，但是她不愿意给孩子增添负担。比这些更为重要的是，GF 想被日本政府认定为日本遗孤，以堂堂正正的日本人的身份踏上自己的祖国，这才是她今生最大的心愿。

　　在采访的最后，GF 骄傲地向我们展示了她学到的日语。她笑着说："如果有时间的话，我也会练一练我的日本名字。"虽然一生历经坎坷，但她所表现出来的乐观、坚强的生活态度，令我们印象深刻。

三、"一切为了孩子"

　　日本遗孤 ZJ 在 67 岁那年终于做出了回到日本永久定居的决定，这距他被认定为日本遗孤已经过去了 3 年。我们在他离开中国前的一个月采访了他，当时他的心境相当复杂。

　　ZJ 从不知道自己是日本遗孤，也没有任何与日本人相关的记忆。作为中国养父母家中的独子从小被悉心培养，如同一般的中国人一样长大成人。养父是一名小学教师，同时拥有日语二等翻译资格证书，家境较其他人一直比较富裕。回忆起小时候的生活，他说："我一直认为我的生活非常好，养父母甚至比真正的父母对我更好。养父一直都有固定工资，经济方面也比较稳定"。

19 岁那年,他从高中退学,成为一名小学代课教师。就职的时候需要填写自己从出生至今的所有经历,这个时候,他才第一次从养父那里听闻了自己不是"父母亲生的孩子"的事,但养父没有告诉他其实他是日本人的事实。

养父的家庭成分中有地主成分,也有国民党干部的成分,所以在历次政治运动中,他们家都会被排查,这对 ZJ 来说当然算不上愉快的经历。因为养父的家庭成分的问题,直到 1981 年,他才能正式加入中国共产党。

生活上,ZJ 在 1963 年结婚,有了 4 个孩子。工作上,他吃苦耐劳,勤奋肯干,深受领导认可和重视,并在 1964 年晋升成为正式教师。1981 年加入中国共产党之后他的仕途一帆风顺,相继成为小学书记、小学校长、中学校长、教育局教育研究员和专家,直到 60 岁退休。

1962 年,ZJ 的养母去世。1981 年,养父临终前终于告知了他实为日本人的事实。

＊：你是什么时候发现自己是日本人的呢?

ZJ：81 年我父亲病危的时候。

＊：病危的时候才下定决心告诉您的。您知道的时候是什么心情呢?

ZJ：嗯,那个时候,父亲和我说的时候……实际上,父亲和我说的时候,我之前就知道了。在父亲没有告诉我之前,我就知道了。

＊：为什么呢?

ZJ：之前有很多传闻,大家都有一些风言风语,但我一直不想"戳破这层窗户纸"。

＊：是因为不想让父亲难过吗?

ZJ：我的孩子们好像也知道,外面的人都在说,甚至还有直接问我的人。但是,我不想戳破这层纸。我害怕我的母亲知道我知道了,如果我知道了这件事会让父母难过，不是很糟糕吗？我想着，这层窗户纸不能戳破，我想保持现状。我不想知道的。可是当父亲告诉我的那一瞬间，在我的脑海中想的是，我怎么就成日本人了。这样的事实我接受不了，我也不想去相信这事实。但是，它是事实。当时的感觉就是，我不想知道，不想知道。为什么要说这个呢？如果不说就可以当作不知道。有时候，人就是那样，你不知道的时候很想知道事实，可当你知道的时候你一点都不想知道。但当那扇窗被戳破，什么事情都曝光了，什么都无法隐藏，就没办法辩解了。那个时候，要说我的感觉吗？很难过，丧失了语言的那种感觉，什么都说不了。我也不多说了，到现在，当时那种失落的感觉就好像一颗种子种在了心里。

最开始从养父口中直接得知"你是日本人"的时候，ZJ 非常震惊。虽然之前一直有传闻，但养父直接说了之后，他觉得就变成了事实，真的成为日本人。"我不想去接受，也不想去相信这样的事实。"ZJ 叹着气说道，"这层窗户纸终于戳破了。"他觉得他不能逃避了，那时他感到了强烈的失落感。

但是，对于 ZJ 的养父而言，在病危时选择说出这件事可能更为困难。"当父亲说道这件事的时候，脸色都变了。"ZJ 先生描述到当时的情景，"父亲说'一个人在这世间的出生都是没有办法选择的'。""这就是全部的事，说不想听也是存在的事实。"养父只是告诉了 ZJ 他是日本人的事，除此之外，他的亲生父母是谁，出生地在哪，怎么来到养父母家庭的，这些事都像谜一样。"父亲告诉我的就是这么多，不想和我说更多，我也不想再从他那里听到其他的了。"毕竟在那个时候，ZJ 连自己是日本人这件事都接受不了，不想再知道更多的事情了。

1981 年，ZJ 虽然知道了自己是日本人，但是那时他并不愿意承认自己是日本人，更加没有返回日本的打算。

ZJ：知道的时候我大概二十五六岁。

＊：那时不想回去吗？

ZJ：是的，我知道的时候中日已经恢复邦交了，可以选择回去日本的，但那时并没有这种想法，也没有说过这种话。知道自己是日本人这件事可能是个好事吧。实际上，我有很长一段时间挺压抑的。然后，我爸爸去世了。抢救无效，爸爸去世的时候，我觉得好像有一瞬间感觉压力变小了。自己的出生，自己是没有办法选择的。当时我并不想周围的人知道，自己欺骗自己。一旦说自己要回到日本，周围的人就会真的觉得"你是一个日本人"，这样会很可怕。当时有这种想法，虽然我那个时候是一个大人了，但是仍然有这种想法，哈哈。

＊：你不想承认自己是一个日本人吗？

ZJ：是的，我不想承认，也没有承认。

当知道自己是日本人后，ZJ 完全没有想要回到日本的念头。他强烈地否认自己是日本人的事实，也害怕被周围的人知道。问及原因，他说"当时作为日本人，对我来说很残酷。日本对中国做了那样残忍的事，作为日本的后代我觉得非常耻辱。"

开始有想回到日本的想法是 ZJ 快 60 岁的时候。在临退休之际，ZJ因为脑梗回家休养了。

ZJ：（突发脑梗后）在那么紧急的时候，突然觉得自己是一个日本人了。在那里可能有我的亲戚在，真的，突然有了这种想法了。我的忧郁也与日俱增。理由，自己也说不清楚那个理由。突然心里有萌生了这种想法。可能是有一种"落叶归根"的想法。我在想，我作为一个人，到死都没能看到过自己的故乡，这⋯⋯在中国，我觉得过得非常好。我的事业、生活上的待遇、子女的事业，都是非常好的，我觉得非常满足。但我突然觉得很落寞，有一种对家的想念的空虚感、和对家的憧憬。

ZJ 突然有了一种"想要见见我的祖国"的想法。他和妻子商量之后，向日本厚生劳动省寄去了一封信，结果马上就收到了对方的回复。2007年 ZJ 被认定为日本遗孤，11 月他第一次到访了日本。对于日本的初印象，ZJ 说："虽然在日本听也听不懂，也回答不了别人的话，可是不知道为什么就觉得非常亲切。"。虽然没能找到自己在日本的亲人，ZJ 还是决定和次女一家定居日本。ZJ 选择回到日本与其说是因为乡愁，更多的是考虑子女的发展和教育的机会，"全都是为了孩子。"

ZJ：不管怎么说，这都取决于我的家庭情况。就我个人而言，要在中国过晚年也可以，在这里有退休金，每天还能和朋友打麻将、下棋，现在这样的乐趣都没有了。不过为了孩子一家，在那里和孩子一家团聚、和和气气，也不是不可以？这也很好。去到那里，什么都不懂，连电视也不会看，语言不通……所以真的是为了孩子。

ZJ 选择回到日本定居的原因有一部分源自"落叶归根"的想法，但更突出的原因是希望能让孩子过上更好生活的期盼。根据日本厚生劳动省的规定，如果日本遗孤有多个孩子，可以选择和所有孩子回日本，也可以选择和其中一个孩子的家庭一起回日本。"一些孩子在日本，一些孩子在中国，还是很担心的，所以打算把他们全部叫来日本。"

ZJ 在中国生活了将近 60 年，当问到即将离开中国的心情时他这么说。

＊：明年 1 月离开中国吗？要离开生活了这么多年的中国，现在是什么样的心情呢？

ZJ：怎么说呢，说不出来，一定要说的话，真的是感慨万千啊！

我现在有那种感觉,从决定回到日本定居的时候已经过了 7 个月了,半年时间过得太快了。心情一直在反复,偶尔因为可以回国很开心,但偶尔觉得很难过。又期盼着,又不安着,心情很复杂。

＊：如果被问到是日本人还是中国人,您会怎么回答呢?

ZJ：那个吗,我还没有考虑好呢。可能是跟问的人有关吧,在中国我会说是中国人,在日本我会说是日本人。(笑)但实际上,我的国籍已经是日本了,在中国变成日本侨民了。

＊：对于您来说,祖国是哪里呢?

ZJ：(考虑了 3 秒)祖国是中国,是养我育我 60 年的中国。我在这里生活这么多年,对中国感情深厚,对中国有着很深的爱。但是在中国我也有很多不愉快的经历。而日本对我来说还是处于一张空白的白纸的状态。去日本的时候,我觉得日本真的很美。

"像亲生的一样把敌人的孩子养大,这样的国家在世界上都很难有。"ZJ 内心认为生活了 60 年的中国是他的祖国。另一方面,曾经因为"自己是日本人"而感到耻辱的 ZJ 说,"现在周围的人都很羡慕我,我真的为日本是一个富裕的国家感到骄傲。"对于他来说,日本就像一张白纸,他期待满满。他笑着说,"到现在这个年龄了,考虑的都是孩子的事,没有其他需要担心的事了。"他期盼着在日本的生活也能创造出很多美好的回忆。

第四节　本 章 小 结

本章聚焦留华的日本遗孤。因为人数较少,所以中日两国学者都较少关注这一部分群体。然而,他们的存在依然非常重要。

日本遗孤从 1945 年被遗弃在中国,到面临选择在中国定居还是返回日本,其间有三四十年的时间,外部环境和社会背景发生了翻天覆地的变化。首先是中日两国的关系一直在改变：1945 年日本战败、1946 年至 1949 年日本人前期撤退、1953 年至 1958 年日本人后期撤退、1972 年中日邦交正常化。其次，日本遗孤一直生活在中国国内社会环境变革与发展的时期：1949 年中华人民共和国成立、1950 年至 1952 年的土地改革和"三反五反"运动、1957 年的反右派斗争运动、1966 年至 1976 年的"文化大革命"，以及 1978 年以后的改革开放、市场经济的变革。这些社会大环境的变化影响着日本遗孤在中国的生活状态，也影响着日本遗孤归国与否的抉择。

在本章中，我们探讨了三类日本遗孤，分别是选择继续留在中国度过晚年的、虽然是日本人却无法归国的和最终选择返回日本定居的，可以得出以下结论。

一、选择在中国定居的日本遗孤

尽管被日本政府认定了身份，也在日本找到了家人，有一部分日本遗孤依然选择留在中国继续居住，但不太有人了解这类留华日本遗孤的实际生活状况。

与乌云一样，WZ 在 1982 年的时候就找到了自己在日本的家人，也找到了自己的亲生父母。现在已经退休多年的他仍然不想回到日本定居，他阐述了几个选择留在中国的原因。

一是在中国有着安稳的职业，工作能力得到认可，任职过较高的职位，社会地位也较高。采访时可以看出 WZ 对自己的职业感到非常自豪。WZ 在经济方面有着稳定的收入，周围的人对他非常尊重，也没有因为日本人的身份在中国的政治运动中受到牵连。乌云也是因为在中国作为一名教师被周围的人尊重爱戴，她也放心不下在中国的亲人和学生们，回到日本后一直在思念中国，因此最后她决定回到中国，并留在中国。此外，因为职业稳定，退休后也有不错的退休保障。这样的中国社会生活情况非常适合他们的晚年生活。

二是,对于 WZ 来说,日本是一个全新的环境,这意味着一切要从零开始,语言不通,如何体面地生存是个难题,同时他也担心社会地位不高而带来的种种不便。此外,长子到日本留学时日本家人冷漠的态度和回应,与他认可的中国人的家庭观念、家人互助理念大相径庭,因此他更愿意把中国当作故乡,这些因素都影响着他的选择。

需要强调的是,许多日本遗孤会选择回到日本定居,很多时候是为了子孙的将来考虑,也有一部分是子女强烈要求的。而对于 WZ 来说,现在长子在日本有着稳定的工作,女儿在中国结婚成家,生活幸福美满,没有强烈的诉求一定要去日本。并且,WZ 每隔两三年就会在日本政府承担费用的情况下回一趟日本,这也让他觉得留在中国更加理想。

最后,采访中 WZ 多次谈到了"日本老年人的晚年生活很无聊"。他从几次去日本的体验中感受到日本老年人的生活简单、寂寞和乏味。WZ现在有了曾孙,享受着四世同堂的欢愉,大家庭相处和睦。每天,他都会打打太极拳,和老友们打打麻将,老年生活丰富多彩,他认为这是他不回日本居住的最大原因。

这类日本遗孤选择在中国居住的理由可以从"拉"和"推"两个方面来考虑,即"来自中国的拉力"和"来自日本的推力"。"来自中国的拉力"主要是他们在中国有了稳定的职业,而且职位一般较高,对自己的职业充满自豪感。他们往往不仅在经济上比较富足,同时被周围人所尊敬和爱戴,具有较高的社会地位。他们将中国视为自己的祖国,觉得自己是被需要的,心理满足感强。而"来自日本的推力"主要是,对他们而言,人到中年来到日本这个陌生又全新的异国环境,如何生存下去首先是一大难题。他们需要重新适应一个新的环境,习得一门新的语言,这些并非易事,往往难以从事除了体力劳动以外的其他职业,由此而导致的社会地位的巨大落差是他们不愿意接受的。同时,日本亲属对他们的突然出现往往反应冷漠甚至排斥,这也令他们失望至极。文化的巨大差异、人脉社交的断层、社会地位的巨大落差,这些都是妨碍他们回国定居的因素。

二、在中国作为"日本人"活着的遗孤

在我们接触到的日本遗孤中,有一部分人被中国政府认定为遗孤,却因为种种原因没有被日本政府认定,即不被日本政府承认为日本遗孤。例如 GF,由于其日本生母没有把自己曾在伪满洲国结婚生子的事实告诉后来组建的家庭,害怕 GF 的突然出现会破坏她在日本的生活,所以没有向政府承认 GF 的存在。有像 LY 那样,因为"证据不足"没有被日本政府认定身份的遗孤。也有像 BK 那样,直到近期才被中国政府认定身份,获得日本政府的认定还需要一定的时间。

在和我们的交谈中,大多数留华日本遗孤都强调自己是日本人,这一点与已回日本定居的遗孤差异很大。例如,GF 平时就以日本人自居,有意识地学习日语,日常关注日本的新闻,且对"日本姐姐"这样的称呼非常喜欢。LY 则说:"我是日本人,我的祖国是日本。虽然没有被日本政府认定身份,但这不能否认我是日本人。"而 BK 在采访结束时还如同日本人一样,对我们鞠了一个标准的 45 度的躬。

这些遗孤中很多人甚至至今都没有去过一次日本,却不可思议地对日本有着很深的感情。他们在中国定义自己是日本人,常常为"自己是日本人而感到骄傲",从日常生活的点滴开始,他们如同特意向周围的人证明自己一样,生活的习惯向日本人靠拢,学习日语,制作日本料理,拥有强烈的作为日本人的自我认同。

他们生活在中国社会中,在中国养父母的关爱下长大,中文是他们的母语,中国文化对他们的影响根深蒂固。他们的思维方式、价值观、生活方式都与中国人无异。另一方面,众多的日本遗孤年幼时,因为日本人的身份,都或多或少有过一些不愉快的经历。比如被周围的人称为"小日本",或者被人议论"不像父母的孩子",他们因为这些言论而备受煎熬。当然,也

有一部分遗孤被养父母保护得很好，在成年之后才被告知真实身份。

为何对比那些回到日本定居的遗孤，看上去他们似乎更加为"成为日本人而骄傲"？应该说，正是这种渴望被日本认定身份而不得的现状，催化了他们对日本的感情和向往，他们比谁都更想被认可为日本人，他们通过这种方式来定义自我，以此来获取"我是日本人"的自我认同。这种现象的背后也有社会大环境的影响。与中日断交时期不同，20世纪的八九十年代，中日友好与交流成为大势所趋，在华的日本人享受了很多外国人的有利待遇。同时，中国社会正在逐步走向国际化，出国成为许多国人的梦想。在这样的时代大背景下，留在中国的日本遗孤不再像之前被歧视、被差别对待，反而因为日本遗孤的身份而被周遭投来羡慕的眼光。这样的现状也促使他们去再次思考身为遗孤的意义。

三、即将回国的日本遗孤——对新生活充满期待

第二次世界大战结束后半个多世纪过去，历经多年的纠结和犹豫，有一部分日本遗孤终于做出了抉择，选择回到日本定居。即将回日本定居的日本遗孤，他们最终选择回日本定居的原因是什么？离开生活了大半辈子的中国是什么心情？他们对新生活又抱着怎样的向往和不安？

ZJ在1981年就知道自己是日本人了，然而当时的他觉得"身为日本人"是件耻辱的事情，不愿意承认自己是日本人的他在之后的几十年间一直没有回到日本定居的想法。CF则是在18岁结婚前夕被养父母告知真相的，"我哭了一夜，想不明白我的亲生父母为什么不要我呢？"。数十年间，本着"嫁鸡随鸡嫁狗随狗"的想法，CF全身心地扑在家庭和孩子身上，忙忙碌碌拉扯大了几个孩子，甚至没有时间去思考回日本这件事。他们的共同点就是几十年间，他们没有想过要回到日本，也没有去日本永久定居的打算。那最终促成他们做出回日本定居这个决定的原因和理由是什么呢？

晚年患病的 ZJ,躺在病床上突然萌生了深深的乡愁,"想到自己年过半百,到死都没能去自己的故乡一次"。在更深入的采访中,他提到了"选择回到日本定居也有家庭的因素"的影响。ZJ 曾是学校的校长,受人尊敬,退休后生活无忧惬意,每天打打麻将、下下棋,和老友们喝茶聊天。"我自己觉得我在这里的生活非常好,"但次女一家非常想去日本,为了他们,他最终选择了回日本定居,"这都是为了孩子"。

而为了家庭尽心尽力、一直忙忙碌碌的 CF,几年前丈夫因病去世,孩子们也都成家了。她终于有了停下来的时间,可以思考自己的身世。CF 说:"我突然有了想去日本看一看的想法。"随着采访的深入,我们发现她的归国动机还有其他影响因素。她的女婿任职于公安局,在工作中了解到日本遗孤回国后可以享受一些福利。女儿女婿为了孩子的教育,强烈要求 CF 回到日本,这也是 CF 最终选择回日本定居的一个原因。

即将离开生活了 60 多年的中国,两人都"心情非常复杂"。ZJ 说"中国是我的祖国",CF 则说"中国是我的第二故乡"。两个人都曾因寻亲到过日本,在两周的日本寻亲之旅中,他们对日本有了非常好的印象。与回国多年的日本遗孤不同,他们对日本遗孤在日本生活中所经历的困苦与磨难还一无所知,对于他们而言,"日本如同一张白纸",虽然心有不安,但更多的是对即将开始的新生活的期待。

留华的日本遗孤之所以留在中国,既有主观上因为现有生活稳定,不愿去充满不确定因素的日本生活的原因,也有因为日本的家人不愿相认而受不到政策上支持的原因。在对留华的日本遗孤的访谈当中,我们可以看到他们在年幼时期或多或少地因为日本遗孤的身份被人区别对待过,因此在一段时间内他们是不太喜欢"日本人"这个身份的。但是随着社会的发展和中日关系的缓和,他们认同了自己"日本人"的身份,将日本视为自己的祖国或第二故乡,并将作为"日本人"的自己与在中国长大的自己整合成一个新的整体,最终形成一个既不同于中国人也不同于日本人的自我认同。

第八章 恻隐与决绝：与中国养父母的羁绊

第一节 日本遗孤中国人养父母是谁？

1945 年日本投降后，众多的日本人的子女在战乱中或与家人离散，或被遗弃在中国民间，而领养并抚育这些孤儿的中国人就是"日本遗孤中国人养父母"。以 1972 年 9 月的中日邦交正常化为契机，众多的日本遗孤回到了日本，但二者的羁绊并没有因此而被割断。2016 年，感知到在战后 70 余年，有关战争的记忆逐渐被风化和遗忘的危机的日本遗孤们自发成立了"中国残留孤儿问题论坛"。关于论坛成立的初衷，日本遗孤们表示，遗孤们大多已经年逾七十，这个论坛是他们第一次的尝试，也把这作为最后的机会。论坛中明确提出决定将回报养父母的养育之恩作为今年的首要任务。作为负责人之一，同时身为中日友好协会理事长的池田澄江说："日本人不会忘却恩情，我们想要报恩"。

日本遗孤中島幼八说道："没有中国养父母，我们这些日本遗孤根本就没法活下来。我们想要让更多的日本人知道将敌国的孩子养育成人的中国养父母们的事情"。正如他所说，中国养父母的重要性和报道量不成正比。在我们对 1972 年 1 月 1 日至 2017 年 12 月 30 日的《朝日新闻》中有关日本遗孤的 3028 件报道进行的统计调查[1]中显示,关于养父母的报道只占整体报道的 4.32%(131 件),甚至那些仅有的报道几乎都集中发布于 20 世纪 80 年代。[2] 二战结束后,中国人养父母们领养并抚育了敌国日本的孩子,忍受着战后的物质困苦,经历了"文化大革命"的生活动荡,对于他们曾经过着何种坎坷的生活、经历着怎样的心路历程、如何走过悠悠岁月,当代日本人一无所知;更进一步,养父母们忍受着何种悲伤的心境,让自己养育的遗孤远离自己赴日归国,就更无从知晓了。

日本遗孤的中国人养父母的数量至今没有明确统计,据推测在 6 000 至 10 000 人[3]。最新数据显示,2015 年,残留孤儿的平均年龄为 76.0 岁[4],他们的养父母们大多已辞世。本研究着手伊始,有幸直接与部分养父母进行对话,对他们与残留孤儿共同走过的漫漫人生进行了抢救性记录,获取了珍贵的研究材料。

前文所述日本遗孤自我认同危机的出现,无疑与其成长过程中身份暗示的缺失和抗拒有关,而遗孤主体最初碍于年龄幼小及时局紧张,缺乏身份选择的能动性,这部分权力自然移交给了养父母。本章节研究旨在以中国人养父母为焦点进行生命叙事调研,在深入访谈的基础上,探析养父母们收养日本遗孤的动机、经过、心境,以及他们目前的生活状态。

关于中国人养父母的研究数量很少,其中小田美智子(2000)和浅野慎一、佟岩(2006)等人的研究尤为重要。小田以住在长春"中日友好楼"的养父母为对象,对 1996 年的调查与 1999 年的再调查进行了比较,在对前后差异进行总结的同时,对日本政府的应对也做了研究,并对养父母的养老问题、养父母与返日的日本遗孤间的亲情进行了探讨。浅野等在2002 年到 2004 年间,以对 14 名养父母(养母 12 名,养父 2 名)所进行的

1　详见第三章。

2　参考《朝日新闻》2007 年 7 月 1 日。

3　浅野慎一、佟岩,『異国の父母　中国残留孤児を育てた養父母の群像』,岩波书店、2006 年、第 vii 页。

4　由 2015 年 10 月 1 日厚生劳动省援护局发布的"中国归国者生活实况调查"资料推算。

采访为基础,介绍了每个养父母的人生喜悲,梳理了贯穿养父母们共同的人生生活、历史及社会背景。

但是,与上述两者立场相区别,我们更重视当事人自身的叙述及诠释。小田的研究主要着眼于日本政府的应对及政策,以对养父母的补偿及承诺为研究重心。浅野的研究则重视讲述者的"陈述内容",涉及该陈述的前后语境暧昧不清。而我们认为,只有充分考量采访者在交谈现场所扮演的角色及其与陈述者的互动,才能清晰审视陈述内容的言中之意和弦外之音。本研究并不只局限于"叙述的内容",而同时重视并对采访所处的"场域"、"陈述的方式"以及"陈述的一贯性"进行解释。生命叙事"并不是绝对客观不变的事物,而是由采访行为构筑出的事物"[1]。换句话说,在本研究中并不仅仅是引出养父母们的声音,而是重视对话的形式,着眼于以讲述者与采访者的相互作用为基础的"陈述的方式",并对其进行分析解释。

第二节　访谈调查的基本情况

本章的调查对象是住在黑龙江省哈尔滨市与吉林省长春市的 6 名日本遗孤养母(表 8 - 1)。访谈调查在 2007 年 12 月和 2008 年 8 月连续进行。由于彼时健在的养父母数量稀少且已届高龄,所以哈尔滨市及长春市内可以接受访谈调查的养父母全部成为本研究的调查对象。

访谈调查的内容,包括被访谈者从出生到现在的所有生活经历。访谈时,将谈话的重点置于养父母与日本遗孤的关系,不拘泥于问题的顺序,顺应全体谈话的倾向进行提问。本研究中聚焦 6 名中国人养母,重视探讨人生经历的叙述框架。访谈中均使用中文。

1　櫻井厚、『インタビューの社会学—ライフストーリーの聞き方』、せりか書房、2000 年、第 7 頁。

表 8-1　调查对象情况一览表

名	性别	出生年	结婚年	有无亲生子（数目）	与日本遗孤的相遇				遗孤返日年
					年	本人年龄	遗孤年龄	遗孤性别	
S	女	1926	1942	有（2人）	1946	20	10个月	女	1988
F	女	1928	1945	有（2人）	1945	17	4岁	男	1992
L	女	1927	1945	有（6人）	1945	18	5岁	女	1981
C	女	1921	1943	有（2人）	1945	22	3岁	女	1985
Z	女	1922	1944	有（3人）	1945	23	3岁	男	不明确
E	女	1930		实际收养遗孤的为丈夫的前妻					

第三节　成为日本遗孤的中国人养父母

2011年,日本驻中国大使丹羽宇一郎访问辽宁省沈阳市,亲自转交了日本遗孤联合写就的"日本遗孤给养父母的感谢信"。这体现了日本遗孤与中国养父母的深厚感情,也表达了他们想让更多人重视"养父母"的心情。深受中国养父母恩惠的日本遗孤池田澄江也表达了这种感情:"回国28载,来自遥远故乡的召唤让我惊讶,思恋的心情充溢在我胸口。中国给了我生命。我爱着日本,但我更深深地爱着中国"。

那么,中国养父母们又是如何看待与日本遗孤的那段非同寻常的缘分呢?

一、去日本看过养女三次——"她一走,街上看谁都像她"

S生于1926年,10岁时母亲在战乱中产后虚弱死亡,14岁时父亲被日本人强制抓去做劳工后一去不返,因此她和弟弟便成了孤儿。S讲述:"自己的家没有了,要说我不恨日本人那肯定是假话"。S在16岁结婚,19岁孩子出生但不幸夭折。1946年4月,婆婆从日本人难民所领回了当时只有 10 个月的日本人遗孤，即为 S 的养女。

谈及当时的心情，S 说"那时候，咱们吧，也就是，依着这个同情的心吧。孩子他们也没罪，这是国家的事儿，与孩子无关哪。孩子她知道啥？孩子是无辜的，就这个道理。另外我家也喜欢孩子。"公婆给 S 的养女取名为"带弟"，企盼养女的到来能为全家带来一个弟弟。在 24 岁那年，S 如愿得子。

对养女如同自己的亲生女儿一样的 S，一直没有告诉养女她是日本遗孤的身份，"她到我们家没有受过苦"。1955 年，当地公安局调查滞留在华的日本人，拜访了 S 家。至此，养女才第一次知道自己流着日本血脉，当时她的反应很激烈，多次称"宁可不知道自己的身世"。

据来调查的警察说，养女在日本的家人已经全部死亡，"如果你想把她留下来也可以"，所以 S 也就没有让养女回国。S 一直培养养女到初中毕业，毕业后的养女继承养父的岗位在百货商店工作。1977 年，养女结婚。即使对女婿，S 也从未提及养女是日本人一事。她说："养女就跟我自己的闺女一样，所以从没想过要跟女婿说。"

进入 20 世纪 80 年代，众多的日本遗孤纷纷回到日本。女婿在偶然中得知养女的身世后，也向日本驻中国大使馆寄了一封信。此后，公安局调查员来到了 S 家，S 毫不隐瞒地交代了养女的身世。养女被证实为日本遗孤，得到了回国寻亲的机会，并于 1986 年第一次回到日本。之后，由于女婿的强烈意愿，养女一家于 1988 年回到日本定居。

＊：养育了这么多年，您当时应该很舍不得吧？

S：啊，是有点舍不得。那你都养了这么多年，她走那跟前，俩孩子都那么大了。能说舍得让她走吗？我也是不愿意让她走啊。那能舍得吗？舍不得，舍不得。我跟他俩说，我说你走了，我说妈妈这也没人来？我有个头疼脑热的，也没人来看我了。"我走了，我以后我还回来，陪你，没事儿，"老劝我，我一寻思，也是，我说走吧。

其实,养女在办理回国定居手续的时候,因怕养父母担心,一直不敢告诉他们。当时,中国政府出于人道主义的考虑,有一个不成文的规定,即如果没有中国养父母的签字同意,就不能办理日本遗孤回国手续。为了得到养父母的签字、认同日本遗孤的回国,最终养女还是跟 S 说明了情况。虽然这对 S 夫妇来说是断肠的决断,但是他们最后还是同意了。S 说:"我们把她养大了,真没有想过她还会回日本。"

回想到养女刚回日本的那段日子,S 说着说着不禁流下眼泪:"刚走的那会儿,确实,在大街上碰着啊,像她那么高的个儿,长得像她的,都站着瞅一眼,小孩子我也瞅,现在好多了。那时候舍不得,跟自己的(小孩)一样,没啥区别,唉。"

谈及养女回到日本的生活,S 很骄傲地说道:"生活挺好,对我也很孝顺。确实孝顺,我这姑娘没地方找去。我这,去日本了三趟了。"S 唯一的遗憾,便是在 1991 年第一次受邀访日的前夕,丈夫由于急病去世。但 S 没有告诉养女养父去世的消息,"我寻思她那刚到呢,她刚走不到一年,我寻思告诉她不好,告诉她,她还回不来得着急上火,就没告诉她。"

我们试着询问了 S 现在对日本的看法。

＊:您现在对日本怎么看,是一种什么感觉呢?

S:唔,日本吧,现在咱们两个国家都友好了。这就不错了,咱还是,回日本吧。它以前想侵略咱们中国,它现在也跟咱们中国友好了,就啥事也没有了,咱对它看法还是很好的。

＊:不记仇?

S:不记仇,记那仇有啥用啊?哈哈。咱们平常在孩子面前,从来也不提这事儿,说你们国家怎么怎么不好啊,对中国。反正说那些有啥用呢?她是个孩子。你说是不是啊?她懂得啥啊?她也不知道。

＊:您现在有什么心愿呢?对今后的生活有什么期望呢?

S：哈哈，希望啊？希望就是咱们国家现在也挺发达的，日子越过越好呗，老太太现在心情可好了，哈哈。我家孙子媳妇，也是挺有孝心的。儿女们都很有孝心，就算行了，就算很满足了，人得知足啊。

S现在和孙儿一家一起生活，能领取退休保险和医疗保险，对未来的生活没有什么不安。养女也一年半左右就回来一次，家庭圆满，全家都很孝敬S，她说："这也就足够了，人必须知足才能常乐。"

二、比养子大13岁的妈妈——"我不救他，他就死了"

1945年4月，17岁的F与丈夫结婚，移居黑龙江省哈尔滨市。同年8月，日本战败投降，F在那年的11月遇到了后来成为她养子的日本遗孤。当时，寒冬来临，哈尔滨日本人难民营中陆续有难民死去。迫于生计，F的丈夫在日本人难民营从事着搬运尸体的工作。难民营中有大量父母双亡的孩子，后来成为F养子的孩子也是其中一员。当时他还只有4岁，同他12岁的姐姐、9岁的哥哥一起在难民营生活，生母已经过世。年岁稍长的姐姐和哥哥马上被中国人领养走了，而年幼且患病濒死的养子却没有人愿意收养。F的丈夫最初也反对收养这个孩子，因为他们新婚初始，还没有生育自己的孩子。然而，F一直劝说丈夫，"我们不收养他，他就会死掉了。"最终丈夫也心软地同意了。

F：他妈妈死了，没人要他，他就得死了。我一看那孩子要死了，头发都成白的了，全部爬满了虱子。他有个小黄大衣啊，那大黑虱子都粘在里面。领他上哪儿，脚指甲，手指甲，都是弯的，长的。我一看那孩子要死了，完了，我说的，跟老头商量，我说这孩子咱要了吧，要不就死了。国家战争是国家的事儿，孩子是无辜的。我说我收，他说，你还得生呢，我说要了他吧，要不就死了。

就这样，F 在 17 岁的时候成为 4 岁孩子的母亲。F 的哥哥在抗日战争中，成为日军的细菌实验的牺牲品。F 非常憎恨日军，然而她还是义无反顾地收养了日本人的孤儿。

　　＊：当时打仗的时候，日本人不都欺负咱们中国人吗？

　　F：啊！

　　＊：那您怎么反而还收留了一个日本孩子呢？您当时是怎么想的？

　　F：我当时我就想了，我没说嘛，国家战争是国家战争，这孩子多可怜哪，孩子不懂事儿啊，我就把他收留了。我们要是不救他，他就死了。后来呢，会说话了。跟他比画，跟他说，这叫吃饭，这叫喝水，一点点教他，会说话了。这不把他抚养大了嘛。

F 从零开始教养子说中文。领养养子 3 个月后，F 怀孕了，19 岁时，长女诞生，22 岁时，次女诞生。但是 F 从未对养子提起过他是日本孩子的事情，对养子与亲生儿女一视同仁地倾注了母爱。她骄傲地对我们说："我儿子头脑非常好使，什么都会自己做。养鸡，自己做衣柜，什么都会做。"由于她对外隐瞒了养子是日本人的身份，所以"文化大革命"期间也没有受到任何波及。直到"文化大革命"快结束的时候，公安局的调查员来调查，F 才第一次说出了真相，这也是养子第一次知道自己是日本人这一事实。听说真相后的养子深受打击，但是在那之后他更加倍地对养父母好。

养子结婚后，与 F 商量说希望能去日本一次。为了找到一丝线索，F 想尽办法去寻找养子的姐姐，功夫不负有心人，终于在一年以后找到了她。1986 年，养子回日本寻亲，1992 年养子与家人一同回日本定居。

　　＊：那就是说和您一起生活了 50 多年，是吗？

F：对，反正他在长春，我也去他也来。

*：那您当时同意他回日本吗？

F：当时啊，我舍不得但也愿意他回国。在这地方啊，儿媳妇啊下岗失业了，回日本工资比咱们中国工资高。我呢，就这样，不舍得也愿意让他回国。因为啥，日本生活好，就这么样。让孩子过过好日子。

F现在同次女一起生活。1995年，受日本政府邀请，曾去过一次日本。养子每周都给她打电话，这也让她很欣慰，聊解思念之情。

三、让养女回生母身边——"有她的消息我就放心了"

1927年生的L从小是被养父母养大的。在访谈中她多次提到："我也曾被亲生父母抛弃，所以我很理解日本遗孤们的心情。"祸不单行，1943年，在她16岁的时候，被第一个丈夫卖到了妓院。她曾试图自杀，但是被救活了，之后染疾，欠了巨债从妓院里逃跑。回想过去，L说道："我跟你说实话，这些经历我在正式的文字中我从来都不写，这也不是什么好事，我儿子也不愿意听我说这些。"

1945年8月，日本投降后，L与现在的丈夫相遇，之后一直没有怀孕，她认为自己已经不能生育孩子，所以从人贩子那里买了一个5岁的日本女孩。

*：当时想没想过，日本人不是欺负咱们中国人吗？怎么反而还收养他的孩子？

L：没想，不是，就想什么呢，那个国家跟国家的事情，与老百姓没有关系，他本人也不是喜欢欺负人的，对不对啊？他也是为了国家，可能是"开拓团"哪，来到这个地方。那日本战败了，人都是在有势力的时候很凶,没有势力了,他就是个老百姓,你欺负他干啥,是不是?人都有可怜人的心肠。那他战败了,那咱们欺负人家就没有意义了。是不是?

＊：您真善良啊。您信佛吗?

L：不信,那不信。我就信良心,你自己把良心搞正了,不就等于信佛嘛,我也是按佛的旨意办事。你自己做过的事情,你顺一顺,心里静了,睡觉也踏实。那你说你净干坏事,信佛干啥。

L期盼着养女的到来能为家庭带来一点平顺安康,所以给养女起了个小名叫"来顺"。心想事成,养女来了没几年,以为自己不能再怀孕的L怀孕了。1950年长子顺利诞生,之后53年次子、56年三子依次出生,此外,还生了3个女儿。L高兴地说:"她真的给我们家带来了顺利,没有她,可能我也就生不了孩子。她也经常帮我,这么多孩子,我一个人肯定忙不过来。"

L没有向养女隐瞒她是日本孩子的事实。实际上,1946年,养女的生母曾经来见过养女一次,L试图把养女还给她的生母,但是遭到丈夫的反对。1953年,养女的生母回日本之前,公安部门的工作人员曾经来征询过养女的意见,养女也拒绝同生母一起回日本,从而留在了中国。

＊：她记得自己是日本人吗?

L：记得。她记得,我们也不隐瞒。都知道,你这曲曲喳喳的,更不好。咱们就是救这个孩子,并没有别的企图,是不是?救这个孩子,就是让她长大成人。她母亲,45年来的吧,46年的冬天,她妈来认她,来看她来了。

＊：她妈妈还在中国呢?

L：那时候还在中国。我心软啊,我说,我跟我们老头说,就让她回她妈妈那儿去。要人家孩子吧,让人家母子分离,咱们有点于心不忍，老头不干。我本身，就是被父母给了别人，我自己有这个体会，所以我就有点爱惜。我都3个孩子呢。1953年6月8号，我生我二儿子的时候，公安厅来人，让她跟她妈妈回国。

＊：回日本？

L：诶，回日本。人来问，让她回去不？我说让她回去啊。我这么些孩子，我留她，让她在这儿吃苦啊，是不是啊？她说啥也不干，她不回去，她自己本人不干。

＊：她自己不回去？

L：嗯。所以咋的，她自己有个印象吧，那时候跟她妈受苦，吃不上饭，说啥也不回去。

L对养女的家教非常严厉。"我没有私心，我像对我自己的孩子一样的严厉。"L说起这么做的原因："因为我自己出身不好，但那是没有办法的事情。我希望我的孩子能成为堂堂正正的人。"养女小学毕业后，上了一段时间夜校，于1958年、18岁的时候成为美发师。1960年结婚，但是于1963年离婚。之后，由于二婚对象遭到家庭反对，养女离家出走。养女出走之后，"十多年没有回来过。正好碰上'文化大革命'，一直没有消息。"后来，L找到养女，原来养女离家出走后，由同是日本遗孤的朋友介绍，与在煤矿工作的丈夫结婚并养育了5个孩子。1980年，日本的生母来到中国寻找养女，一年后，养女随同家人移居日本。

＊：那当时养女同意回日本吗？

L：那咋不同意，这一大帮子（家人）。煤矿是危险的地方，说不上什么时候就死了，能不害怕吗？回日本去呢，那多好啊，（养女的）孩子们都小，最大的12，最小的3岁。

＊：您当时有没有，不想让我这个女儿回去啊？好不容易养这么大。

L：那我高兴,总而言之,得根据自己家人的情况。第一,应该亲近;第二呢,就是说呢,也想她们生活能够幸福。是不是啊?（回日本)怎么也比煤矿好啊。那多担心呐。你就说下矿了,回不来咋整?（那时煤矿)不像现在这么先进,那时候都是很粗糙的。

＊：您舍得吗?

L：不舍得的。那时候,我们经常来往,通信,通电话。刚刚回去的时候不适应,她妈妈掌握生活费,日本人都是金钱不随便花。她（生母)领来（生活费),掌握他们的生活。

＊：她妈妈啊?

L：诶。对她不像那个中国妈妈那么好。时间长了,人家都随风俗了,她就习惯了。来信说日本妈妈不好,哈哈。她要回来,我说你想回来是容易,你在那儿呆久了就好了,因为孩子呢,教育方面,（日本)比中国强得多。你暂时先受一下苦,你们自己感觉是受苦,但那是帮助你们。（她)还说妈妈管理得严,净给他们咸菜吃,不做菜,哈哈。妈妈捞他们的公费了,公费不给他们。我说那都是暂时的,是不是啊? 因为她妈妈不是有钱的人,她还有两个哥哥都还没娶媳妇,在农村。

回到日本的养女最初很难适应日本的生活,经常给 L 写信抱怨。L 每次都劝说她:"再忍耐一下就能习惯。你要考虑到孩子们的教育,还是在日本好。"1992 年,养女邀请 L 和养父一同访问日本,但是养父身体欠佳,中途放弃了。1997 年,养女短期回到了中国。但是现在 L 又与养女失去了联系。对 L 来说现在最大的心愿就是能在有生之年去日本再见养女一次。L 面露寂寞之色说道:"就算我不去日本,只要能够有养女的消息就放心了。我虽然对她很严厉,但那都不是私心,全都是为了她好。希望她能明白这一点。"

现在,L 与儿子一家生活在一起。虽然儿子下岗,生活紧张,但是 L

很乐观,她说:"我一生养育了 7 个儿女,一直都忙忙碌碌。现在可以轻松一点了"。平时 L 和近邻打打麻将,看看电视,过着悠闲的晚年生活。

第四节 本 章 小 结

战争结束后,收养敌国的孩子并抚养成人需要博大的胸襟和慈悲的情怀。有史以来,人类便从未停止过战争,然而,纵观历史,像中国养父母这样民间的、自发地大量收养敌国战争遗孤的情况并不多见。中国养父母为什么愿意收养敌国的遗孤? 为什么不顾重重阻力视如己出地把他们抚养成人? 最后又为什么愿意忍痛同意他们回到日本? 这是生活在和平年代,幸运地没有经历过战争的我采访日本遗孤养父母之前一直心存的疑惑。

本章聚焦日本遗孤的中国人养父母,运用生命叙事深度访谈,倾听他们收养日本遗孤的动机、经过、心境,以及目前的生活状态。当然,由于养父母都已届高龄,其记忆的模糊在所难免,导致采访的深度在一定程度上受限。

一、收养日本遗孤的动机

(一)"模板叙述"的存在

在分析日本遗孤养父母收养日本遗孤的动机时,有一点引起了我的注意,那就是当养父母被问及"为什么收养日本遗孤"时,不约而同地回答"孩子很可怜,我们不救他们的话就没命了"。以 F 为例,当时她还很年轻,已经结婚生子,尽管由于意外孩子不幸夭折,但是他们完全不为膝下无子而发愁。对于像 F 这样的养父母来说,出于对日本遗孤的同情和怜悯而收养的动机成分比较大。但是,有一位文中没有详述的较特别的养母 E。她虽然也是养母，但是实际收养抚育的日本遗孤是她丈夫的前妻。尽管如此，这位养母 E 在回答收养的动机时，也是同样的："孩子很可怜，不帮一把的话就没命了。"

另外，再看浅野等的研究[1]中对 14 名养父母的访谈结果，在问及收养日本遗孤的动机时，有 8 人回答"因为孩子们很可怜"；2 名在结婚时，其配偶在婚前已将日本遗孤收为了养子；3 名养父母因为一直没有生育，所以收养了遗孤；最后一位是日本遗孤的生母把孩子托付给她说："先寄放一下，马上回来"之后从此杳无音信，因此也将孩子抚育成人。由此，浅野得出结论，"应该可以说养父母们收养残留孤儿的最大动机，是在'袖手旁观的话、孩子们就会死'的情况下'不能见死不救'的判断"。

尽管每一位养父母亲谈论的是个人独有的体验，但为何大家的叙述都如此的相似？这种叙述也与论文、资料、媒体报道上的叙述如出一辙。我们不由得认为，这是因为有"模板叙述"的存在。

在本书中，"模板叙述"解释为"在人们试图谈论共同体或群体中的现实生活事件时，成为被引用或参照的模型故事"。[2] 谈论现实故事，是在社会网络或群体关系中进行自我定位，通过模板叙述，可以看出叙述者是认同所处群体并愿意与之同化，抑或是与模板叙述保持距离以表达自我的独特性。当日本遗孤养父母被问及收养遗孤的动机时，这些养父母们首先都会叙述的原因就是"孩子太可怜了"，这种叙述已然成为日本遗孤养父母群体中存在的"模板叙述"。

（二）"高程度语境依赖"下的多元动机

仔细倾听日本遗孤养父母的人生历史可以知道，除了对被遗弃的日

---

1 浅野慎一、佟岩，『異国の父母　中国残留孤児を育てた養父母の群像』，岩波書店、2006 年。
2 例如，在被差别部落的"解放运动共同体"之间通用的"被主要生产关系排斥在外"，这种叙述就被做为模板叙述的典型代表。此外，樱井指出"每个人的叙述，并非完全按照模板叙述那样来讲述"，在一个共同体内的模板叙述被定式化成一种思想体系被人们所参照，用于叙述的重构。参见樱井厚，『インタビエーの社会学—ライフストーリーの聞き方』，せりか書房、2000 年、第 255 页。

本遗孤深切的同情心外,确实还有一些另外的动机。譬如,据 L 讲述,她和养女的故事曾经被媒体报道过。我们找到了那篇报道,关于她收养养女的来龙去脉是这样记录的:

> 1945 年,日本战败,那年我 19 岁,还没有生自己的孩子。当时的哈尔滨有很多日本难民,很多中国人家庭都收养了日本人的孩子。1945 年 11 月左右,天气已经非常冷了,我们的一个熟人来到我们家说,"请收养一个孩子,真的非常可怜"。我们非常困惑,回答说"请让我们考虑一下"。第二天,这位熟人带来了一个抱着孩子的日本妇女,孩子是个女孩,看起来很虚弱,甚至都无法站立,看到这个可怜的孩子,我们都非常于心不忍,所以就收养了她。他们给了我们一点钱。(引述自关于 L 的报道)

如上所述,L 在正式的文稿上所写的收养养女的动机是"熟人托付,孩子可怜",但在对 L 的采访中,我们还听到了另一个故事:她因故染上了疾病,与现在的丈夫相遇后,一直没有怀孕的她怀疑自己已经不能生育。在访谈中 L 说道:"我跟你说的都是实情,这在正式的文字中我从来都没提过。这也不是什么好事,我也不愿意说。"她的讲述或许包涵了她收养日本遗孤的另一个动机,但这个是她不愿意公之于众的过往。这也是为什么她在正式文字中所描述的收养养女的动机与以前的"模板叙述"雷同的一个原因,即她选择了他人较为容易认可的,也更愿意接受的动机。

再比如,在 S 的案例中,谈及"为何领养了日本人的孩子"时,她回答最初是出于同情。S 说:"战争是国家间的事,跟孩子无关。"S 给养女取名为"带弟",企盼养女的到来能为家里带来一个男孩。与 S 类似,L 也给养女取名为"来顺",期盼这孩子能带来福气。可以说,认为"自己不能生育""期盼能带来一个男孩"也是收养日本遗孤的动机。

此次采访的6位养母全都有亲生的孩子,但这6位母亲在收养日本遗孤时均未生育。有新婚,在生育上并没有困扰的夫妇,同时也有几对给养女命名为"带弟""来顺"等爱称的养父母。对他们来说,"想养个孩子作为晚年的依靠",虽然与模板叙述有些许差异,但也是他们收养日本遗孤的一种动机。

由此,我们不难看出中国养父母的收养动机受着中国传统文化和社会背景的深刻影响。中国老话说"养儿防老""父母在,不远游",家族中的子女有赡养老人的义务,这是自古根植于中国,尤其是中国农村地区的根深蒂固的传统观念。关于中国老年人的赡养,费孝通称:"与西方社会相比,中国的养老是'反哺型'的。"[1]家庭内赡养老人是一种制度化的传统,这被大多数中国人认为是习俗。这是中国传统文化在农村中最为盛行的部分,是中华文化的根基,换言之,就是"孝文化"。当然,这一传统在今天的中国正在发生着变化,但对于当年收养日本遗孤的养父母们来说,"养儿防老"可以说是一个绝对的道理。

二、超越血统的儿女

在采访养父母之前,幸运地生活在和平年代,从来没有经历过战争的我一直有一个疑惑:在日本侵略我国东北三省期间遭受日本人迫害的中国养父母们为什么会收养日本人的孩子? 这并不是一件容易的事情,需要博大的胸怀和慈悲心。因此,在访谈中我也再三地询问了养父母这个问题。

养母们不约而同地告诉我:"战争是国家间的事,与孩子无关,他们是无辜的。"这6位养母全都是日本侵华战争和殖民统治的直接或间接受害者,F的哥哥成为日军细菌实验的牺牲品,S的父亲被日军强征为劳工后

---

1 王欢:《归根:日本残留孤儿的边际人生》,世界知识出版社,2004,第128页。

一去不复返。此外,波及最广的侵害是粮食短缺——在日本伪满洲国的殖民统治下,食物被强行征收并被优先分配给日本人,因此因为饥饿而有过濒死体验的养父母也不少。

为什么养母们能够豁达地说出:"战争是国家间的事,与孩子无关"这样的话语?可以考虑的原因之一,比起血统,养父母们是将这些日本遗孤视作一个人、一个濒死的生命去救助和收养的。他们的行为超越了国籍和民族的界限。中日邦交正常化之后,养父母们一边承受着离别的悲伤,一边同意了养子们归国定居的想法,不是因为这些养子们是"继承了日本血统的日本人民",而是基于考虑当时中国东北的经济社会发展状况,回到日本定居,对养子和孙辈们将来的生活而言是更好的选择。养父母们大部分未受过教育,其中,有一些养母甚至不会读写,但他们质朴、善良、博爱,面对一个个濒死的小生命,他们舍弃了个人的恩怨和家国情仇,毅然决然地收留养育了这些敌国的孩子。

三、养父母的晚年生活状态及其与养子女的关系

日本遗孤回到日本以后,由于条件受限,能够把养父母带回日本的少而又少。那么,忍痛放手让遗孤回国的中国养父母们是如何生活的呢?

本调研进行的时候,养父母大都年事已高,往往和亲生孩子同住。他们大部分没有养老金,与其共同生活的亲生孩子处于失业或不稳定的兼职工作状态的占了多数。在此次的采访中,6 位养母中有 5 位都表示亲生孩子下岗,生活捉襟见肘,入不敷出。年岁已高,生病在所难免,然而因为经济原因他们中的有些人不得不选择不去医院接受治疗。中日双方于1984 年和1986 年就养父母赡养费支付问题交换过意见,如果养子申请回国定居,日本政府将支付给养父母总额为人民币 10 800 元(约合 16.2万日元)的赡养费。但这份费用的计算标准是人民币 60 元/月,分 15 年支付。每月 60 元这个标准是依据 1986 年的物价水平制定的,这么多年

过去了，显然已经不合时宜，如此额度的赡养费只能算是杯水车薪。此外，每月支付的赡养费无论养父母双方健在，还是一方健在均为相同的金额，不得不说这一点也考虑不周。最重要的是，按照 15 年的计算标准是到 2001 年，如果养父母的寿命长过这个年份，那之后的日子是没有赡养费的。

此外，比困苦的物质生活更加让他们备受折磨的是，无法与在日本的养子女和孙辈们相见。大部分日本遗孤回国之后已经过去了二三十年，像 L 这样的，至今还没有去过日本的养父母不在少数。

1984 年 11 月 6 日，"日本遗孤资助基金会"发起邀请中国养父母访日的活动。1984 年到 1998 年间，养父母访日邀请大约为一年一次，每次滞留日本的时间为 7 至 10 天，但是这仅限于 10 到 20 位养父母。而且，基本上遗孤养父母中只有一人会被邀请，几乎没有养父母夫妇同时被邀请的情况。与归国的日本遗孤及养父母的人数相比，很明显，被邀请访日的养父母非常少。我们认为为了让这些抚育过日本人孩子的高龄养父母们更加安心地度过晚年，日本政府和日本社会应该对日本遗孤养父母给予更多的关心与支持，这个关心不仅是经济方面的，更是精神方面的。

结语　鉴往知来　干戈化玉帛

第一节　日本遗孤研究——中日关系
"破题"之解

2023 年是《中日和平友好条约》缔结 45 周年。10 月 23 日,国务院总理李强同日本首相岸田文雄就《中日和平友好条约》缔结 45 周年互致贺电。李强表示,"条约以法律形式为中日这两个邻国确立了和平共处、世代友好的大方向,强调反对霸权主义,成为两国关系发展进程中的重要里程碑。45 年来,中日关系取得了来之不易的发展成果,增进了两国人民福祉,也为地区乃至世界的和平、稳定与繁荣作出积极贡献。"

不可否认的是,在中日关系发展进程中,依然存在一些阻碍双方关系发展的问题,而其中影响最大的便是日本战争遗留问题。所谓日本战争遗留问题,是指第二次世界大战结束之后,经由盟军的东京审判等战后处置而未能完成的日本战争犯罪及其责任追究。作为侵略国的日本与作为受害国的中国关于侵略战争的遗留问题主要包括两大方面,一是日本在侵华战争期间对中国人民所实施的各种暴行及其造成的严重后果的彻底清算、处理和赔偿,二是日本对侵华战争罪行的深刻反省和真诚道歉。具体体现在中国受害者赔偿问题(如细菌战与化学战、强制劳工、慰安妇等受害人的赔偿问题)、对于战争性质与责任的历史认识问题(如靖国神社、日本历史教科书问题)、国家间领土归属问题(如钓鱼岛问题)等问题。这些问题源于近代日本军国主义对外侵略战争与殖民统治,数量极多,内容复杂。

上述问题既是历史问题,也是现实问题。近年来,随着国际形势不断发展,特别是中国综合国力不断提高以及日本内政外交政策不断右倾化,如何正确认识和处理日本战争遗留问题逐渐成为影响中日两国关系发展的重要因素。关于这些问题的学术研究和社会解读,中日学者之间,日本左翼学者与保守派学者之间,乃至整个中日社会都存在较大分歧。1956年日本政府发表的《经济白皮书》称"现在已不再是战后了,我们正面临着和过去不同的新情况",隐晦地要求搁置尚未完成的战争责任追究。1995年自民党"终战50周年国会议员盟"甚至宣称"战争问题已在外交上解决"。一些日本教科书和官方论述淡化侵略行为和战争罪行的严重性,回避和否认战争责任。如:日本的一部分教科书在描述中日战争时往往选择使用较为中立的措辞,甚至将侵略行为描述为"进入",以减轻其侵略性质;南京大屠杀等战争罪行和慰安妇问题的严重性也被篡改,部分日本学者和政治人物甚至试图质疑或否认这些事件的真实性和规模。这种历史解读差异导致了中日两国人民对战争历史截然不同的认知,成为影响中日关系正常发展的重要障碍,加深了两国人民的隔阂和误解,使得历史问题成为中日关系中的一大敏感议题。

然而,"战后"却远远没有终结。日本侵华战争的结束并没有成为历史的转折点,无论是围绕东北亚国际关系,还是中日两国关系,都反复表明"之前的战争"的阴影至今仍未消散。日本战争遗留问题一直困扰着战后东亚国家的外交关系,并让曾被日侵略的各受害国或地区的民众处于持续困苦状态。

战争作为一个令人痛心的篇章,留下的无数伤痕至今依然影响着中国和日本的方方面面,其中就包括在中日两国夹缝中生存的日本遗孤及其家人。日本遗孤是侵华战争遗留问题的一个缩影。毋庸置疑,没有日本军国主义对中国长达 14 年的侵略，就不会产生这一庞大的日侨群体。抗战结束后，中国政府在极其困难的条件下依然帮助日本遗孤返回家园，这种做法体现了中国人民的人道主义精神，对中日外交关系的发展有着重要意义。

开展日本遗孤口述历史研究，是破解日本战争遗留问题的一次学术尝试。日本遗孤这个特殊群体，既是战争产物，也是战争受害者，更是历史的亲历者和见证者。他们虽然血统上是日本人，但生在中国、长在中国，是伟大的中国人民舍弃了家国恩怨，用博大胸怀包容和接纳并无怨无悔抚育成人的敌国后代，与中国有着千丝万缕的联系和割舍不断的情缘。他们也是人到中年来到日本的一群特殊的中日间的移民。我们的研究在呈现日本遗孤生活世界的同时，把他们作为一扇窗户，透视中日两国联结，为中日两国"共建和平"提供某种积极的导向。

2023 年 11 月 16 日，习近平主席在旧金山会见日本首相岸田文雄时强调，"历史、台湾等重大原则问题关乎两国关系政治基础，日方必须恪守信义，确保中日关系的基础不受损、不动摇。"2025 年是中国人民抗日战争暨世界反法西斯战争胜利 80 周年，中日关系正处于承前启后的关键时期，记录战争亲历者、受害者及其后代的战争记忆，还历史以本来面目，才能真正做到以史为鉴，保持中日邦交正常化初心，把握两国关系正确发展方向，构建契合新时代的中日关系。

第二节　逾越认同危机的跨国移民

提及日本遗孤问题，对认同的理解和关注不可忽视。日本遗孤是一个独特的族群，他们的人生经历跨越了日本帝国、伪满洲国、中华人民共和国、现代日本等不同的历史阶段，用独特的、多样的形式完成了他们的个体变迁。遗孤二代因为经历过的历史时期的差异，和父辈有着不同的自我认同。经历了中国和日本两个文化空间的遗孤二代的行为并不是双重文化效果的简单叠加，更带有深层次教化的特点，从而形成了其独特的多层次的自我认同。

现有的关于日本遗孤的研究立场主要有两种类型。一类是饱含同情的关注，另一类是对极端的、差异化问题的关注。前者常常研究日本遗孤过去的生活和现在的状况，批判日本政府援助体制，这一类型的研究是基于"应该改善他们生活状况"的立场来进行的，从心理和战略上，支持了日本遗孤获得支援的强烈诉求。另一种研究则是强调遗孤的身份特殊性，即他们虽然血统上是日本人，但由于长时间在中国生活，身上的中国印记无法消除。强调他们是日本侵华战争的牺牲品，批判地认为给予相关的生活保障是他们应得的权利。对于日本遗孤向日本政府提出最低生活保障的要求，这类研究也持同情立场。本书在感情上倾向于前者，对日本遗孤的身份抱有同理心，论述力图站在中立的立场，客观地与他们展开对话，以还原他们的生命历史原貌。

已有的关于日本遗孤自我认同的研究往往认为，他们的认同中带有纠葛和不安的倾向[1]。这种"纠葛和不安"，主要表现为不为周围人所接受的烦恼，难以进行坚定地自我识别。产生"自己到底是中国人，还是日本人"或者"既不是中国人，也不是日本人"的不安。

本书认为，"自我认同"是和个体与周围环境的互动相依存的。自我的建构与交往行为的发生有关，交往行为作为建构自我的相互行为也起

1　如王欢在《归根：日本残留孤儿的边际人生》一书中指出遗孤在人格的形成过程中，其自我认同已逐步建立，当他们知道自己不是中国人并回到自己的母国时，会导致自我认同危机，这对他们的身心、情感及社会化水平产生了不同程度的伤害。杜颖在《日本遗孤的跨文化适应性研究》一文中阐释了日本遗孤在日本社会的适应策略，划分为融合、同化、分离和边缘化四种类型，展现不同日本遗孤在融入日本社会中的选择。鞠玉华、岳程楠在《日本归国残留孤儿眷属之社会适应性论析》一文中认为遗孤受到中国与日本双重文化的冲突，他们作为困惑中的边际人，不仅在情感、文化、生活等方面面临诸多问题，也不完全受中国或日本的民众所认可，无法获取一种合理的、稳定的身份认同感。王翠在《身份认同的探求：以〈大地之子〉〈小姨多鹤〉为中心》中提到竹内多鹤在"让步，挫折，融合与调整"的方式下逐渐达到日本文化身份的转变，适应了中国社会，但由于历史战争的遗留问题，她未能得到中国社会的认同，归国后也不受日本人认可，成为一个不被接纳的边缘人。

着不可或缺的作用。自我认同根植于一定的心理过程，也是一个与社会互动的多重过程，可以说，自我认同与社会认同是辩证统一的，是各种社会认同要素在个体身上的结合。族群（民族）认同、国家认同、社会认同以及文化认同都是个体对自我身份的确认，也是个体自我认同在社会、政治、文化等不同维度的具体化和纵深化，共同丰富自我认同。本书的认同研究落脚点着重于日本遗孤的自我认同，同时在分析中细化具体的认同维度。

归国的日本遗孤涉及不同民族、种族之间的融入问题，是一种典型的跨国移民。日本遗孤作为一种特殊移民，他们的异文化适应实际上是一种再社会化，他们的社会融合涉及经济、社会、心理等不同层面。这三个层面依次递进，经济层面的适应是基础，社会层面的适应反映的是融入日本生活的广度，心理层面的适应反映的是参与日本生活的深度。我们认为，日本遗孤的社会融合由心理融合、文化融合、身份融合和经济融合等四个要素构成，目前他们的总体社会融合程度偏低。

自我认同具有动态的、多重的特征，它会随着历史与社会的发展而变化。日本遗孤，作为一个特殊的民族族群，经历了不同社会环境的变化，用各种各样的方式完成了自我认同的面貌变迁。正因为他们不同阶段经历的历史时期的巨大差异性导致了伴随着世代转移的身份认同产生了变化，不同世代遗孤的认同形态呈现着不同的特征。

具体来说，大部分日本遗孤持有"双重自我"的意识，他们迫切地希望"像周围的日本人一样被平等对待"，有强烈的融入日本社会的意愿。这是因为，在中国长年生活过程中，作为敌国的孩子，日本遗孤或多或少有过因为自己的日本人身份而被区别对待的经历，在这个过程中他们逐渐把日本美化成完美的"祖国"，"有朝一日回到祖国"成为他们内心的信念和支撑。然而，回国定居后的生活与他们的想象存在着巨大差距，他们必须直面来自自我和社会的双重的难以逾越的"墙"，无时无刻都能被迫体会到"自己和周围的日本人不同"这一残酷现实，往往不自觉地把自己置于和日本人对立的立场。从这一点来说，日本遗孤的自我认同与在日韩国人二代、在日朝鲜人二代和日系美国人二代有着相似的地方，即，"希望同日本人一样被平等看待"的迫切愿望和"自己终归与日本人不一样"的自我认知，这两者的撞击加深了日本遗孤的苦恼。另外，虽是少数，也有一部分日本遗孤会灵活地抱有"我一时是中国人一时是日本人"的自我认知，也有一部本日本遗孤持有坚定的"我是中国人"的自我认同。不得不说，这或许是他们在中日两国的夹缝中生存的一种生活战略，他们需要依据与之互动的人物和情境的不同，来随机应变地切换两种不同的自我，并根据场合的氛围进行柔软的调整。

遗孤二代则呈现出与遗孤一代不同的特征，他们在中国出生，在中国成长，在中国接受教育，作为移民来到了日本。在去日本之前，他们往往拥有更为坚定的作为中国人的自我认同。但是他们大多数人是在青春期或青年期这个三观建立的敏感时期来到日本，环境的巨变对他们自我认同的影响是不可估量的，在这个过程中遗孤二代往往会面临自我认同的困惑和危机，众多的遗孤二代都有过类似"我既是中国人，又是日本人，其实哪一个也不是""没有归属感，哪儿都不是我真正的家"的感触。日本社会的普通日本人也往往不认可他们作为日本人的身份，他们被贴上了"少数群体"的标签，导致他们常常向社会发出"我们到底是什么人"的呐喊。

尽管遗孤二代身上呈现出"我到底是中国人还是日本人？还是都不是？"的自我认同迷茫和纠葛，痛苦的挣扎和思虑过后，如今的他们倾向于摆脱必须作为中国人或者作为日本人的单一认同规范。"我不是 half，而是 double，"这种不拘泥于国籍、超越单一国家的双重认同，是他们自我定义的出发点。经历了中国和日本两个文化空间，遗孤二代的自我认同被重新塑造，不再在日本人自我认同与中国人自我认同这两者之间单纯地摇摆不定，他们不是悲观地接受现状，而是主动地把握住日本和中国这两个国家在民族、语言、文化上各自的优势，积极地渡过自我认同的危机，积极地活跃在中国和日本社会的各个领域。与父母所处的时代不同，遗孤二代们受惠于中日友好、国际合作的大时代背景,他们认真向上地生活,充分利用他们熟知中日两国国情和精通两国语言的优势,为促进中日两国的交流与合作发挥了较大作用,逐渐为中日两国社会所关注和支持。

我们研究发现,日本遗孤的自我认同不是既往学者研究所指出的单一认同,它有更丰富的涵义和层次。日本遗孤在中国社会曾经拥有怎样的体验,来到日本社会又被如何对待,他们自我认同的形成在一定程度上受到这些状况和体验的影响。但是自我认同的形成绝不仅仅是被动的,更加关键的是他者评价和自我认知这两个核心要素的相互作用。日本遗孤自我认同的形成,是一个动态的过程,不仅是对他们目前的生活的评价,还是对他们面对未来人生的态度的诠释。

第三节　讲述与倾听生命故事——
##　　　　生命叙事研究法的运用

个人的生命镶嵌在历史、社会、文化脉络中,生命故事不仅是个人的,也是社会的、文化的。个人透过叙说建构自身,在不断叙说与书写中,个人的生命故事展现出个体所经历的整个社会历程。这种叙说是一种通过互动产生的"口述、自传性叙述",因此,生命叙事的方法通常涉及一个人(主体/叙述者/讲故事者)向另一个人(客体/倾听者/研究者)讲述其生活及生命历程。本文中日本遗孤作为叙述者,我们作为倾听者和研究者,在双方的互动中他们的生命故事和自我情感得以呈现。

生命叙事研究把这些叙说记录成研究资料,透过叙说分析的过程产生诠释性的诸多故事。因此,生命叙事深度访谈跟一般研究访谈的差别,在于生命叙事不只是在罗列资料,而更多的是在互动的过程中共同呈现一个故事,也是在时间序列里的一系列事件,而这些故事构成或彰显了某种文化赖以存在的意义。生命叙事涉及的领域包涵个人或集体的整个生命历程,其中又特别关注身份认同、文化调适、迁徙经验、离散与伤痛记忆,是叙事者与自身的一种对话。同时,生命叙事强调三个向度:① 互动——个人与社会,内在与外在的交互作用;② 时间——过去、现在与未来的连续性;③ 情境——在地情境的地域性。日本遗孤的个体记忆以及自我认同是在与社会的互动中,既包含过去、现在,又在未来的时间向度上在访谈的互动中形成的。

生命叙事强调讲述者自身生命中的故事叙说,这一研究方法的特点是不仅仅关注访谈的内容,在访谈中访谈者和被访谈者的互动行为同样也是研究的对象。与日本研究者不同,我们是以在日中国留学生的身份进入访谈现场的,在访谈中依据对方的语言能力或者意愿灵活使用中文和日语两种语言与日本遗孤进行对话。这不仅给予了他们自然表达的途径和场域,叙说情景和听者的特殊性也有助于日本遗孤们的自我表露。

日本遗孤的特殊性在于他们是中日文化的双重体验者,而我和他们之间共享着在中国长时间生活的经历及来到日本后的异文化适应体验。对话中的感性要素往往会对口述者的人生观诠释及整个调研结果产生直接影响。因此,对遗孤的采访使用他们的母语,即中文,不仅能更加顺畅地对话,还能够捕捉到对话中的细微的情感变化,易于理解语言背后所蕴含的文化背景和意义。另外,基于遗孤二代的成长经历,对他们的访谈依据情境和需求灵活变换使用日语和中文进行。由于遗孤二代在日本的时间较长,日文熟练,所以大部分访谈都是用日语进行的,但是面对日语难以表达的中国经历或特有词汇,遗孤二代也会自然而然地换成中文来进行描述。因为我们的身份,他们可以在访谈中毫无顾虑地灵活使用中文和日文,无需停下来特意说明和解释,这也令我们之间的对话更加顺畅和深入。

影响调查结果的因素不仅在于语言,还包括我们与日本遗孤享有共同的意义空间,具体体现在双方对中国社会的文化、传统、习惯等的经历与理解。遗孤一代异口同声谈到的"落叶归根",养父母说到的"救人一命胜造七级浮屠"等观念,都来自中国的传统文化,以中国社会的文化背景为依存的模型与框架。

值得强调的是,访谈者身份对受访者的互动行为具有不可忽视的影响。正是因为我们的"留日中国学生"身份,不仅使得对日本遗孤三代人的访谈能够顺利进行,更让受访者自愿提及一些"一般不说""不愿意告诉别人"的故事。例如,对遗孤而言,对外界讲述在中国的不好遭遇往往是一件有心理压力的事情,因为他们是在中国被中国养父母收养并抚养长大,讲述以养父母为代表的中国人的负面言论往往被认为是一件"没有良心"的事情而显得尤为困难。但在我们细致详实的生命叙事深度访谈中,能听到日本遗孤谈及诸如"被中国人欺负和歧视""遭遇区别对待""被中国养父母当作奴隶"等一些不愉快的经历与遭遇。认真观察也不难发现,在谈及针对日本政府的国家赔偿请求诉讼相关话题时,日本遗孤也常常会自发地阐述自己曾经在中国生活得如何辛苦。这样一些言论往往不被中国人理解,甚至被一些中国媒体抨击,认为他们忘恩负义,离开中国之后就开始诋毁中国。在诉讼的大背景下考虑,这种言论其实并不难理解。他们为何需要强调在中国的艰难遭遇?因为这样才能突出他们的父母家人是因为日本的国家政策而牺牲,他们是被日本遗弃在中国的。他们克服重重困难活下来的信念是有朝一日能够回到自己的祖国,且希望回到日本后得到国家及国民的尊重并和日本人有同样的生活保障。在这个脉络和情境下思考,就不难理解"国家赔偿请求诉讼"事件在日本遗孤生活经历中的连贯性,这也是在日本遗孤群体中已然成型的一个模板叙述。

当然,在研究过程中我们也会碰到一些难点。

首先,关于访谈语言的翻译问题。由于日本遗孤,日本遗孤二代和抚养日本遗孤的中国养父母这三代人享有不同的文化背景,在进行采访时,本研究使用了汉语和日语两种语言。但不同的语言在表达情感时具有微妙的不同,在翻译过程中不仅需要完成正确的表意,还要注意一些词汇的转换。如何把具有他国社会、文化特色的词语转化成能在另一国社会中达到相同传播效果的表达，使得没有两国共通语言基础的读者能够体会其言语间暗示的微妙情感，是一个相当困难的挑战。比如，日本遗孤谈到在中国被区别对待和孤立的时候，常被惯以"小日本""日本鬼子"这类称呼。"日本鬼子"一词，众所周知是中国人民在抗日战争期间对日本侵略者的称呼。战争结束后，"日本鬼子"演变成华人对日本侵略者的蔑称。通过对话的语境，不难理解"日本鬼子""小日本"这类词汇蔑视、敌对的性质。但实际上，这个词语在不同的场合具有不同的情感侧重点。在日本遗孤辗转奔波、最终其身份得到判明和认可之时，"小日本"甚至成为一个自我认同的符号，能被人称为"小日本"是一件让他们感到亲切和高兴的事情。类似这种微妙的区别必须根据上下文的连贯性来翻译。

另一个值得思考的点在于，在面对能够同时掌握日语和中文的调查对象时，到底选择哪种语言更为恰当？ 日本遗孤二代自不用说，遗孤一代中也有能够流利使用日语的人。对他们来说是使用母语中文，还是使用现实生活中经常使用的日语，这成为一个问题。考虑到表达的流畅性，我们选择尊重调查对象的意见来选择访谈的语言。如果使用日语进行对话，出现日语不能很好地表达意义的时候，他们往往会自然地转换成中文来进行补充说明。在和选择中文为访谈语言的调查对象的对话中，他们一般用日式日历说自己的出生年月日，也常常使用一些"日式中文"。而在用日语进行访谈时，他们也常常会使用一些例如"毎日ぶらぶらしている"[1]等中文难以翻译的表达。因此，在访谈中融合使用日文和中文也是本研究的一大特征。

1　大意为"每日悠闲自在地这里转转、那里转转"。

附录　日本遗孤相关事件年表（1972 年—2023 年）

1972 年 2 月 27 日	中美《联合公报》在上海发表
1972 年 9 月 29 日	中日两国签署《中日联合声明》、中日邦交正常化
1974 年 6 月 3 日	70 名中国残留妇人乘坐全日空专机返回故乡
1974 年 6 月 6 日	"日中友好携手之会"成立（民间开始开展遗孤寻亲）
1974 年 8 月 15 日	朝日新闻开始连载日本遗孤的"生死离别人物记录"特辑
1975 年 3 月 12 日	日本厚生省开展"日本遗孤"公开调查（调查共进行了 9 次，持续到 1981 年 1 月 14 日）
1975 年 11 月 22 日	日本法务省通知原则上将日本遗孤作为外国人对待
1980 年 7 月	"日中友好携手之会"派 26 人到伪满洲国旧址调查
1981 年 3 月 2 日	日本遗孤的第一次访日寻亲调查开始
1982 年 5 月 1 日	日本政府若确定中国籍的配偶作为遗孤访日的同伴，其回日旅费也由日本国库负担
1983 年 4 月 1 日	"财团法人·日本遗孤救护基金"设立
1984 年 2 月 1 日	"日本遗孤回国促进会"在日本埼玉县所泽市成立（1994 年 4 月改名为"中国归国者促进会"）
1984 年 3 月 17 日	中日双方就"关于解决在华日本遗孤问题的结论"交换文书
1985 年 3 月 29 日	日本厚生省针对身份未明的遗孤设立"身份承担人制度"
1987 年 2 月 23 日	最后一次访日调查结束（第 15 次）
1987 年 2 月 11 日	中断访日调查后受到批判，日本政府重新启动调查
1989 年 7 月 31 日	针对身份已判明的遗孤设立了"特别身份承担人制度"
1993 年 9 月 5 日	12 名中国残留妇人"强行回国"，大闹日本东京成田国际机场
1993 年 12 月 25 日	中日两国就在华日本遗孤问题的解决交换了文书
1994 年 4 月 6 日	日本政府颁布《促进中国残留邦人顺利回国和归国支援法》

1995 年 2 月 1 日	"身份承担人制度"统一（合并"特别身份承担人制度"）
1996 年 4 月 1 日	关于日本遗孤的国民养老金的特例措施实施
1998 年 6 月	日本厚生省实施首次事前的访日调查
1999 年 9 月	日本厚生省对访日调查的形式、方针进行重新评估
2000 年 9 月	"中国养父母感恩会"成立
2000 年 12 月 4 日	日本厚生省公布"有关中国回国者支援法的讨论会"报告书
2001 年 6 月	在"中国养父母感恩会"中心旁边，遗孤上交 10 万个签名的署名册，向日本参众两院"要求中国回国者的晚年保障的请求书"
2001 年 12 月 7 日	3 名中国残留妇人申请国家赔偿请求诉讼（东京）
2002 年 12 月 20 日	日本遗孤申请国家赔偿请求诉讼（东京）。此后，遗孤在日本全国各地提请国家赔偿请求诉讼
2006 年 2 月 15 日	东京地方裁决，虽然声称"国家怠慢了其自立支援"，但仍拒绝了原告团的申诉（野山裁决）
2006 年 12 月 1 日	神户诉讼原告胜诉，迫使了日本国家赔偿对策的前进
2006 年 12 月 10 日	日本政府不服神户裁决向大阪高等法院上诉
2007 年 1 月 30 日	原告团东京申诉败诉，以后的遗孤诉讼案多以败诉落幕
2007 年 6 月 30 日	日本政府执政党方面会见了遗孤代表团，并提出了补助金方案
2007 年 7 月 10 日	日本首相安倍晋三会见了约 100 人的原告团。诉讼原告团全国联络会代表池田澄江先生发表感谢言论，称："我第一次感受到了祖国的温暖，这是我回到日本来最好的一刻。"
2007 年 11 月 28 日	日本参议院会议上，与会人员一致通过了《中国残留邦人支援法修正案》
2007 年 12 月 5 日	日本首相福田康夫就遗孤问题发表言论"在发现、对待各位的问题上有所怠慢，很对不起！"这是目前为止政府首次回应遗孤问题
2007 年 12 月 13 日	东京第一诉讼团撤销了向东京高等法院的诉讼请求
2009 年 1 月 23 日	"中国归国者·中日友好会"在东京都港区成立
2009 年 8 月 18 日	"中国残留孤儿·日中友好会"支援的"中国残留孤儿的家"修建完成
2009 年 10 月 31 日	日本创立反映日本遗孤生活情况的杂志，中文版《暖心》，日文版《相谈室从今日は！》
2010 年 1 月 25 日	日本京都成立"中国归国者京都会"
2010 年 8 月 14 日	"中国归国者定着促进会"解散
2011 年 8 月 15 日	日本福冈 1 100 名日本遗孤及家人参与终战纪念活动
2012 年	中日邦交正常化 40 周年

2015 年 7 月 14 日	日本遗孤代表团去黑龙江拜访"中国养父母公墓"
2015 年 10 月 3 日	"残留孤儿·养父母联络会"组织开展"日本遗孤历史资料展"
2016 年 8 月 16 日	在日日本遗孤及残留妇人举行"8.15 终战日纪念集会"
2017 年	抗日战争全面爆发 80 周年 中日邦交正常化 45 周年
2017 年 6 月 8 日	中国全国人民代表大会常务委员接待"日中友好报恩访问团"
2017 年 11 月 9 日	日本高知县召开《中国残留邦人新支援法》颁布 10 周年纪念活动
2018 年	中日和平友好条约缔结 40 周年
2019 年 3 月 31 日	大型中日合拍系列纪录片《中国故事》第二季的最后一集《东京·家族物语》在日本富士电视台地面频道"ザ·ノンフィクション"(The Non-fiction)栏目播出。《东京·家族物语》讲述了一个家庭的故事。妻子是日本遗孤的后代,丈夫是中国人,他们有三个孩子,大儿子和女儿从小在哈尔滨跟着爷爷奶奶长大,一年前来到日本,一家五口团圆
2019 年 10 月 23 日	全国政协副主席刘奇葆在人民大会堂会见由池田澄江率领的日本遗孤感恩访华团
2019 年 12 月 15 日	残留孤儿·归国者同心会 2019 忘年会在日本川崎举行
2021 年 3 月 19 日	中日合拍电影《又见奈良》,聚焦日本遗孤群体,讲述了一段跨越 60 年的感人母女情
2022 年	中日邦交正常化 50 周年
2022 年 4 月 1 日	日本政府颁布《有关促进中国残留国人等的顺利归国及支援永住归国的中国残留国人及其特定配偶的自立的法律实施规范》(「中国残留邦人等の円滑な帰国の促進並びに永住帰国した中国残留邦人等及び特定配偶者の自立の支援に関する法律施行規則」)
2022 年 11 月 18 日	中国归国者·日中友好之会在东京举行了纪念中日邦交正常化 50 周年的音乐会,中国残留孤儿及其家属、日本各界友好人士、媒体等数百人参加了本次音乐会,残留孤儿及其后代等还表演了精彩的文艺节目。
2022 年 11 月 28 日	由中国人权发展基金会和日本中国友好协会共同主办的首届"中日友好与历史责任"研讨会在北京、东京两地举行。来自中日两国的 80 余位专家学者以线上线下方式出席研讨会,围绕"面向未来的中日关系和加害者的历史责任"主题展开深入交流
2023 年	中日和平友好条约缔结 45 周年
2023 年 2 月 4 日	日本大阪中国归国者中心获人权奖

参考文献

一、中文文献

专著

［1］安东尼·吉登斯.现代性与自我认同:现代晚期的自我与社会［M］.赵旭东,方文,译.生活·读书·新知三联书店,1998.

［2］保罗·康纳顿.社会如何记忆［M］.纳日碧力戈,译.上海人民出版社,2000.

［3］曹保明.第二次世界大战收养日本遗孤纪实［M］.北方妇女儿童出版社,1999.

［4］车文博.弗洛伊德主义原理选辑［M］.辽宁人民出版社,1988:375.

［5］车文博.人本主义心理学［M］.浙江教育出版社,2004:118-126.

［6］陈阳.大众传播学研究方法导论［M］.中国人民大学出版社,2015:242.

［7］辞海编委会.《辞海》［Z］.上海辞书出版社,2000:2115.

［8］杜颖.跨越战后:日本遗孤问题的历史与现实［M］.黑龙江人民出版社,2012.

［9］弗雷德里克·巴斯.族群与边界:文化差异下的社会组织［M］.李丽琴,译.商务印书馆,2014.

[10] 弗雷德里克·C. 巴特莱特. 记忆：一个实验的与社会的心理学研究[M]. 黎炜, 译. 浙江教育出版社, 1998.

[11] 高乐才. 日本"满洲移民"研究[M]. 人民出版社, 2000.

[12] 葛剑雄. 中国移民史(第一卷)[M]. 福建人民出版社, 1997.

[13] 关亚新, 张志坤. 日本遗孤调查研究[M]. 社会科学文献出版社, 2005.

[14] 关亚新. 日本遗孤调查研究[M]. 张志坤, 译. 社会科学文献出版社, 2005.

[15] 江宜桦. 自由主义、民族主义与国家认同[M]. 扬智文化事业股份有限公司, 1998: 12.

[16] 梁建增. 记录被忽略的历史：二战以后日本在华遗孤和他们养父养母的真实命运[M]. 高等教育出版社, 2002.

[17] 铃木隆史. 日本帝国主义对中国东北的侵略[M]. 吉林教育出版社, 1996.

[18] 刘国强. 日本遗孤[M]. 辽宁人民出版社, 2011.

[19] 尼古拉斯·布宁, 余纪元. 西方哲学英汉对照辞典[Z]. 人民出版社, 2001: 466.

[20] 孟月明. 日本"开拓团"入殖始末：日本向中国东北移民问题研究[M]. 辽宁大学出版社, 2012.

[21] 莫里斯·哈尔瓦赫. 论集体记忆[M]. 毕然, 郭金华, 译. 上海人民出版社, 2002.

[22] 潘德昌. 理解·和谐·共生："中国归国者"问题研究[M]. 辽宁大学出版社, 2010.

[23] 乔纳森·布朗. 自我[M]. 陈浩莺, 等, 译. 人民邮电出版社, 2004: 34.

[24] 乔治·H. 米德. 心灵、自我与社会[M]. 赵月瑟, 译. 上海译文出版社, 1992: 123.

[25] 塞缪尔·亨廷顿. 我们是谁？：美国国家特性面临的挑战[M]. 程克雄,译. 新华出版社,2005.

[26] 孙继武,郑敏. 日本向中国东北移民的调查与研究[M]. 吉林文史出版社,2002.

[27] 王承礼. 中国东北沦陷十四年史纲要[M]. 中国大百科全书出版社,1991.

[28] 王欢. 归根：日本残留孤儿的边际人生[M]. 世界知识出版社,2004.

[29] 王胜今. 伪满时期中国东北地区移民研究兼论日本帝国主义实施的移民侵略[M]. 中国社会科学出版社,2005.

[30] 杨鑫辉. 西方心理学名著提要[M]. 江西人民出版社,1998.

[31] 伊曼纽尔·沃勒斯坦. 转型中的世界体系：沃勒斯坦评论集[M]. 路爱国,译. 社会科学文献出版社,2006.

[32] 赵湘华. 活跃在日本的残留孤儿[M]. 日本侨报社,2006.

期刊论文

[1] 艾娟,汪新建. 集体记忆：研究群体认同的新路径[J]. 新疆社会科学,2011(02)：121-126,148.

[2] 安平. 日本媒体的战争责任问题[J]. 延边大学学报(社会科学版),2013(04)：64-70.

[3] 鲍同,姜毅然. 日本现代文学中的中国形象：以《大地之子》为例[J]. 日语学习与研究,2012,160(03)：116-123,126.

[4] 查尔斯·泰勒,陶庆. 现代认同：在自我中寻找人的本性[J]. 求是学刊,2005,32(5)：8.

[5] 车霁虹. 二战后日本遗孤与中国养父母的历史调查与研究[J]. 北方文物,2013(03)：100-106,1001-0483.

[6] 车霁虹. 战争遗痕：日本遗孤与中国养父母的历史考察[J]. 中国浦东干部学院学报,2013,7(03)：96-99.

［7］　陈常花,朱力.知识型移民的社会适应优势[J].南方人口,2008,23
　　　　(04)：30－37.

［8］　陈孔立.有关移民与移民社会的理论问题[J].厦门大学学报(哲学
　　　　社会科学版),2000(02)：48－57,144.

［9］　陈晓庆.一种介于自愿移民与非自愿移民之间的移民类型[J].内
　　　　江科技,2006(7)：114－114.

［10］　崔新建.文化认同及其根源[J].北京师范大学学报(社会科学版),
　　　　2004(04)：102－104,107.

［11］　储晶.战后滞留中国的日本人遣返研究[D].辽宁师范大学,2017.

［12］　笪志刚.日本遗孤问题实证研究的新成果：评《跨越战后：日本遗
　　　　孤问题的历史与现实》[J].东北亚学刊,2013(06)：62－64.

［13］　杜颖.哈尔滨市日本遗孤养父母生活实态的调查研究[J].世纪桥,
　　　　2010(19)：5.

［14］　杜颖.黑龙江省与日本民间交流四十年回顾：以日本遗孤友好交
　　　　流为中心[J].日本研究,2012(03)：124－128.

［15］　杜颖.关于日本遗孤与中国养父母的关系问题：兼对中国日本遗
　　　　孤与俄萨哈林日本归国者作比较研究[J].西伯利亚研究,2010,37
　　　　(06)：19－21.

［16］　杜颖.黑龙江省日本遗孤养父母生活实态调查研究[J].边疆经济
　　　　与文化,2010(12)：100－102.

［17］　杜颖.日本遗孤的跨文化适应性研究[J].边疆经济与文化,2018
　　　　(06)：1－5.

［18］　段跃芳.“非自愿移民补偿理论与实证研究”概述[J].三峡大学学
　　　　报(人文社会科学版),2005(6).

［19］　范信贤.叙事探究的社会学想像：个体经验与社会脉络的交织
　　　　[J].课程与教学季刊,2013,16(1)：141.

［20］　高乐才.日本向中国东北地区“试点”移民及其失败[J].东北师大

学报：哲学社会科学版,1997(6)：7.

[21] 关国磊.日本在中国东北的试点移民：爱川村移民[J].兰台世界：
上旬,2015(9)：2.

[22] 关亚新,张志坤.中国收养、送返日本在华遗孤问题述论[J].社会
科学辑刊,2005(05)：141 - 144.

[23] 郭德宏,陈亚杰,胡尚元.近10年关于日军侵华罪行和遗留问题研
究综述[J].安徽史学,2006(01)：117 - 129.

[24] 郭玉聪.日本华侨华人二、三代的民族认同管窥：以神户的台湾籍
华侨、华人为例[J].世界民族,2005(02)：39 - 43.

[25] 韩震.论国家认同、民族认同及文化认同：一种基于历史哲学的分
析与思考[J].北京师范大学学报,2010(01)：107.

[26] 贺金瑞,燕继荣.论从民族认同到国家认同[J].中央民族大学学报
(哲学社会科学版),2008(03)：5 - 12.

[27] 胡澎.日本人战争记忆的选择、建构：兼谈中日如何共享战争记忆
[J].东北亚学刊,2016(03)：52 - 58.

[28] 胡澎."战后"70年日本的战争认识与战争记忆[J].群言,2015
(09)：19 - 22.

[29] 华金·阿朗戈,黄为葳.移民研究的评析[J].国际社会科学杂志
(中文版),2019,36(03)：114 - 125.

[30] 鞠玉华,岳程楠.日本归国残留孤儿眷属之社会适应性论析[J].世
界民族,2010(04)：56 - 63.

[31] 鞠玉华.近代日本华侨华人的同化现象论析[J].云南民族大学学
报(哲学社会科学版),2003,20(5)：63 - 66.

[32] 李莒玮,熊同鑫.自由与结：一位躁郁症之子的生命叙说[J].应用
心理研究,2008(39)：95 - 119.

[33] 李红涛.昨天的历史,今天的新闻：媒体记忆、集体认同与文化权
威[J].当代传播,2013(05)：18 - 21,25.

[34] 李丽霞,王建军.抗战时期入陕移民群体的人口学分析[J].西北人口,2006(03):5-8.

[35] 李兴军.集体记忆研究文献综述[J].上海教育科研,2009(04):8-10,21.

[36] 李艳霞,曹娅.国家认同的内涵、测量与来源:一个文献综述[J].教学与研究,2016(12):49-58.

[37] 李宗远.日本侵华战争遗留问题:2001年中日学者研讨会综述[J].抗日战争研究,2001(04):230-233.

[38] 梁玉成.在广州的非洲裔移民行为的因果机制:累积因果视野下的移民行为研究[J].社会学研究,2013,28(01):134-159,243-244.

[39] 梁占军.近年中国史学界关于二战时期日本侵华遗留问题的研究成果述评[J].世界历史,2005(04):116-127.

[40] 刘慧,朱小蔓.生命叙事与道德资源的开发[J].上海教育科研,2003(08).

[41] 刘士田,李志忠.战后日本对华赔偿问题[J].抗日战争研究.1997(03).

[42] 刘亚秋.从集体记忆到个体记忆对社会记忆研究的一个反思[J].社会,2010(05):217-242.

[43] 刘于思,赵舒成.通往"复数的记忆":集体记忆"走向公共"的规范性反思[J].天津社会科学,2020(05):142-150.

[44] 刘忠波.日本遗孤的苦难表述与历史认知:以日本NHK纪录片为分析对象[J].中国电视,2014(11):92-95.

[45] 罗彩娟,梁莹.族群认同理论研究述评[J].南宁师范大学学报:哲学社会科学版,2014,35(4):6-12.

[46] 罗雯,罗予翎.美国族裔文化引导理念带给跨文化传播学研究的启示[J].理论月刊,2014(06):185-188.

[47] 罗艳丽. 是大熔炉还是沙拉碗:《喜福会》的跨文化交际学再解读[J]. 湖北第二师范学院学报,2008(06):21-24.

[48] 吕佳盈,杨宗文. 视觉障碍柔道选手的生命叙说[J]. 休闲与社会研究编辑委员会,2017(15):39-55.

[49] 马尚云. 三峡工程库区百万移民的现状与未来[J]. 社会学研究,1996(04):25-34.

[50] 孟月明. 日本"开拓团"特殊群体之"日本遗孤"[J]. 兰台世界,2013,13:36-37.

[51] 欧阳贞诚. 二战后西印度群岛黑人移民在美国的同化问题探析[J]. 求是学刊,2007(01):132-137.

[52] 潘德昌,潘磊. 日本遗孤国家赔偿诉讼问题初探[J]. 世纪桥,2007(12):65-66.

[53] 潘德昌. 战后日本遗孤称谓考[J]. 社会科学辑刊,2006(4):166-169.

[54] 潘德昌. 日本遗孤问题探析[J]. 日本研究,2007(04):72-75.

[55] 潘德昌. 日侨遣返交涉的民间外交[J]. 日本问题研究,2010,24(01):58-64.

[56] 潘德昌. 战后日本遗孤称谓考[J]. 社会科学辑刊,2006(04):166-169.

[57] 平山正惠,杨传海,王晨标. 中国永远是我的母亲:一名日本遗孤的自述[J]. 中国民兵,2008(5):52-53.

[58] 朴光星. 赴韩朝鲜族劳工群体的国家、民族、族群认同[J]. 云南民族大学学报,2010(3):42.

[59] 祁进玉. 族群认同与族群性研究:兼论对中国民族问题研究的意义[J]. 青海民族研究,2010(01):20-27.

[60] 钱雪梅. 从认同的基本特性看族群认同与国家认同的关系[J]. 民族究,2006(06):16-25,106-107.

[61] 荣维木. 关于中日战争遗留问题的思考[J]. 北京观察, 2005(8)：26-29.

[62] 沈戈.《日本遗孤调查研究》日文版在日引关注[J]. 中国社会科学报, 2009(7)：9-9.

[63] 沈海梅. 在跨国移民理论框架下认识中国的"外籍新娘"[J]. 昆明理工大学学报(社会科学版), 2012, 12(05)：6-13.

[64] 沈海涛, 衣保中, 王胜今. 论日本对中国东北移民的侵略本质[J]. 吉林大学社会科学学报, 2014, 54(3)：8.

[65] 沈建刚. 近十年关于日本在中国东北移民研究综述[J]. 哈尔滨学院学报, 2014, 35(8)：5.

[66] 施国庆. 非自愿移民：冲突与和谐[J]. 江苏社会科学, 2005(05)：22-25.

[67] 石玉, 杜新丽. 具有难民身份的儿童的收养问题探析[J]. 湖南师范大学社会科学学报, 2007, 36(6)：54-57.

[68] 苏智良, 陈丽菲. 日本侵华战争遗留问题刍议[J]. 许昌学院学报, 2003, 22(4)：96-101.

[69] 孙德忠. 重视开展社会记忆问题研究[J]. 哲学动态, 2003(03)：17-21.

[70] 孙继强. 战后初期日本报界的战争责任观[J]. 世界历史, 2016(03)：4-18, 157.

[71] 万蕙, 朱竑, 唐雪琼. 女性跨国婚姻移民研究述评：以台湾外籍新娘为例[J]. 妇女研究论丛, 2013(03)：106-114.

[72] 万明钢, 高承海, 吕超等. 近年来国内民族认同研究述评[J]. 心理科学进展, 2012, (8), 1153.

[73] 王欢. 日本"残留孤儿"：没有终点的"旅行"[J]. 世界知识, 2007(12)：57-59.

[74] 王欢. 残留孤儿的社会适应性研究[J]. 北京邮电大学学报(社会科

学版),2001(03):14－17.

[75] 王欢.文化休克与边际人格的生成:残留孤儿日本社会适应过程中的文化冲撞[J].日本学刊,2002(01):106－121.

[76] 王玲菱.战争灾难受害者中的特殊群体:日本遗孤[J].黑龙江史志,2013(09):270－271.

[77] 王沛,胡发稳.民族文化认同:内涵与结构[J].上海师范大学学报,2011(1):102.

[78] 王世洲.我国技术移民法核心制度的建立与完善[J].中外法学,2016,28(06):1655－1676.

[79] 王友兴.日本"满蒙开拓青少年义勇军"移民政策的确立和实施[J].黑龙江教育学院学报,2002,21(2):2.

[80] 位秀平,杨磊.国际移民理论综述[J].黑河学刊,2014(01):3－5.

[81] 翁秀琪.集体记忆与认同构塑:以美丽岛事件为例[J].新闻学研究,2001,68.

[82] 吴天威.中日战争的遗留问题有待解决[J].抗日战争研究,1998(04).

[83] 吴占军.国际关系视角下的近代日本海外移民[J].日本研究,2014(4).

[84] 吴占军.日本学术界近代移民政策研究综述[J].日本研究,2016(02):87－96.

[85] 吴占军.近代以来美国本土日本移民的分期及特点(1868～1941)[J].日本研究,2018(3):11.

[86] 徐华炳,奚从清.理论构建与移民服务并进:中国移民研究30年述评[J].江海学刊,2010(05):106－113.

[87] 徐志民.抗战胜利后中国遣返日本侨俘研究[J].暨南学报(哲学社会科学版).2015,37(05):10.

[88] 杨建琴.残留孤儿无根困境的文化解读[J].日本学研究,2008

（00）：263 - 277.

[89] 杨长波.社会秩序视角下我国跨国婚姻移民管理研究[J].福建警察学院学报,2022,36(05)：38 - 46.

[90] 于鹏杰.族群认同的现代含义：以湖南城步苗族为例[J].广西民族学院学报(哲学社会科学版),2004(06)：94 - 97.

[91] 袁娥.民族认同与国家认同研究述评[J].民族研究,2011(05)：91 - 103,110.

[92] 张慈宜.在无名的生活中突围：一位台湾水电工为尊严进行斗争的故事[J].生命叙说与心理传记学,2014(02)：224.

[93] 张龙龙,王维.遗孤子女在日本的社会融入与身份认同：基于生命历程理论视角的分析[J].华侨华人历史研究,2022(04)：10 - 20.

[94] 张龙龙.日本遗孤回国后的社会融合过程[J].日本研究,2021(01)：81 - 88.

[95] 赵惠,刘芳,蔡璐.图书馆口述历史工作探索与思考：《寻访抗日老兵》案例分析[J].图书馆杂志,2015(08)：57 - 61.

[96] 祝曙光,张建伟.19 世纪末至 20 世纪 20 年代的移民问题与日美关系[J].世界历史,2011,6.

[97] 庄幸谚,周玉秀.从亲人的逝去开展自我的生命意义[J].生死学研究,2012(14)：1 - 26.

学位论文

[1] 代琼芳."九一八事变"后关东军"满洲移民实边政策"研究[D].黑龙江大学,2009.

[2] 段兴丽.1905—1930 年间日本对我国东北的移民侵略研究[D/OL].长春：吉林大学,2020.

[3] 范晓晨.东北地区日本侨俘遣返问题研究[D].渤海大学,2020.

[4] 郭玉梅.加利福尼亚排日运动与美国对日移民政策的转变(1888—1924)[D].浙江师范大学,2014.

［5］ 何扬鸣.历史记忆:《东南日报》中的南京大屠杀[D/OL].杭州:浙江大学,2013.

［6］ 金子暄.跨国互动中朝鲜族身份认同的变化[D/OL].南京:南京大学,2013.

［7］ 井上望.日本民众口述历史教育研究[D/OL].沈阳:沈阳师范大学 2012.

［8］ 刘冬伟.我国技术移民法律制度问题研究[D/OL].北京:中国人民公安大学,2020.

［9］ 刘茹.日本遗孤问题探究[D].哈尔滨:黑龙江省社会科学院,2014.

［10］ 马藤.近代墨西哥日本移民研究(1897—1941)[D].苏州科技学院,苏州科技大学,2017.

［11］ 蒙永金.“日本遗孤”的身份认同困境[D/OL].南宁:广西民族大学,2021.

［12］ 秦玉霞.伪满时期日本第一次武装移民“弥荣村”实态研究[D].哈尔滨师范大学,2021.

［13］ 王翠.身份认同的探求[D/OL].长春:吉林大学,2017.

［14］ 王祖儿.近代日本对中国东北武装移民研究:以“瑞穗村”为例[D].哈尔滨师范大学,2021.

［15］ 武平.满蒙青少年义勇军[D].内蒙古大学,2017.

［16］ 杨栋.夏威夷日本移民研究(1885—1945)[D].苏州科技学院,2011.

［17］ 羊书圣.伪满时期我国东北地区朝鲜移民的人口特征和生活状况分析[D/OL].长春:吉林大学,2019.

［18］ 曾祥书.试论日本“满蒙开拓青少年义勇军”移民侵略[D].黑龙江省社会科学院,2012.

［19］ 赵宁.方正县向日本移民问题的社会学研究[D/OL].大连:东北

财经大学,2012.

[20]　张建伟.近代在美日本移民与美国排日运动[D].苏州科技学院,
2009.

[21]　张崧.阿根廷日本移民研究(1886—1966)[D].苏州科技大学,苏
州科技学院,2011.

[22]　张宜伟.巴西日本移民研究1908—1945[D].苏州科技学院,2014.

二、日文文献

专著

[1]　合田一道.検証・満州　1945年夏—満蒙開拓団の終焉—[M].
扶桑社,2000.

[2]　相庭和彦、大森直樹、陳錦、中島純、宮田幸枝、渡辺洋子.満州「大
陸の花嫁」はどう作られたか—戦時期教育史の空白にせまる—
[M].明石書店,1996.

[3]　浅野慎一、佟岩.異国の父母　中国残留孤児を育てた養父母の群
像[M].岩波書店,2006.

[4]　蘭信三.「満州移民」の歴史社会学[M].行路社,1994.

[5]　蘭信三等.中国帰国生徒特別枠入試の意義と課題—緊急シンポ
ジウムの記録—[M].平成12年度～15年度科学研究費補助
金・基盤研究(B)(1)「中国帰国者」の社会的適応と共生に関する
総合的研究　研究成果報告書,2004.

[6]　蘭信三編.中国残留日本人という経験—「満洲」と日本を問い続
けて[M].勉誠出版,2009.

[7]　蘭信三編.帝国崩壊とひとの再移動(アジア遊学145)[M].勉誠
出版,2011.

[8]　蘭信三編.帝国以後の人の移動—ポストコロニアリズムとグロ

ーバリズムの交錯点[M]. 勉誠出版, 2013.

［9］　蘭由岐子. 「病の経験」を聞き取る―ハンセン病者のライフヒストリー[M]. 皓星社, 2004.

［10］　綾部恒雄. 現代世界とエスニシティ[M]. 弘文堂, 1993.

［11］　井出孫六. 満蒙の権益と開拓団の悲劇[M]. 岩波書店, 1993.

［12］　井出孫六. 終わりなき旅　「中国残留孤児」の歴史と現在[M]. 岩波書店, 2004.

［13］　井出孫六. 中国残留邦人―置き去られた六十余年[M]. 岩波書店, 2008.

［14］　移民研究会. 日本の移民研究　動向と文献目録Ⅰ明治初期― 1992 年 9 月[M]. 明石書店, 2008.

［15］　移民研究会. 日本の移民研究　動向と文献目録Ⅱ 1992 年 10 月―2005 年 9 月[M]. 明石書店, 2008.

［16］　上野千鶴子編. 脱アイデンティティ[M]. 勁草書房, 2005.

［17］　NHKプロジェクトX製作班編. プロジェクトX挑戦者たち8〜思いは国境を越えた[M]. NHK 出版, 2001.

［18］　江畑敬介・曽文星・箕口雅博. 移住と適応　中国帰国者の適応過程と援助体制に関する研究[M]. 日本評論社, 1996.

［19］　王泰平編. 新中国外交 50 年・上[M]. 北京出版社, 1999.

［20］　大久保真紀. ああ、わが祖国よ―国を訴えた中国残留日本人孤児たち[M]. 八朔社, 2004.

［21］　大久保真紀. 中国残留日本人―「棄民」の経過と帰国後の苦難 [M]. 高文研, 2006.

［22］　大澤真幸. 虚構の時代の果て[M]. ちくま新書, 1996.

［23］　緒方貞子著, 緒方芳秀訳. 戦後日中・米中関係[M]. 東京大学出版会, 1992.

［24］　岡部牧夫. 解説　満州移民関係資料集成（全 40 巻）[M]. 不二出

版,2000.

[25] 岡庭昇、真野貢一. 妈妈・わたしは生きている——中国残留孤
児・残留婦人激動の四十年[M]. 毎日新聞,1985.

[26] 小此木啓吾訳. 自我同一性―アイデンティティとライフ・サイ
クル[M]. 誠信書房,1983.

[27] 梶田孝道、丹野清人、樋口直人. 顔の見えない定住化　日系ブラ
ジル人と国家・市場・移民ネットワーク[M]. 名古屋大学出版
会,2005.

[28] 霞山会. 日中関係資料集―1949 年～1997 年[M]. [出版者不詳],
1998.

[29] 片桐雅隆. シュッツの社会学[M]. いなほ書房,1993.

[30] 片桐雅隆. 自己と「語り」の社会学―構築主義的展開[M]. 世界思
想社,2000.

[31] 片桐雅隆編訳. 鏡と仮面―アイデンティティの社会心理学[M].
世界思想社,2001.

[32] 片桐雅隆. 過去と記憶の社会学―自己論からの展開[M]. 世界思
想社,2003.

[33] 片桐雅隆. 認知社会学の構想―カテゴリー・自己・社会[M]. 世
界思想社,2006.

[34] 過放. 在日華僑のアイデンティティの変容―華僑の多元的共生
[M]. 東信堂,1999.

[35] 暉俊義等. 満州開拓生活図説：第三冊　日満露三民族の生活比
較[M]. 大阪屋号書店,1943.

[36] 喜多一雄. 満州開拓論[M]. 明文堂,1944.

[37] 木下貴雄. 中国残留孤児問題の今を考える～中国「残留孤児」と
いう名の「日系中国人」[M]. 八朔社,2003.

[38] 厚生労働省援護局編. 引揚げと援護三十年の歩み[M]. 厚生労働

省,1977.

［39］ 厚生労働省援護局編. 中国残留孤児：これまでの足跡とこれから
らの道のり［M］. ぎょうせい,1987.

［40］ 厚生労働省援護局編. 援護五十年［M］. ぎょうせい,1997.

［41］ 厚生労働省援護局編. 続々・引揚援護の記録［M］. クレス出版,
2000.

［42］ 厚生労働省援護局庶務課記録係. 続々　引揚援護の記録［M］. 厚
生労働省,1963.

［43］ 厚生労働省編. 中国帰国邦人等の円滑な帰国の促進及び永住帰
国後の自立の支援に関する法律［M］. 厚生労働省,1994.

［44］ 古川万太郎. 日中戦後関係史［M］. 原書房,1981.

［45］ 呉万虹. 中国残留日本人の研究［M］. 日本図書出版センター,
2004.

［46］ 西条正. 中国人として育った私［M］. 中央公論社,1978.

［47］ 西条正. 二つの祖国をもつ私［M］. 中央公論社,1980.

［48］ 桜井厚. インタビューの社会学—ライフストーリーの聞き方
［M］. せりか書房,2002.

［49］ 桜井厚. 団塊世帯の男らしさについてのライフヒストリー研究
［M］. 平成 12 年度〜平成 14 年度科学研究費補助金研究成果報
告書,2003.

［50］ 桜井厚編. ライフストーリーとジェンダー［M］. せりか書房,
2003.

［51］ 桜井厚. ライフストーリー・インタビュー　質的研究入門［M］.
せりか書房,2005.

［52］ 桜井厚. 境界文化のライフストーリー［M］. せりか書房,2005.

［53］ 桜井厚、小林多寿子. ライフストーリー・インタビュー［M］. せ
りか書房,2005.

[54] 菅原幸助. 泣くんじゃない[M]. 人間の科学社, 1982.

[55] 菅原幸助.「日本人になれない」中国孤児：官僚と帰国者たち[M]. 洋泉社, 1989.

[56] 鈴木賢士. 父母の国よ—中国残留孤児たちはいま[M]. 大月書店, 2005.

[57] 竹沢泰子. 日系アメリカ人のエスニシティ[M]. 東京大学出版会, 1994.

[58] 田中章二. 年金のすべて[M]. 有斐閣, 1994.

[59] 中国帰国者支援・交流センター編. 二つの国の狭間で 中国残留邦人聞き書き集 第1集[M]. 同センター, 2005.

[60] 中国帰国者定着促進センター教務課. 中国帰国者定着促進センター紀要[M]. [出版者不詳].

[61] 中国帰国者の会. 道なき帰路 中国残留婦人聞き取り記録集[M]. [出版者不詳], 2003.

[62] 中国残留孤児の国籍取得を支援する会. 中国残留孤児国籍取得1 000人達成の記録[M]. [出版者不詳], 2000.

[63] 張志坤、関亜新著, 田建国、岩城浩幸、董燕訳. 中国残留日本人孤児[M]. 五州伝播出版社, 2006.

[64] 張嵐.「中国残留孤児」の社会学：日本と中国を生きる三世代のライフストーリー[M]. 青弓社, 2011.

[65] 塚瀬進. 満州国：『民族協和』の実像[M]. 吉川弘文館, 1998.

[66] 筑波大学社会学研究室. 中国帰国者二世・三世—中国と日本のはざまで[M]. 筑波大学社会学類、1995年度調査報告, 1996.

[67] 鶴木眞. 日系アメリカ人[M]. 講談社, 1976.

[68] 戸上宗賢編. ジャパニーズ・アメリカン 移住から自立への歩み[M]. ミネルヴァ書房, 1986.

[69] 中島多鶴、NHK取材班. 忘れられた女たち[M]. 日本放送出版協

会,1990.

[70]　中野卓、桜井厚. ライフストーリーの社会学[M]. 弘文堂,1995.

[71]　那須壽他訳. 生活世界の構成[M]. マルジュ社,1996.

[72]　野村進. コリアン世界の旅[M]. 講談社,1996.

[73]　濱島朗・竹内郁朗・石川晃弘編. 社会学小辞典[M]. 有斐閣,
　　　1997.

[74]　班忠義. 曹おばさんの海[M]. 朝日新聞社,1992.

[75]　班忠義. 近くて遠い祖国[M]. ゆまに書房,1996.

[76]　福岡中国残留婦人問題を考える会. 帰国した中国残留婦人等の
　　　実態調査[M]. 福岡市女性センターアミカス,1997.

[77]　福岡安則. 在日韓国・朝鮮人　若い世代のアイデンティティ
　　　[M]. 中央公論社,1998.

[78]　マイコビッチ、ミナコ・K. Japanese American Identity Dilemma
　　　[M]. 早稲田大学出版社,1972.

[79]　満蒙開拓を語りづく会. 下伊那のなかの満州　聞き取り報告集
　　　1[M]. 南信州新聞社出版局,2003.

[80]　満州開拓史刊行会. 満州開拓史[M]. [出版者不詳],1966.

[81]　満州国史編纂刊行会. 満州国史[M]. 東京満蒙同胞援護会,1970.

[82]　満蒙同胞援護会編. 満州終戦史[M]. 河出書房新社,1962.

[83]　水野節夫、村山研一郎訳. 社会学への招待[M]. 新思索社,1979.

[84]　南保輔. 海外帰国子女のアイデンティティ—生活経験と通文化
　　　的人間形成[M]. 東信堂,2000.

[85]　宮島喬. 文化と不平等—社会学的アプローチ[M]. 有斐閣,1999.

[86]　山田富秋. ライフストーリーの社会学[M]. 北樹出版,2005.

[87]　山田富秋、兼子一、倉石一郎、矢原隆行編訳. アクティヴ・インタ
　　　ビュー—相互行為としての社会調査[M]. せりか書房,2004.

[88]　山田辰雄. 日中関係の150 年[M]. 東方書店,1994.

[89] 山田昭次著. 近代民衆の記録6 満州移民[M]. 新人物往来社，1978.

[90] 山田千香子. カナダ日系社会の文化変容 「海を渡った日本の村」三世代の変遷[M]. 御茶の水書房, 2000.

[91] 山室信一. キメラ—満州国の肖像[M]. 中公新書, 1993.

[92] 山本慈昭. 戦争は未だ終らない[M]. 毎日新聞社, 1978.

[93] 山本慈昭、原安治. 再会—中国残留孤児の歳月[M]. 日本放送出版協会, 1981.

[94] 山本有造編.「満洲国」の研究[M]. 京都大学人文科学研究所, 1993.

[95] 山本有造編.「満州」記憶と歴史[M]. 京都大学学術出版会, 2007.

[96] 米山裕、河原典史. 日系人の経験と国際移動 在外日本人・移民の近現代史[M]. 人文書院, 2007.

[97] 良永勢伊子. 忘れられた人々—中国残留婦人たちの苦闘の歳月—[M]. 新風舎, 1996.

[98] 読売新聞大阪社会部編. 新聞記者が語りつぐ戦争15 中国孤児[M]. 読売新聞社, 1982.

[99] 読売新聞大阪社会部編. 新聞記者が語りつぐ戦争19 満蒙開拓団[M]. 読売新聞社, 1984.

[100] 連生、宋暁華など編. 中国百年外交風雲録・下[M]. 瀋陽出版社, 1995.

[101] 林代昭著、渡邊英雄訳. 戦後中日関係史[M]. 柏書房, 1997.

期刊论文

[1] 青柳涼子. 中国帰国者の生活拠点[J]. 淑徳大学大学院研究紀要, 2001,(8).

[2] 朝倉美香. 岐阜県における自立指導員の役割と活動—自立指導員Gさんの場合—[J]//「中国帰国者」の生活世界. 行路社,

2000.

［3］ 蘭信三編. 中国帰国者二、三世のアイデンティティ［J］//中国帰国者をめぐる地域社会の受容と排除に関する比較社会学的研究. 京都大学留学生センター、平成7年度〜9年度文部省科学研究費補助金研究成果報告書, 1998.

［4］ 蘭信三. 中国帰国者とは誰なのか、彼らをどう捉えたらよいのか［J］//「中国帰国者」の生活世界. 行路社, 2000.

［5］ 蘭信三.『満州移民』の問いかけるもの［J］. 環, 2002, 10.

［6］ 蘭信三. 中国帰国者」の社会的適応と共生に関する総合的研究［J］. 2003.

［7］ 蘭信三. 地域社会のなかの中国帰国者［J］//アジア遊学　中国残留孤児の叫び―終わらない戦後. 勉誠出版, 2006.

［8］ 蘭信三. 中国『残留』日本人の記憶の語り―語りの変化と「語りの磁場」をめぐって―［J］//本有造編.「満州」記憶と歴史. 京都大学学術出版会, 2007.

［9］ 蘭和真. 障害者スポーツの報道に関する研究―1945年〜1999年の朝日新聞の記事分析―［J］. 教育医学, 2002, 47(5).

［10］ 安藤幸一. アメリカにおけるエスニックコミュニティの形成　三世によるサンフランシスコ日系コミュニティー再生運動［J］//大手前大学社会文化学部論集, 2000, 1.

［11］ 飯田俊郎. 都市社会におけるエスニシティ―中国帰国者の事例分析を中心に―［J］//駒井洋編. 日本のエスニック社会. 明石書店, 1996.

［12］ 庵谷磐. 中国帰国者支援施策の展開と問題点―ボランティアの視点から―［J］//特集　中国残留孤児の叫び―終わらない戦後. 勉誠出版, 2006.

［13］ 池上摩希子.「中国帰国生徒」に対する日本語教育の役割と課

題—第二言語教育としての日本語教育の視点から—[J].日本語教育,1994,83.

[14] 池上摩希子.中国帰国児童生徒と日本語教育—同化教育ではない日本語教育へ—[J].「中国帰国者」の生活世界.行路社,2000.

[15] 井出孫六.蒼氓はいまもなお・2007「中国残留日本人孤児」と日本(1)-(4)[J].世界,2007,5-8.

[16] 井上俊.物語としての人生[J]//ライフコースの社会学.岩波書店,1996.

[17] 井上俊.動機と物語[J].岩波講座 現代社会学 第1巻 現代社会の社会学.岩波書店,1997.

[18] 猪股祐介.満州農業移民と中国残留日本人[J]//特集 中国残留孤児の叫び—終わらない戦後.勉誠出版,2006.

[19] 今井良一.『満州』農業移民の経営と生活[J].土地制度史学,2001,173.

[20] 岩井泰子.サンフランシスコにおける日系人コミュニティ[J].社会科学研究年報,1982,12別冊.

[21] 江畑敬介.中国帰国者にみられた精神病理[J].Health Sciences,1987,3：24-29

[22] 江淵一公.日系アメリカ人の民族的アイデンティティに関する一考察[J]//綾部恒雄編.アメリカ民族文化の研究 エスニシティとアイデンティティ.弘文堂,1982.

[23] 大久保明男.アイデンティティ・クライシスを越えて—『中国日裔青年』というアイデンティティをもとめて—[J]//「中国帰国者」の生活世界.行路社,2000.

[24] 大久保真紀.中国残留孤児の生活実態と国家賠償請求集団訴訟[J]//特集 中国残留孤児の叫び—終わらない戦後.勉誠出版,2006.

［25］　大脇雅子.『残留孤児・婦人』問題と国の戦後責任［J］//いま再び「満州開拓団」を問う,1995.

［26］　岡本智周.日系アメリカ人の同化とエスニシティ—世代間変化についてのレヴュー分析［J］.社会学年誌,2000,41.

［27］　小田島榮一.北米における日系人社会［J］.福島女子短期大学研究紀要,1999,31.

［28］　小田美智子.中国帰国者の異文化適応—中高年の日本語教育を中心に—［J］//「中国帰国者」の生活世界.行路社,2000.

［29］　小田美智子.日本人孤児養父母の現状—長春「中日友好楼」に住む養父母の事例と国の対応を中心に［J］//「中国帰国者」の生活世界.行路社,2000.

［30］　角田隆一.キーワード　共同製作［J］//ライフストーリー・インタビュー　質的研究入門.せりか書房,2005.

［31］　鍛冶致.中国帰国生徒と高校進学—言語・文化・民族・階級［J］//「中国帰国者」の生活世界.行路社,2000.

［32］　鍛冶致.『中国残留邦人』の形成と受入について：選別あるいは選抜という視点から［J］//梶田孝道編著.国際移民の新動向と外国人政策の課題：各国における現状と取り組み.東京入管の依頼による研究報告書,2001.

［33］　川崎一郎.戦後の日中関係［J］//日本国際政治学会.日本外交史研究.有斐閣,1961.

［34］　川西理加.カナダにおける日系人コミュニティースティヴストンの現状分析［J］.移民研究年報,1995,1.

［35］　孔風蘭.残留日本人二世等の日本における生活史・誌［J］.神戸大学大学院人間発達環境学研究科研究紀要,2014,8：33－51.

［36］　口羽益生.日系米人コミュニティにおける文化活性化運動の意味について［J］//戸上宗賢編.ジャパニーズ・アメリカン　移住

から自立への歩み.ミネルヴァ書房,1986.

[37] 呉万虹.中国残留日本人の帰国―その経緯と類型[J].神戸法学雑誌,1999,49(1).

[38] 呉万虹.中国残留日本人の中国定着[J].六甲台論集,2000,47(2).

[39] 呉万虹.中国に定着した残留日本人[J]//アジア遊学 中国残留孤児の叫び―終わらない戦後.勉誠出版,2006.

[40] 桜井厚.戦略としての生活―被差別部落のライフストーリーから[J]//栗原彬編.差別の社会学第2巻 日本社会の差別構造.弘文堂,1995.

[41] 下野寿子.中国帰国者と定着問題―問われる戦後処理と異文化対応―[J]//中逵啓示編著.地域社会と国際化―そのイメージと現実―.中国新聞社,1998.

[42] 章淑恵.『中国帰国者』二世および配偶者の異文化適応[J].四国学院大学論集,2001,105.

[43] 鈴木智之.中国帰国者の『子どもたち』―異文化環境への適応と自己の模索のなかで―[J].解放社会学研究.明石書店,1998,2.

[44] 高野和良.中国残留婦人の高齢化と地域福祉[J].特集 中国残留孤児の叫び―終わらない戦後.勉誠出版,2006.

[45] 高橋久美子.アメリカ日系老人の家族意識と生活 日本人との比較をもとに[J].日本家政学会誌,1989,40(6).

[46] 竹沢泰子.日系アメリカ人における『伝統の創出』とエスニシティ[J].史境,1989,19.

[47] 田中義久译.状況化された行為と動機の語彙[J].//青井和夫、本間康平監訳.権力・政治・民衆.みすず書房,1971.

[48] 近内尚子、安保宏子、水野剛也.日本の全国紙における国名表記順序についての一分析―『朝日新聞』による「韓日」表記(2001～

2005)を中心に(前編)[J].情報研究,2006,35.

[49] 千田有紀.アイデンティティとポジショナリティ　1960年代の『女』の問題の複合性をめぐって[J]//上野千鶴子編.脱アイデンティティ.勁草書房,2005.

[50] 趙萍・町田玲子.中国帰国者の住み生活[J]//「中国帰国者」の生活世界.行路社,2000.

[51] 趙彦民.ある中国残留孤児のライフヒストリー[J]//アジア遊学　中国残留孤児の叫び—終わらない戦後.勉誠出版,2006.

[52] 鄭暎惠.ある『中国帰国者』における家族[J].解放社会学研究,1988,2.

[53] 張嵐.中国残留孤児の帰国動機—動機の語られ方をめぐって—[J].日本オーラル・ヒストリー研究,2007,3:99－124.

[54] 張嵐.中国残留孤児による帰国後の評価—中国残留孤児国家賠償請求訴訟を通して見る—[J].千葉大学人文社会科学研究,2007,15:88－107.

[55] 張嵐.中国残留孤児二世の彷徨するアイデンティティ[J].千葉大学人文社会科学研究科研究プロジェクト報告書,2009,193:25－44.

[56] 張嵐.日本における中国残留孤児のアイデンティティ—ライフストーリー研究から—[J].千葉大学人文社会科学研究,2009,18:53－68.

[57] 張嵐.中国残留孤児二世のアイデンティティ—ライフストーリー研究から—[J].日本オーラル・ヒストリー研究,2009,5:133－152.

[58] 張嵐.『中国残留孤児』に関する国内世論の動向—『朝日新聞』(1972年～2008年)を中心に—[J].社会と調査,2010,4.

[59] 椿真智子.多文化社会カナダにおける日系人社会の変容と文化

日本遺孤的认同研究——中日两国三代人的生命叙事

継承　Ethnic 文化は存続するか[J]. 東京学芸大学紀要　第 3 部門　社会科学, 1998, 49.

［60］椿真智子. カナダ・バンクーバー周辺の日系社会と文化継承[J]. 地理, 2002, 47(10).

［61］戸上宗賢.『日系アメリカ人の同化と文化変容』研究序説[J]. 龍谷大学経済経営論集, 1981, 20(4).

［62］時津倫子.「中国残留婦人」の生活世界[J]//「中国帰国者」の生活世界. 行路社, 2002.

［63］中垣昌美. 米国における日系人家族の世代的変容について[J]. 社会学評論, 1969, 19(3).

［64］福岡安則、黒坂愛衣.『中国帰国者』の私は中国人―ある女子学生の聞き取りから―[J]. 埼玉大学紀要, 2002, 38(2).

［65］藤沼敏子. 年表：中国帰国者問題の歴史と援護政策の展開[J]. 中国帰国者定着促進センター紀要, 1998, 6.

［66］前田卓. 日系アメリカ人（その1）一世、二世と三世の比較研究[J]. 関西大学社会学部紀要, 1973, 4(2).

［67］南誠.『中国残留日本人』の肉親捜し・帰国促進の社会運動―『日中友好手をつなぐ会』の活動を中心に[J]//蘭信三編.「中国帰国者」の社会的適応と共生に関する総合的研究. 基盤研究, 2002, (B)(1).

［68］南誠.『中国帰国者』の歴史的形成に関する一考察[J]//蘭信三編.「中国帰国者」の社会的適応と共生に関する総合的研究. 基盤研究, 2003, (B)(1).

［69］南誠.『中国残留日本人』のモデル・ストーリーをめぐって―ある『中国残留婦人』のストーリーを中心に考察する―[J]. 日本オーラル・ヒストリー学会・第三回大会, 2005.

［70］南誠.『中国残留日本人』の歴史的形成に関する一考察[J]. 日中

社会学研究,2005.

[71] 宮田幸枝.中国帰国者二世・三世の就労と職業教育[J]//「中国帰国者」の生活世界.行路社,2000.

[72] 八木厳.中国帰国者の実情とその背景[J]//江畑敬介、曽文星、箕口雅博編.移住と適応.日本評論社,1996.

[73] 山田千香子.コミュニティ組織からみたポーランド日系人社会　二世、三世のエスニック・アイデンティティ世代間比較[J].移民研究,1994,31.

[74] 山田千香子.通過儀礼としての海外移民　和歌山県日高郡三尾村の事例から[J].人間文化研究年報,1996,20.

[75] 山田千香子.帰化二世のエスニシティ　和歌山県三尾出身者を事例として[J].移民研究年報,1997,3.

[76] 山田千香子.日系カナダ人三世のエスニック・アイデンティティ　E.I.Q調査法を用いて[J].人間文化研究年報,1997,21.

[77] 山本剛郎.アメリカ人の適応プロセス[J].関西学院大学社会学部紀要,1987.

[78] 山本徹美.暴走族「怒羅権」の十年[J].中央公論,1999,8月号.

[79] 横山政子.『帰国』をめぐる事情[J]//「中国帰国者」の生活世界.行路社,2000.

学位論文

[1] 山田千香子.カナダにおける日系移民のエスニック・アイデンティティとその変容　トロントとスティブストンの和歌山県出身者を事例として[D].御茶ノ水女子大学,1997.

[2] 張嵐.日本における中国残留孤児の帰国に関する社会学的考察—帰国動機と帰国後の評価をめぐって—[D].千葉:千葉大学,2007.

三、英文文献

专著

［ 1 ］ GLADWELL M. The tipping point: how little things can make a big difference［M］. Boston: Little Brown & Company, 2000.

［ 2 ］ STEINER J F. The Japanese invasion［M］. Chicago: A. C. Mc Clurg, 1917.

［ 3 ］ KAWAKAMI K K. The real japanese question［M］. New York: Macmillan Co, 1921.

［ 4 ］ Mills C W. Situated actions and vocabularies of motive［C］. Oxford, London & New York: Oxford University Press, 1963.

［ 5 ］ MAYKOVICH M K. Japanese American identity dilemma［M］. Waseda: Waseda University Press, 1972.

［ 6 ］ TAJFEL H. Differentiation between social groups: studies in the social psychology of intergroup relations ［M］. New York: Academic Press,1978.

［ 7 ］ ICHIHASHI Y. Japanese in the United States: a critical study of the propels of the Japanese immigrants and their children［M］. California: Stanford University Press,1932.

［ 8 ］ HOLSTEIN J A, GUBRIUM J F. Active Interview［M］. Los Angeles: SAGE Publications Inc. , 1995.

［ 9 ］ BERGER P L. Invitation to sociology: a humanistic perspective ［M］. New York: Open Road Intergrated Media, Inc. , 1963.

期刊论文

［ 1 ］ CHAITIN J. My story, my life, my identity［J］. International Journal of Qualitative Methods, 2004, 3(4): 1 - 15.

［2］ WALLACE K A，BERGEMAN C S． Spirituality and religiosity in a sample of African American elders：a life story approach［J］． Journal of Adult Development，2002，9(2)：141 - 154．

［3］ ALBA R． Bright vs． blurred boundaries：second-generation assimilation and exclusion in France，Germany，and the United States［J］． Ethnic and Racial Studies，2005，28(1)：20 - 49．

［4］ BARFIELD T，LEWIS H S． The dictionary of anthropology［J］． American Anthropologist，1997，101(2)：429．

［5］ ERIKSON E H． Identity and the life cycle［J］． Psychological issues，1959，1：18 - 164．

［6］ GERGEN K J，GERGEN M M． Narratives of the self［J］． Gender & education，1997，11(2)：179 - 193．

［7］ HUDDY L，KHATIB N． American patriotism，national identity，and political involvement［J］． American journal of political science，2007，51(1)：63 - 77．

［8］ PHINNEY J S． Racial and ethnic identity：psychological development and creative expression［J］． Journal of multilingual and multicultural development，1997，18(4)：332 - 333．

［9］ MANN S J． Telling a life story：issues for research［J］． Management education and development，1992，23(3)：271 - 280．

［10］ STRAUSS A L． Mirrors & Masks：The Search for Identity［J］． 2017．

［11］ ZANER R M，SCHÜTZ A． Reflections on the Problem of Relevance［J］． Philosophy & phenomenological research，1970，23(4)：348 - 353．

日本遗孤的认同研究——中日两国三代人的生命叙事

学位论文

MURPHY-SHIGEMATSU S. The voices of amerasians：ethnisity，identity and empowerment in interracial Japanese Americans［D］. Boston：Harvard University，1986.

四、参考网页

中国帰国者支援・交流センター　http：//www. sien-center. or. jp/

中国帰国者・サハリン帰国者支援「同声・同気」　http：//www. kikokusha-center. or. jp/

中国帰国者の会　http：//kikokusha. at. infoseek. co. jp/

厚生労働省　http：//www. mhlw. go. jp/index. html

中国残留孤児援護基金　http：//www. engokikin. or. jp/

中国帰国者二世・三世の会〔日中之橋〕　http：//8888jcbridge. spaces. live. com/

満州写真館　http：//www. geocities. jp/ramopcommand/page035. html

后　记

　　恍然不觉,我的"日本遗孤研究"竟已走过了二十年,我也从青涩的留学生变成了两个孩子的母亲。回顾我的"日本遗孤研究"历程,不得不从 2005 年早春的偶遇说起。那是个午后,阳光温柔,21 岁的我在千叶大学偶遇了四位老者。不曾想,这样一场偶遇却成了我的"日本遗孤研究"机缘,自此我的研究和生活都与"日本遗孤"这个特殊群体紧密相连。

　　作为 80 后的我,虽从未经历战争,却因着与日本遗孤的缘分,比同龄人有了更多接触、倾听、记录这段战争创伤和集体记忆的机会,也被更强烈的"记录和传承历史"的使命感和责任感鼓励和鞭策着。在长年的日本遗孤研究过程中,我陪着他们哭,陪着他们笑,和年龄相仿也在攻读博士的遗孤二代秉烛夜谈,陪着不会说日语的遗孤去医院就诊,为遗孤做诉讼翻译,为遗孤们争取国家赔偿诉讼资格四处奔走……这些与日本遗孤共渡的研究岁月,都让我觉得无数个访谈后听着磁带录音敲下文字的深夜格外漫长。战争体验的生命叙事研究,本就是一个很艰难的过程,过于惨痛的经历往往会让人深陷其中,难以自拔,心情低落甚至抑郁。

　　犹记得,2012 年 9 月国内爆发了大规模反日游行示威,西安、青岛、长沙等数十个城市的民众发起保钓行动。彼时我正在日本大学兼职任教。课后,一位日本学生找到我,小声地问:"老师,我不是很理解,为什么现在的中国人依然这么恨我们? 实际上我们这代人什么也没有做过。"日本学校教育对侵华战争历史的淡化乃至缺失,让众多日本年轻人完全不知道这段历史,更遑论理解战争受害者的苦难与愤怒。日本遗孤的态度就截然不同。他们会恳切地对我这样一位年轻的中国留学生说:"请把我们的故事告诉日本人!"作为战争的受害者,他们太需要被听到、看到和知道了。这也是我多年来坚持进行日本遗孤研究的原因和动力。

我们不是生活在和平的年代,只是生活在和平的国家。记录战争,还原历史真相,绝不是为了繁衍仇恨,而是寄望未来,珍惜和平。生活在21世纪的我们,常常误以为战争离我们很遥远。然而,战争从未停止过。巴以冲突多年,加沙地带平均每10分钟就有一名儿童被杀害。俄乌冲突仍在继续,德国开始在立陶宛驻军,伊朗联合中东国家准备反抗以色列,法国巴黎发生爆炸……这些新闻消息里的生灵涂炭让我倍感头悬利剑,在深知本书仍有许多未尽之处的情况下仍仓促出版,以期作为一位母亲和学者,将自己20年来的"日本遗孤"研究成果公之于众,为"世界和平"这个时代课题提供一种思考视角,让更多的孩子能在和平中健康快乐地长大。

当然,"日本遗孤研究"仍是一个未竟的课题,尚有待更多材料充实和完善,也有赖研究技术和方法的不断优化,让研究成果真正成为和平良方。

最后,独木不成舟,本书的出版,亦得益于众志成城。回顾研究日本遗孤的20年,脑海中浮现出无数张让我感动的面孔,谨借本书后记诚挚致谢:

感谢一直配合和支持我的日本遗孤们。没有你们,我甚至无法走进日本遗孤的世界。尽管我的研究有时会唤起你们痛苦的回忆,或者涉及隐私问题,你们依然向我敞开心扉,毫无保留地讲述自己的人生故事。是你们激励了我,成就了本书。

感谢硕士阶段的导师樱井厚教授,博士阶段的导师片桐雅隆教授,日本遗孤研究的"教父"蘭信三教授以及众多的良师,是你们善待一个年轻的追梦人,教会了我如何潜心做研究。

感谢上海交通大学战争审判与世界和平研究院的程兆奇教授，是您在中日战争遗留问题研究中给了我指引。

感谢上海交大出版社编委会主任许仲毅、人文社科分社社长崔霞和责任编辑蔡丹丹的费心，尽力保留了本书的原貌。

感谢暨南大学和新闻与传播学院大家庭为我提供了一个宽松自由的学术环境，让我的学术初心得以成全。

感谢家人的陪伴和鼓励，让我后顾无忧，心无旁骛地坚持学术研究。

感谢一切合力促成本书出版的师友和我的研究生们。

张　岚

2024 年 10 月于广州暨南园